刑案偵訊室

犯罪手法系列
HOWDUNIT
6

The Killer
Across
the Table

by
John Douglas
Mark Olshaker

約翰・道格拉斯、馬克・歐爾薛克——著

吳妍儀——譯

目　錄
CONTENTS

紀念瓊安‧安琪拉‧達列山卓（Joan Angela D'Alessandro），
並且向羅絲瑪麗‧達列山卓（Rosemarie D'Alessandro），
還有所有透過她們的激勵、勇氣與決心，
努力為所有兒童爭取正義與安全的其他人致敬，
帶著愛與景仰，此書是獻給他們的。

大屋子裡的小房間

In a Small Room In the Big House

　　在這裡，問題不在於誰做的？而是為什麼？

　　而到頭來，如果我們已經發現「為什麼？」，也補上了「怎麼做？」，我們也會理解是「誰做的？」因為「為什麼？＋怎麼做？＝誰做的」。

　　目標不在於做朋友。目標在於不成為仇敵。目標在於取得真相。

　　這是沒有任何棋子的口頭與心智對弈；一場沒有任何身體接觸的對打；一種耐力賽，參賽雙方都會尋求並且利用另一方的弱點與不安全感。

　　我們坐在一張小桌子前，在一個燈光昏暗的房間裡彼此相對。這裡的煤渣磚牆被漆成接近淡藍的灰色，唯一的窗戶位在上鎖的鐵門上，那扇窗很小，還用鐵絲網強化過。一名身著制服的警衛從另一邊朝裡頭凝望，以確保沒有異常發生。

　　在最高安全級別的監獄裡，沒有其他事情會被看得更重要了。

　　我們已經談了兩個小時，而現在時機終於成熟。「我想知道，用你自己的話說，二十五年前那是什麼樣的狀況。」我說：「這一切是怎麼發生的，讓你現在到了這裡？那女孩──瓊安──你認識她嗎？」

「噢，我以前在附近看過她，」他回答。他的情緒很平淡，語調平穩。

「讓我們回到她來到門口的那一刻，告訴我發生了什麼事，一步一步來，從那個時間點開始講起。」

這幾乎像是催眠。房間裡很安靜，而我看著他在我面前轉變。就連他的外表似乎都起了某種變化。他眼睛失焦地看著我背後一堵空蕩蕩的牆。他回溯到另一個時間，另一個空間；回到那個他從未須臾或忘，關於他自己的故事。

房間裡很冷，即使穿著西裝，我都要竭力避免自己發抖。不過，在他重述我要求他說的故事時，他開始冒汗。他的呼吸愈發沉重，愈加清晰可聞。很快地，他的上衣被汗水浸溼，胸口的肌肉顫動著。

他以這種方式講述了整個故事，沒有看著我，幾乎是在自言自語。他進入神馳狀態，在那個時空，想著他當時所想的事情。

有一會兒，他轉身面對我。他直視著我的眼睛，說道：「約翰，在我聽到敲門聲，透過紗門看到是誰在那裡的時候，我就知道我會殺了她。」

導論：向專家學習

Introduction: Learning from the Experts

這是一本關於暴力獵食者思維方式的書——以我過去二十五年來做為FBI特別探員、行為剖繪專家與犯罪調查分析師的經歷，以及從聯邦調查局退休之後所做的工作為基礎。

但其實這本書涉及我有過的那些對話。畢竟，那是一切的開始，在這些對話中，我學會了如何利用一個暴力獵食者的所思所想，來協助當地執法官員將犯罪者繩之以法。對我來說，那是行為剖繪的開端。

我開始訪談身陷囹圄的暴力犯，是出於個人考量與制度必要性，不過在許多方面，這是始於一股想要了解犯罪者背後潛藏動機的欲望。就像大多數新進的FBI特別探員，我被指派擔任街頭探員，而我的第一個派駐地點是底特律。從一開始，我就對於人們為什麼犯罪感興趣——不只是他們真的犯了罪，而是他們為什麼犯下那種特定罪行。

底特律是一座民風強悍的城市，我在那裡的時候，一天有多達五件銀行搶案。由於搶劫聯邦存款保險公司資助的銀行屬於聯邦級犯罪，因此調查局有管轄權，而許多新進探員除了自己的勤務以外，還被指派調查這些案子。我們一抓到犯罪嫌疑人，在宣讀他的米蘭達權利之後，通常在調查局用車或者警車後面，我

會連珠砲似地對犯嫌提出問題。為什麼要搶一間保安嚴密、有監視錄影的銀行，而不是有大筆現金的商店？為什麼是這間銀行分行？為什麼是這個特定日期和時間？這次搶劫是有計畫的，還是一時興起的？你是否事先觀察並且／或者實際進到銀行裡模擬過？我開始在腦海裡將這些回應分門別類，然後對銀行搶匪的類型做出非正式的「剖繪」（〔profiles〕雖然我們那時還沒使用這個詞），我開始看出有計畫與無計畫犯罪、有組織與無組織犯罪之間的差別。

我們做到的程度，足以開始預測位於哪些地點的銀行，最有可能以及何時遇襲。舉例來說，我們知道在有大量建築工事進行的區域，星期五上午後段是銀行很有可能遇襲的時間，因為銀行為了處理建築工人的工資支票，會準備很多現金。如果我們自認為有合理機會在搶匪行動時逮個正著，就會利用這種情報來強化某些目標，並且在其他目標守株待兔。

局裡派給我的第二個崗位是在密爾瓦基（Milwaukee），這段期間我被派往位於維吉尼亞州匡提科、全新而現代化的聯邦調查局國家學院（FBI National Academy, FBINA）進行為期兩週關於人質談判的在職訓練課程，由特別探員霍華德・德田（Howard Teten）和派屈克・慕拉尼（Patrick Mullany）擔任講師，他們在局裡是行為科學最初的擁護者。主要課程稱作應用犯罪學，是嘗試將變態心理學（Abnormal psychology）這門學科納入犯罪分析與新進探員的訓練裡。慕拉尼認為人質談判是應用心理學課程的第一次實際應用。在對抗新時代犯罪的戰役中，這是一波新浪潮；這種新型犯罪包括劫機與挾持人質的銀行搶案，像是一九七二年布魯克林

銀行搶案，此案是艾爾‧帕西諾（Al Pacino）主演的電影《熱天午後》（*Dog Day Afternoon*）的靈感來源。不難看出，對於人質挾持者腦袋裡在想什麼有點概念，對談判人員來說有很大的益處，到頭來可以拯救性命。我是課堂上約莫五十名特別探員中的一員，這樣的課是首次教授，而且是FBI訓練中的一項大膽實驗。畢竟傳奇局長胡佛（J. Edgar Hoover）才剛過世三年，他長長的陰影還籠罩著調查局。

即使在他走下坡的暮年，胡佛對於實質上由他創建的調查局仍舊以鐵腕掌控。他對於調查實際而強悍的作風，反映在老牌影集《警網》（*Dragnet*）的招牌台詞裡：**就只說事實，女士**。一切都必須是可測量與量化的——多少次逮捕，多少次定罪，結了多少案子。他絕不會擁抱任何像行為科學這樣印象式、歸納式又「感情用事」的東西。事實上，他會認為它從措辭上來說就是矛盾的。

在FBI學院參加人質談判課程時，我的名字傳遍了行為科學部門（BSU），而在我離開回到密爾瓦基前，他們提議同時給我教育部門與行為科學部門的位置，做為我的下一個職務。雖說我們單位稱為行為科學，部門裡九位探員的主要職責是教學。課程包括應用犯罪心理學、人質談判、實用警察問題、警察壓力管理，還有性犯罪——後來我了不起的同事洛伊‧海茲伍德（Roy Haze-lwood）把這門課改成了人際暴力。

雖然學院的「三腳凳」模型，教學、研究與諮詢，正在開始成形，但像德田這種明星探員所提供的任何案件諮詢都絕對是非正式的，並不是任何有組織課程的一部分。這四十小時課堂指導的焦點，理應是犯罪調查員最關心的議題，**動機**：為什麼犯罪者

做他們所做的那些事，他們用什麼方式進行，以及理解這一點如何能幫忙抓到他們？不過這套方法的問題在於，大部分內容仍是來自學術領域，每次有實戰經驗多於講師的資深執法人員來上FBI學院課程的時候，這一點就變得很明顯。

在這個領域裡，沒有人比團隊裡最年輕的講師，也就是我，來得更弱了。我站在教室前面，一屋子都是經驗豐富的探員與警官，他們大多數年紀都比我大得多。我應該要教他們犯罪者心裡在想什麼，給他們某種能實際用來幫忙釐清案情的東西，然而我的第一手經驗，大多源自於我在底特律與密爾瓦基跟經驗豐富的員警和凶殺組警探共事，所以由我來告訴他們該怎麼辦案，似乎太僭越了。

我們之間有許多人頓悟到，能夠應用在精神疾病與心理衛生社群裡的知識，對執法單位來說實用性有限。

不過，我還是遇到跟德田一樣的狀況。在上課或下課時間，甚至是在晚上，警官和探員都會為了他們正在偵辦的案件來徵求指引與建議。如果我教的案子和他們正在辦的案子在某方面有相似性，他們會猜想我能夠幫助他們破案。他們把我看成是聯邦調查局的權威之聲。但我是嗎？一定有更實際的辦法可以累積有用的資料與案例研究，那會給我信心，讓我覺得我真的知道我在說什麼。

身為年齡與我最相近的人，羅伯・雷斯勒（Robert Ressler）被相中來協助我打入學院文化，能夠自在地教學。羅伯比我年長八歲左右，是新任講師，以德田和慕拉尼的工作為基礎，致力於讓行為分析這個學門更接近於某種對警方還有犯罪調查員有價值的

東西。要給一位新講師某種濃縮的經驗，最有效的方法就是透過我們所謂的馬路學校。匡提科的講師會花一週的時間把FBI學院課程中的一個選定內容，算是某種精華版，教給提出要求的某個警局或執法單位，然後再移動到另一個單位去教第二週，接著才帶著對於相似旅館房間的記憶和一行李箱的髒衣服回家。羅伯跟我就這麼一起上路了。

一九七八年初的一個早上，羅伯和我開車離開加州的沙加緬度，我們最近一次馬路學校的舉辦地點。我指出，我們在教課時提到的大部分罪犯都還活著，我們可以很輕易就找出他們在哪裡，而且他們跑不了。我們為何不嘗試跟其中一些人見面聊聊，找出他們眼中的犯罪是什麼樣子，讓他們回憶並且告訴我們，他們為什麼做出他們做的事情，還有他們動手時心裡在想什麼。我想試試看也無妨，而且他們之中某些人可能夠厭倦監獄中的例行公事了，所以會很歡迎有這個談談自己的機會。

關於訪談獄中受刑人，特別是關乎定罪、緩刑與假釋、感化的研究，數量極少。然而，紀錄似乎指出暴力與自戀的受刑人，整體而言是無可矯正的——意思是說，他們無法被控制、無法改善或改過自新。透過跟他們談話，我們希望得知是否實情如此。

羅伯起初心存懷疑，卻願意照這個瘋狂的主意做。他在軍隊服役過，而在軍隊和調查局之間，他對官僚體制有足夠經驗，所以他的口頭禪是「最好先斬後奏」。我們會不告而至。在那個時代，FBI身分證明讓我們不需要事前許可，就可以進入監獄。如果我們提前告知，就有在獄中走漏風聲的危險。而如果有人知道受刑人計畫要跟兩名調查局幹員談話，獄中其他人可能會認為他

是個告密者。

在開始這個計畫的時候，我們對於這些訪談之中會遇上什麼事有些先入為主的想法。其中包括：

- 所有人都會宣稱自己是無辜的。
- 他們會把自己之所以被定罪，怪在可憐的訴訟代表人身上。
- 他們不會願意和執法人員交談。
- 性侵犯會顯得滿腦子都是性。
- 如果謀殺案發生的州有死刑，他們就不會殺死受害者。
- 他們會把錯推到受害者頭上。
- 他們全都來自功能失調的家庭背景。
- 他們能明辨是非，也知道他們行為後果的本質。
- 他們不是精神病患或瘋子。
- 連續殺人犯和強姦犯往往聰明過人。
- 所有戀童癖者都是猥褻兒童者。
- 所有猥褻兒童者都是有戀童癖的人。
- 連續殺人犯是後天塑造出來的，而非天生如此。

就如我們在接下來的篇幅裡會看到的，有些假設被證明是正確的，另外一些卻完全不對。

令人訝異的是，絕大多數我們找到的人都同意和我們交談。他們有各式各樣的理由。某些人覺得跟FBI合作會讓他們看起來紀錄良好，而我們沒做任何事來阻止這種假想。其他人可能就只是被嚇著了。許多受刑人，特別是比較暴力的類型，並沒有太多

訪客，所以這是緩解無聊的一種方式：和來自外界的某個人談話，花一兩個小時待在他們的囚房之外。有些人就是對自己矇騙每個人的能力超級自信，所以他們把這種訪談當成一種潛在的遊戲。

到最後，驅車離開沙加緬度時開始的一個簡單念頭──跟殺人犯對話──變成了一個計畫，將會同時改變羅伯和我以及最終加入這個團隊的特別探員的職涯與生活，並且為FBI打擊犯罪的武器庫增添了一個新的向度。在我們做完最初階段的訪談之前，我們已經研究並訪談的對象當中，包括了：奧勒岡州的戀鞋癖勒殺犯傑若姆·布魯多斯（Jerome Brudos），他喜歡從他大量收藏的女性衣物裡，取高跟鞋套在死去受害者的腳上；蒙特·李瑟爾（Monte Rissell），他還是青少年的時候，在維吉尼亞州的亞歷山大姦殺了五名女性；還有大衛·伯考維茲（David Berkowitz），人稱「點四四口徑殺手」、「山姆之子」，他在一九七六與七七年讓紐約市陷入恐懼之中。

這些年來，我和匡提科的剖繪員訪問了其他許多暴力與連續性獵食者，像是殺害數十名年輕女性的泰德·邦迪（Ted Bundy），以及蓋瑞·海德尼克（Gary Heidnik），他在費城自宅的地下室坑洞裡囚禁、折磨並殺害婦女；這兩人都為小說家湯瑪斯·哈里斯（Thomas Harris）的《沉默的羔羊》（Silence of the Lambs）提供了角色特徵。艾德·蓋恩（Ed Gein）也是他的靈感來源，這名威斯康辛州隱士殺害女性，好讓他剝皮利用；我在麥迪遜的曼多塔精神療養院（Mendota Mental Health Institute）訪問過他，他也因為做為羅勃·布洛赫（Robert Bloch）《驚魂記》（Psycho）的主角諾曼·貝茲（Norman Bates）的原型而聞名，這部小說是希區考克同名經典電

影的基礎。不幸的是，蓋恩的年紀與精神疾病導致他的思維模式雜亂無章，使得訪談沒什麼成果。然而，他確實仍熱衷於皮革工藝，製作皮夾跟皮帶。

最終出現的是一組嚴密的訪談方法，讓我們得以開始將罪行和當時犯罪者的實際想法聯繫起來。有史以來第一次，我們能夠透過犯罪者在犯罪現場留下的證據，以及他對受害者（如果她或他還活著）所說的話，或者他在受害者生前或死後對他們做了什麼，連結到他心裡在想什麼，並且加以理解。如同我們常說的，這幫助我們著手回答那個古老的問題：「什麼樣的人會做出這種事？」

等到完成最初那一輪訪談的時候，我們已經知道什麼樣的人會做出這種事了，有三個詞彙似乎描繪出每一位罪犯的動機特徵：操縱，支配，控制。

這些對話是後繼一切的起點。我們收集到的所有知識，我們做出的結論，從我們的研究中得出的書《性殺人犯：模式及其動機》（*Sexual Homicide: Patterns and Motives*），還有我們創建的《犯罪分類手冊》（*Crime Classification Manual*），我們協助抓捕並起訴的凶手——這一切全都始於坐在殺人犯對面，詢問他們過著什麼樣的生活，目標在於理解是什麼驅使他們奪走另一條生命——或者在某些例子裡，是許多條生命。這之所以有可能，全是因為我們付出注意力，面對這批先前無人請益的講師群：罪犯本人。

接下來，將會深入檢視我離開調查局之後所正面遭遇的四名殺人犯，我使用的是我們在大規模研究中發展出來的同一套技巧。這些殺人犯本身都是不同的，每個人都有自己的技巧、動機

與心理特質。他們的受害者從一人到將近一百人不等，而我從他們所有人身上都學到了一些事情。他們之間的對比耐人尋味且引人注目。但相似處也是如此。他們都是獵食者，在他們的人格成形期都沒有和其他人建立起信任的羈絆。他們都是行為科學爭論主題之一的主要證物：先天對後天，殺手是天生的還是被塑造出來的。

在我的FBI單位裡，我們依據這個等式運作：**為什麼？＋如何做？＝誰做的**。在我們訪談被定罪的犯罪者時，我們可以對這個過程做逆向工程。我們知道是**誰**幹的，我們也知道發生了**什麼**事。藉著結合這些事物，我們發現最重要的**如何做**？以及**為什麼**？

PART
1

羔羊之血
THE BLOOD OF
THE LAMB

1 消失的小女孩
Little Girl Lost

　　一九九八年，國慶日假期剛過，我搭乘美國國鐵北上造訪一位新的潛在「導師」。他的名字叫做喬瑟夫‧麥高文（Joseph McGowan），曾是一名擁有碩士學位的高中化學老師。但他不是以任何正式的學術界頭銜為人所知，而是在他長期居住地特倫頓（Trenton）的紐澤西州立監獄（New Jersey State Prison），編號55722號受刑人。

　　他被監禁的原因：二十五年前，性侵並以勒頸及鈍器擊打殺害了一名來他家送兩盒女童軍餅乾的七歲女孩。

　　在火車一路蜿蜒向北的同時，我在做準備。跟殺人犯談話時，有備而來總是很重要，但沒有任何時候比現在更重要了──畢竟，這場對話有著遠超過資訊性或學術性以外的後果。紐澤西州假釋委員會請我評估已兩度申請假釋遭拒的麥高文是否該被釋放，重回社會。

　　當時，紐澤西州假釋委員會主席是一位名叫安德魯‧康薩沃伊（Andrew Consovoy）的律師。他在一九八九年加入假釋委員會，麥高文第三度申請假釋的時候，他才剛獲聘為主席。康薩沃伊有天晚上在廣播聽到我上節目之後，讀了我們的書《破案神探》（Mindhunter），並且把書推薦給假釋委員會的執行主任羅伯特‧以

格斯（Robert Egles）。

「在讀這本書還有你的其他著作時，我領悟到的其中一件事，就是你必須擁有所有可得的資訊，」康薩沃伊多年後說道。「你必須找出這些人是什麼人。他們不是在他們進監獄的那天才開始存在的。」

基於這個觀點，他規畫了一個在假釋委員會底下運作的特別調查小組。小組由兩名前警官和一位研究員組成，功能在於深入調查有疑問的假釋案，給委員會成員盡可能多的關於申請者的資訊，好在這個基礎上做成決定。他們要求我擔任麥高文案的顧問。

康薩沃伊和以格斯到車站來接我，並且帶我到藍伯特維爾（Lambertville）的下榻旅館；那個城鎮位於德拉瓦河河畔，風景如畫。在那裡，以格斯把案件檔案的所有文件副本交給我。

當晚我們三人一起用餐時，廣泛地談到我所做過的工作，但我們對這個案子的具體細節保持距離。他們告訴我的就只有此人曾經殺害一名七歲大的小女孩，而他們想知道他是否仍舊危險。

晚餐後，他們送我回旅館，我打開案件檔案，開始了好幾個小時的檢閱。我的任務是看看我對於麥高文的心理狀態——當時與現在的——能夠做出什麼決定。他知道他所犯罪行的本質與後果嗎？他知道基本的是非對錯嗎？他在乎他做過的事情嗎？他有任何悔意嗎？

在訪談時，他的舉止會是如何？他會回憶起那次犯罪的具體細節嗎？倘若假釋出獄，他打算住在哪裡？他打算做什麼？還有他要如何賺錢維生？

我對於監獄訪談的主要守則之一，是絕對不在毫無準備的情

況下見面。我也養成習慣，不帶著筆記進去，因為在我要真正鑽入受訪者心理的最深層時，這麼做可能在我們之間造成距離或者隔閡。

我不知道我會從這次訪談裡得到什麼，但我猜想會極具啟發性。如同我在一開始說的，每次我跟「專家」談話，我都學到某些有價值的事情。而我要決定的其中一件事，就是喬瑟夫‧麥高文到頭來會是哪一種專家。

我過濾了案件檔案，重新檢視證物，並且為第二天的訪談組織我的思緒。

而我這麼做的同時，一個可怕殘忍的故事在我眼前展開。

一九七三年四月十九日，瓊安‧安琪拉‧達列山卓（Joan Angela D'Alessandro）的母親羅絲瑪麗（Rosemarie）永遠記得那是個神聖星期四（Holy Thursday），那天下午約莫兩點四十五分，瓊安注意到一輛車駛入聖尼可拉斯大道（St. Nicholas Avenue）右邊的第一條車道上，這條街跟她住的佛羅倫斯街（Florence Street）彼此交叉。瓊安和她姊姊瑪莉（Marie），在這個位於紐澤西希爾斯代爾（Hillsdale）的寧靜社區裡，設法把女童軍餅乾賣給附近四個街區的每一個人。在當時，那個年紀的孩子獨自出門賣餅乾是正常活動。既然達列山卓姊妹念的是天主教學校，她們在這個宗教節日放假，並花了一部分時間派送她們的訂單。住在街角房子裡的人是她們必須送達的最後一組顧客，然後餅乾訂單就完成了。照慣例，瓊安想要把工作完成。

她七歲大，身高約一百三十公分，喜歡玩耍，精力充沛又有

魅力——是個漂亮、自豪又熱情的幼女童軍。事實上,她對每件事都充滿熱情:學校、芭蕾舞、畫圖、小狗、洋娃娃、朋友,還有花朵。她二年級的老師說她是「社交花蝴蝶」,自然會吸引她周遭的人。她最喜歡的音樂是貝多芬第九號交響曲的〈快樂頌〉。在三個緊接著出生的孩子當中,她是最年幼的。暱稱「法蘭基」的法蘭克(Frank)九歲,瑪莉八歲。羅絲瑪麗回憶,他們個性比較嚴肅。瓊安更隨遇而安。

「瓊安從一開始就很有同理心,她總是關心其他人的感受與痛苦。她有種與生俱來的蓬勃朝氣。」

她在這個年紀的照片裡,幾乎沒有一張不在微笑:瓊安穿著她的幼女童軍制服,繫著橘色領帶,戴著無邊便帽,雙手交握在身體前方,長長的紅褐色頭髮對稱地從她雙肩披下;瓊安穿著黑色緊身連衣褲和白色褲襪,頭髮紮成馬尾,雙臂伸向一邊,展示出一個芭蕾舞動作;瓊安穿著海軍藍格紋布無袖連身裙、白色襯衫跟紅色蝴蝶結,就像是剛剛轉向照相機的樣子,瀏海掃過她的前額,頭髮宛如瀑布般地從她可愛的臉龐兩側自然垂下;瓊安穿著一件淡藍色派對洋裝跪坐著,頭髮盤了起來,小心翼翼地調整她的美國小姐芭比娃娃手中的花束。每一張照片都代表著瓊安不同的面向。這些照片有兩個共通點,就是天使般的微笑,以及她那雙藍色眼眸中的無邪魔力。

法蘭基有個朋友說:「她非常腳踏實地。我本來想和她結婚的。」

她那講義大利語的祖父寵愛她,總是說:「E così libera!」她這麼自由自在!她笑得很暢快,羅絲瑪麗想像過她長大些後上

台演戲。她八歲生日後就要開始上鋼琴課了。

　　這天下午，她自己一個人在外面玩耍。法蘭基去附近的朋友家玩，瑪莉則在打軟式壘球比賽。

　　突然間，她衝回屋裡，對羅絲瑪麗說：「我看到那台新車了。我要拿餅乾過去那邊。」她抓起擺在門廳裡的女童軍手提箱，裡頭裝了兩盒餅乾。

　　「掰，媽咪。我馬上就回來，」她衝出前門時喊道。她跑進來時打開的門甚至還沒關上。羅絲瑪麗記得，在瓊安蹦蹦跳跳下了前門台階到車道上，然後走向外面的街道時，她的馬尾上下晃動著，用一個兩端有淡藍色塑膠小球的髮圈固定住。這一切全都發生在一瞬間。

　　隔壁鄰居後來告訴羅絲瑪麗，大約十分鐘後，她聽到她的狗「酒鬼」一直吠個不停。瓊安喜歡跟酒鬼散步還有玩耍，酒鬼也很愛她。

　　瓊安並沒有馬上回來，羅絲瑪麗也沒有想太多。她可能去她朋友塔瑪拉家了，就在聖尼可拉斯大道跟文森街（Vincent Street）的街角。在他們社區，你可以進出你認識的人家家裡。社交花蝴蝶總是可以找到某個人一起待著，或是找到某件事做。約莫四點四十五分，在音樂老師來替瑪莉上鋼琴課的時候，羅絲瑪麗開始擔心起來。她不想把憂慮傳染給孩子，所以她設法保持冷靜。畢竟這是個安全的社區，一位FBI探員和一位牧師就住在附近。

　　她開始打電話。但瓊安不在她打電話過去的任何人家裡，也沒有人看見她的蹤影。

　　在丈夫法蘭克・達列山卓約莫五點五十分回到家時，羅絲瑪

麗告訴他瓊安失蹤了。法蘭克是個電腦系統分析師,生性有條不紊,沉默寡言。羅斯瑪麗可以看出他有多麼地擔心和緊張,卻努力克制著。羅絲瑪麗說:「我們必須打電話報警。」法蘭克同意,並且打了電話。然後,他和法蘭基還有瑪莉一起,開著車繞行社區,尋找瓊安。他們找遍了整個區域。

　　當他們回來時沒看見她,也沒找到任何看到她的人,羅絲瑪麗決定自己出門去找。法蘭克不想去。她記得瓊安跑出去的時候,說過某些話,是要送完她最後的餅乾訂單,因為她看到聖尼可拉斯街上的「那台新車」。那輛車屬於麥高文家。喬瑟夫・麥高文在塔潘奇高中(Tappan Zee High School)教化學,學校就位在剛過州界的紐約州奧蘭治堡(Orangeburg)。房子是他母親珍納維・麥高文(Genevieve McGowan)所有,他和母親還有外婆同住。那天公立學校要上課,所以這應該是他到家的時間。

　　為了不要落單,羅絲瑪麗勉強帶上法蘭基,他們一起沿著佛羅倫斯街往前走,轉進聖尼可拉斯大道。那時還有十分鐘就七點了。麥高文家,一棟有紅磚跟米色護牆板的錯層式雙層樓房[1],左前方有一條車道跟能停兩台車的車庫,是右邊的第一棟房子,占據著轉角的土地。

　　他們兩人爬上門前的五層台階,她摁了門鈴。她叫法蘭基待在樓梯平台上。

　　麥高文先生應了門。他似乎剛洗完澡的樣子,手裡還拿著一

1　譯注:bi-level是一種形式特別的雙層樓房,這種房子的出入口位置會被托高,從外觀看介於一樓跟二樓(或者是地下室與一樓)的中間。以麥高文家來說,門的位置是在一樓與地下室之間。

根細支雪茄，羅絲瑪麗一開始沒注意到。他是個二十七歲的單身漢。羅絲瑪麗不認識他，但「我的孩子說他人很好。」

羅絲瑪麗踏進門廳；她想站在她知道瓊安最近才站過的確切位置。她已經開始有一種怪異的感覺。她做了自我介紹。「你有見到我的女兒瓊安嗎？」她問道。「她來這裡送餅乾。」

「不，我從沒見過她。」他回答。

他講話的方式漫不經心，不帶情緒。就在這一刻，羅絲瑪麗覺得全身發冷。

「站在那個門廳幾分鐘後，我注意到一輛長長的消防車停在他家前方，」她說。「我們叫了警察，而當我看到他們以這種方式做出回應時，我突然領悟到，我的人生再也不同了。」

她幾乎立刻被麥高文的反應給擊到了──或者更確切地說，是他的缺乏反應。「當我和他站在門廳裡時，我的眼淚湧了上來。然後他看著我，好像他一點感覺也沒有。而在他看到我的眼淚的那一刻，他走上通往樓上的台階，他就停在那裡面對我，拿著他的細雪茄，等著我離開。

「在走回我家的時候，我知道他清楚瓊安發生了什麼事。」

在警方到場跟羅絲瑪麗還有法蘭克談話的時候，鄰里組織了一支尋找瓊安的搜救隊伍。男童軍自願幫忙。喬瑟夫·麥高文也自告奮勇。數百個人自動組成小分隊，檢查希爾斯代爾與周圍城鎮的每一間房子、後院、垃圾場與垃圾桶、樹林和公園。警方帶著警犬來協助搜尋。有幾個人爬上羅絲瑪麗先前看到停靠在路旁的消防車，其中之一是瓊安七歲的「男朋友」瑞奇（Rich）。他們還開車到伍德克利夫湖（Woodcliff Lake）附近的蓄水池。

在大約九點二十分的時候，施洗聖約翰堂的一名神父帶著一名州警和一隻德國狼犬抵達屋子。羅絲瑪麗帶著警犬隊到衣物籃，好讓狗嗅聞瓊安的內褲，然後他們就出發到社區裡去。羅絲瑪麗有個強烈至極的感覺，那隻狗理解發生了什麼事，而且對她和瓊安有很深刻的「同情」。帶著明顯的使命感，牠查看了通往麥高文家以及麥高文家周遭的區域，然後去了前門還有車庫門口。

但是沒有發現蛛絲馬跡。

關於失蹤女孩和即時搜救隊的消息很快地傳出去了，大批媒體記者蜂擁而至。如同羅絲瑪麗所觀察到的，這種事情不會發生在希爾斯代爾。她頻繁地對媒體發言，希望那些可能看到了什麼的人能夠挺身而出。而她對於媒體出沒期間的主要記憶，就是腳印把台階上淡棕色的地毯變成了炭灰色。

那天晚上，達列山卓家的焦慮幾乎是無可忍受的。法蘭克在覺得挫折時通常會發怒。前一晚，他曾經對沒有盒子可以裝復活節禮物而暴怒。「他可以冷靜又有耐性很長一段時間，然後突然像是變了個人似的，」羅絲瑪麗回憶道。「他有一份不錯的工作，不過他不太擅長溝通，而他並不真的算是我的靈魂伴侶。」

希爾斯代爾的警長菲利普・瓦歷斯科（Philip Varisco）得知瓊安失蹤時，人正好在佛羅里達州度假。在希爾斯代爾這樣的社區，對瓦歷斯科這種領導者而言，警長在這種創傷事件發生時不在場是無可想像的。他匆促趕回家。後於二〇一二年過世，享年八十九歲的瓦歷斯科，是個徹頭徹尾的專業人士。他上過匡提科的FBI國家學院課程，讓他自己還有他的警力盡可能有實戰力。

警長在第二天前往達列山卓家。他從步道上走來的時候，羅

絲瑪麗就坐在她家前門的台階上。警長告訴羅絲瑪麗，他正親自掌控調查。雖然他沒有承諾會為她帶來明知不太可能發生的快樂結局，但他冷靜地向她保證，一切都會以正確的方式進行。他要求一張可以給報社發布的照片。羅絲瑪麗於是找了一張瓊安穿著學校制服的照片，照片就掛在走廊牆上，她從相框裡取出，交給了瓦歷斯科。

法蘭克告訴報社記者，任何帶走瓊安的人如果願意把她平安帶回來，他會要求有關當局放棄起訴。在一個電視訪問中，羅絲瑪麗向記者維克·麥爾斯（Vic Miles）描述瓊安，說她有多麼特別、多麼備受鍾愛，懇求對方把她送回來。多年後，瓊安的一個同窗告訴羅絲瑪麗，她對那次的訪問記憶猶新，彷彿昨日。才兩個月前，羅絲瑪麗突然間有個恐怖的念頭，想著如果她的一個孩子死了會發生什麼事，這會有多麼徹底、多麼難以想像地撕心裂肺。

警方詢問過好幾個可能的犯罪嫌疑人，包括在瓊安失蹤前一小時左右曾被人目擊開車繞行社區的人，還有一個在這個區域徒步漫遊的人。結果一個是在看要搬進哪個社區，另一個就只是迷了路。在重大案件中，幾乎總是會有無法解釋的事和誤導性的線索。不過，調查人員很快地就把偵查重點放在喬瑟夫·麥高文身上。雖然他沒有犯罪紀錄，但瓊安說過她要去的是他的住所，而羅絲瑪麗也提到她和麥高文令人發毛的會面。瓊安的父親在女兒失蹤的第二天，看見喬瑟夫拿垃圾出來，就指向街角的房子，對羅絲瑪麗說：「那裡有些事情不太對勁。」

警官和警探們在週五、週六都跟麥高文談過，要求他解釋在瓊安去到他家之後，都做了些什麼。麥高文表現得冷靜而友善，

但否認自己在週四有看到瓊安。他反而聲稱，羅絲瑪麗說她女兒到他家的時間點，他在附近的超市購買日用雜貨。那麼，瓊安看見駛入車道裡的那輛車呢？有任何人看見那輛車離開車庫嗎？不，他是用走的。他結帳的櫃檯是哪一個？他不記得了。他可以讓他們看買雜貨的收據嗎？他想他扔了。有可能還在垃圾裡頭嗎？他不確定。他買了什麼？牛排跟蘋果，還有一些別的東西。牛排還在冰箱裡嗎？不，他和他母親吃掉了。蘋果呢？他不確定。

經驗豐富的警探會發展出某種感受力，知道一個犯罪嫌疑人的故事還有他自稱的無辜是否為真。一天，午餐的時候，馬克·歐薛爾克問洛杉磯警局退休警探湯姆·蘭格（Tom Lange）當初偵辦辛普森案時，他是何時得出辛普森（O.J. Simpson）是殺死前妻妮可·布朗·辛普森（Nicole Brown Simpson）與她的侍者朋友羅納德·高德曼（Ronald Goldman）的主要犯嫌的結論？蘭格表示，雖然辛普森在訪談時親切又合作，卻未過問任何跟前妻之死有關的細節，沒問她是否受苦或者受了多少苦，抑或警方對於凶手是誰有無頭緒——這全都是死者的近親好友本能上會想要知道的事情。

瓊安的朋友瑞奇回憶道，麥高文接受警方訊問的時候，中央大道的警局前圍了大批群眾。在他幼時眼中，像是整個城鎮的人都聚集在那裡一樣。

麥高文的說詞裡看起來有漏洞和矛盾之處變得愈來愈刺眼，這時警探們要求他在警局裡接受測謊。他同意了。

麥高文沒有通過測謊，而在警探們通知他的時候，他們質問他所有說詞裡兜不攏的地方。最後，精疲力竭、沒有更多答案好說的麥高文，要求找一位神父來。麥高文和神父獨自會面，然後

對神父自白了。他接著對警探們坦承罪行，是他殺了瓊安，並將
她的屍體載往穿過紐約州界，棄置在大約二十哩外，位於洛克蘭
郡（Rockland County）的哈里曼州立公園（Harriman State Park）內。

　　瓦歷斯科警長攬下了通知羅絲瑪麗還有法蘭克的任務。這
是下午四點過後一會兒。極為敏感體貼的他帶了一位天主教神父
一同前往，他們和羅絲瑪麗一起在廚房餐桌前坐下來。羅絲瑪麗
記得她把桌布從白色的餐桌上拿下來，只為了拖延即將來到的消
息，哪怕只拖一下也好。

　　在警長告訴她麥高文說的話之後，她哭喊道：「我要殺了
他！」她說，她覺得自己是理性而自制的，她並不真是那個意思，
但需要一個方式來宣洩吞噬內心的強烈痛苦。

　　神父告誡她不要那樣說話。

　　「你期待什麼，神父？」瓦歷斯科說。

2 「我睡得很好」
"I Slept Well"

　　紐約州洛克蘭郡的首席法醫斐德列克・薩吉伯（Frederick T. Zugibe）說，在他引以為傲的漫長職業生涯中，瓊安的案子是讓他情緒上最難受的案子之一。

　　犯嫌自白的消息很快地從希爾斯代爾警局傳到博根郡（Bergen County）地方檢察官辦公室，又從那裡傳到洛克蘭郡警長辦公室的警察部門。因此，在復活節星期日下午稍早，約翰・佛比斯（John Forbes）警官便驅車前往描述中的地點，哈里曼州立公園內的門丘路（Gate Hill Road）路旁，靠近公園南端的位置。

　　他在那裡發現了一具生前曾遭毆打，赤裸的女童屍體。屍體的面部朝上，躺在一塊岩架底下樹葉茂密的山坡上，介於兩塊大石頭中間的楔形裂縫裡。她的頭極為扭曲地向左，朝著下坡的方向。佛比斯家中有四個年幼的孩子，他盡量不讓自己崩潰。

　　他接著召集了犯罪現場調查小組到場鑑識。

　　不到一小時，薩吉伯醫師抵達的時候，封鎖的犯罪現場已經人群雜沓，有成群的警務人物、犯罪現場檢驗技師、警探、FBI探員、媒體記者與攝影師，還有一般的好奇民眾。他立刻下令警務人物把所有不相干的人請走。

　　達列山卓家的鄰居理查・柯里爾（Richard Collier），是一位在

33

紐約市外勤辦公室工作的特別探員，他進入現場辨識屍體。

是的，那是瓊安。

雖然犯罪現場不再是無人接觸過的，但屍體尚未被移動或者觸碰。薩吉伯醫師立刻注意到屍體腹部周圍的區域呈現紫色的屍斑，這表明她不是在這個地點被殺害的。如果是，屍斑會因為重力因素集中在她的背部。既然血液沉積至少要花上六小時，這也代表屍體不是剛被丟在那裡。他測量了屍溫，發現符合環境溫度。這指出她已經死亡至少三十六小時，這是屍體完全冷卻所需的時間，而沒有屍僵出現也肯定了這一點；因為人死後的肌肉僵硬現象，是在死亡幾小時內開始，然後在二十四到三十六小時消退。

把所有可觀察物證綜合起來檢視，薩吉伯醫師推估瓊安的死亡時間大約經過五十小時。而在進行解剖與更細微的檢測之後，他判定死亡時間至少七十小時；這意謂著瓊安是在羅絲瑪麗最後一次看到她之後的一兩個小時，甚至更短時間內遇害。

警長辦公室在周圍地區做了徹底的搜查，發現了一只灰色塑膠購物袋，上面印有美孚石油的商標。根據薩吉伯的說法，這個袋子裡裝有瓊安失蹤時穿的衣物：一雙紅白相間的運動鞋、藍綠色上衣、紫紅色褲子、白襪，還有被她自己的血液染紅的白色內褲；這些衣物整齊疊放在一起，並不是胡亂塞的。

在屍體移走之前，一位警官致電紐約州石點鎮（Stony Point）的聖瑪利亞堂，請求一位神父到場。在警方燈光的照耀下，神父在警務人員、警探、FBI探員以及記者面前，主持了瓊安·安琪拉·達列山卓的臨終聖禮。儀式一結束，薩吉伯正式做出死亡宣

告；這雖然顯而易見，對於任何謀殺調查來說，卻是必要的正式程序。

回到不到十哩外，位於紐約州波莫納（Pomona）的法醫辦公室，薩吉伯開始進行解剖。根據我多年來跟法醫往來的經驗，我會說沒多少事情比檢驗一個死去的兒童更令人痛苦，而沒有任何其他事比檢驗遭謀殺的孩子更讓人痛徹心肺。

薩吉伯完成驗屍之後，他列出受害者身上所受到的傷害，訴說著這宗罪行有多麼地邪惡墮落：頸部骨折，徒手勒頸，右肩脫臼，到處都有很深的瘀傷，下巴底下與上脣內側都有撕裂傷，頭骨前端骨折，兩側鼻骨骨折，面部腫脹，雙眼瘀青且腫至闔起，三顆牙齒鬆動，腦震盪與腦出血，肺與肝都有瘀血，處女膜撕裂。

基本上，瓊安遭到毆打、掐脖、性侵，最後被毆致死。但根據薩吉伯醫生的說法，實際情況甚至更糟。要是她在遭到毆打勒頸後馬上死去，她的臉部和身體不會那麼腫脹。人死時，導致傷處腫脹的體內平衡功能就停止了。而既然腫脹過程要大約半小時才會完成，他做出結論：瓊安在遭受攻擊後，至少還活了那麼久。不幸中的大幸是，幾乎可以肯定她那時已失去意識。

法醫對頸部的仔細檢視，揭露了兩個受傷區域：喉頭處的甲狀軟骨和舌骨。他的結論是，在致命的攻擊後半小時左右，凶手不確定是否已經將她殺害，又回頭第二次徒手勒頸，以便徹底了斷。我覺得這聽起來完全可信。對於像喬瑟夫・麥高文這種「沒有經驗的凶手」，這樣並不算不尋常：他不確定自己除掉受害者的手段效果如何，而他不希望冒險。

我曾經在一九九六年聖誕節，六歲的瓊貝妮特・藍西（JonBenét Ramsey）在科羅拉多波德市（Boulder）家中遇害的案子中，看過類似的行為。法醫的報告列出兩處潛在致命傷：頭部的鈍器傷，還有索狀物勒殺。既然犯罪現場沒有流血，我做出結論，死亡原因是勒殺，頭部的重擊是企圖確定她必死無疑。

這樣的科學證據，從行為觀點來說指出了某種極重要的事情。沒有過嚴重兒童虐待史的家長，不可能有辦法在幾分鐘之內把那個孩子勒死。這種事情就是不會發生。把所有其他法醫報告和行為證據合併來看，並沒有告訴我們是誰殺死了瓊貝妮特。不過，這告訴我們誰沒有殺她：她的雙親。為了這個結論，馬克和我要對抗許多的抗拒與公眾責難，包括我以前服務的 FBI 單位，但追求司法正義不是在比賽誰更受歡迎，你必須讓證據自己說話。

這正是我會對喬瑟夫・麥高文做的事情。

博根郡法官詹姆斯・F・麥登（James F. Madden）傳訊了喬瑟夫・麥高文，並裁定他的保釋金為五萬美元。一九七三年四月二十四日，他因謀殺瓊安・達列山卓遭到起訴。

兩天後，接近中午時分，瓊安的葬禮在施洗聖約翰堂舉行，她之前就是就讀這個教堂附設的學校。她的同班同學都在，而在葬禮之後，當瓊安的靈柩被抬出時，他們全都在外面列隊向她告別。

身為一個暴力犯罪調查員，你會試著盡可能保持情緒抽離，這不只是為了維持你的客觀性與批判性的判斷力，也是為了維繫你的神智正常。事實上，身為行為剖繪員，我必須讓自己進入我偵辦的每個案件受害者腦袋裡，在我的整個職業生涯裡，肯定對

我造成精神上的損害。薩吉伯醫師和佛比斯警官在公園裡看到瓊安的小小屍身時會有那些反應，是可以理解的。不管你試著表現得多「專業」，你對這類的事情就是不可能沒有反應。

哪種人或者怪物，會主動對一個七歲女孩做出這種事？在我遍讀二十五年前的案件檔案時，我這麼自問。我會設法查出這一點。

麥高文對諾爾‧蓋倫（Noel C. Galen），一位在紐約貝爾維尤醫院（Bellevue Hospital）接受神經學與精神病學訓練，並且在紐澤西法院系統中提供諮詢的司法精神科醫師，重複了他的自白。在被起訴的第二天，麥高文詳細地告訴蓋倫醫師他如何應門，在瓊安對他說明她到訪的原因後，他說她應該跟他一塊兒下樓，以便拿錢給她。她一定有過猶豫或抗拒，因為他承認他抓住她，逼迫她進入他在樓下的臥房裡。與此同時，麥高文八十七歲重聽的外婆正在樓上看電視。他母親還在工作。

我並未揭露麥高文案的案件檔案或醫療紀錄中任何需要特殊權限才能閱讀的資訊。我在此引用的所有評估與分析，都在二○○二年二月十五日，紐澤西高等法院對於《喬瑟夫‧麥高文，上訴人——原審被告，對紐澤西州假釋委員會，被上訴人》（*Joseph McGowan, Defendant-Appellant, v. New Jersey State Parole Board, Respondent*）一案的上訴判決中。

如同他告訴蓋倫醫師的，一進了臥房，「安全地」遠離街頭以後，麥高文就命令瓊安脫掉她的衣服。雖然他說自己「從沒完成這個行為」，他卻變得性亢奮，射精在他離瓊安只有幾吋遠的手指上，然後用手指戳進她的體內。他可能等不及她完全脫掉衣

服就這麼做了，因為她的內褲上沾有血跡。既然他承認他手指上有精液，我們就無法肯定他有沒有「完成這個行為」，但在她陰道區域的血跡與傷勢，都指出有過一次粗魯的攻擊。

根據麥高文的敘述，他在這一刻猛然醒悟到他的衝動行為有何種後果。「突然間，」他告訴蓋倫醫師：「我領悟到我做了什麼。如果我讓她走，我的整個人生都完了。我能想到的就只有擺脫掉她。」

身為一名調查員，我必須說，從犯罪學的角度來看，這部分的說詞很合理。在像這樣高度壓力的情境裡，一個「聰明」的犯罪者通常心裡只會想著一件事：不讓人逮到他犯罪。麥高文看來就是這樣。而瓊安是否如同薩吉伯醫師的猜測，在第一次勒頸後還活了那麼久，是個無從回答的問題，就像麥高文嘗試殺害她的哪一次才是成功的，也不得而知。不過，對於發生事件的概述並無疑問。自白的文字紀錄如下：

> 我抓住她，然後開始勒她，我把她拖下床，扔到我房間角落鋪磚地板上，在地毯外頭。她試著要，你懂吧，要尖叫，而且她在反擊。不過，當然了，她其實沒辦法，因為我雙手握住她喉嚨周圍。呃……她不再掙扎了……就只是躺在那裡。我穿上衣服。我流汗流得很厲害。我到外頭的車庫拿了些塑膠袋，要把她放進去。（從車庫回去後，）我看到她還在動，所以我又開始勒她，然後我反覆抓她的頭去撞地板。她開始冒血了，從鼻子、嘴巴、臉上……我不知道是從哪兒冒出來的。地板上到處是血。我拿了其中一個塑膠袋，套到她頭上，

然後把袋子扭緊握住，直到她動也不動。

我為了準備和他見面而讀到這段話時，心中暗忖：一兩個小時之前，這傢伙還站在教室前面教高中生化學。是什麼讓他從那個A點導向這個B點？

隨著自白繼續下去，麥高文描述他是怎麼把瓊安的屍體放進垃圾袋裡，再用一條舊沙發套包起來，用電線綁好，抬到車庫扔進他的後車廂中——就是瓊安從她家前院瞥見，位在街角、街區前方的那輛「新車」。他盡可能用一些舊T恤清掉她的血跡。然後，他將屍體載往約莫二十哩外，哈里曼州立公園的一處山坡準備棄屍。他把包裹住的屍體解開，置在岩架下。塑膠袋和沙發套則丟在路邊的垃圾桶裡。

回到希爾斯代爾之後，他加入了社區搜索瓊安的行列。

「在我回到家裡的時候，我覺得好多了，」他告訴蓋倫醫師。「我睡得很好。」

3 ｜ 殺手的心理
Mind of the Killer

　　法蘭克・米寇斯基（Frank Mikulski）在警局服務二十年後，以希爾斯代爾警長的身分在二〇〇六年退休，當年瓊安遇害時，他是一名巡官。

　　「這是這個自治區裡所發生過最恐怖的罪行，我仍舊印象深刻，」他對博根郡《紀錄報》（Record）的記者說道。「這個男人是個怪物，在有孩子發生這種事的時候，事件會嵌入這個社群的記憶裡，永遠揮之不去。對於這裡的人來說，這就像是珍珠港事件或者九一一……你記得你當時在哪裡，在做什麼。」

　　幾乎每個認識達列山卓家或喬瑟夫・麥高文的人，都記得他們聽到消息時，人在哪裡，在做什麼。

　　羅伯特・卡利羅（Robert Carrillo）是一名數學老師，他以前和麥高文還有另一名老師一同共乘上班，瓊安失蹤時，他曾經想到麥高文。「消息傳來，我第一個想到的就是喬。我心想，啊，他住那裡。我想的是他是否認識她，而不是他有沒有涉案。」

　　在復活節星期日，卡利羅和他太太還有女兒一同去探望他住在皇后區的母親。那天晚上，他們聽說結果的時候正在返家途中。「我們在跨布朗克斯高速公路上，廣播那頭傳來宣布抓到殺死瓊安・達列山卓凶嫌的消息，凶嫌是一名洛克蘭郡的高中科學

教師，還報出了他的名字。我得在路邊停下來。我真的覺得身體不太舒服。」

傑克‧梅思奇諾（Jack Meschino）和麥高文都教化學。他和他的長期伴侶保羅‧科萊蒂（Paul Coletti）在許多場合都跟麥高文還有其他老師有社交往來。科萊蒂回憶道：「我們聽到消息的時候，掛上電話就坐在那裡面面相覷，吐出『什麼啊！』」

「是啊，就是感覺很不真實，」梅思奇諾同意。「他竟然做出這種事，真的很令人震驚。」不過，他接著補充：「從另一方面來說，喬是個怪人；他真的很怪。事後回想，你會想起某些事。另一個讓我印象深刻的是喬的幽默感。這裡有個巨大的鴻溝。會讓他發笑和思索的事情很古怪，一般人不會笑或者跟著附和。非常怪異。」

「喬總是帶著一組鑰匙走來走去──那數量比任何人會需要的都更多。天知道那些鑰匙是幹嘛的。喬自己主動要做的其中一件事，就是在學校上課時間結束後去檢查教室。而且大家都知道，他真的舉報他的某些同事離開教室沒鎖門。這不是他負責的事。他沒有行政上要負的責任。他唯一設法讓自己混熟融入的，就是那些行政人員。」

「他在某種程度上被視為對行政人員逢迎拍馬的人，」卡利羅說：「我記得，在紐澤西流行加入花花公子俱樂部的時候，喬是金卡會員。他刻意在教師休息室裡讓每個人都看到他的金卡，這種事情對他來說很重要，尋求來自他人的贊同與認可。」

我問卡利羅，麥高文在學生之間是否受歡迎。「我想是吧，」他答道。「他是那種設法跟學生保持友善關係的老師。他很努力

要受到學生喜愛。」

不過，事情並不總是盡如人意。馬克和我後來從幾個女學生那裡得知，她們覺得在他身邊不太自在。有個婦人，現在已經六十多歲了，回憶當時在化學實驗室裡的情景，她問麥高文老師怎麼處理不再需要的玻璃燒瓶，只見麥高文從她手中一把搶過燒瓶，往地上摔成碎片。他對他的行為沒做任何解釋。

其他學生對麥高文也有類似想法。有個學生在社群媒體上分享了她的故事：「我想，是一九七一年讀四年級的那年，我的化學是麥高文教的。那個時候我被他嚇得半死，後來我跑到辦公室，要求離開他的班。」

塔潘奇高中在瓊安遇害後的那一週適逢春假而關閉，但在收假上課後，學校裡瀰漫著一股震驚的沉默氣氛。

「那種感覺非常詭異，」卡利羅說：「每個人都知道發生了什麼事，但沒有人開口多談。學生們可能會私下議論，不過教職員的反應泰半是震驚多於一切。教育局在一場非常隱密的會議裡開除了他（麥高文）；他們沒有宣揚此事。」

卡利羅和參與共乘的另一位老師尤金·巴格里耶利（Eugene Baglieri）談到了這件事。「而在你回顧的時候，你會想起一些事，」卡利羅說：「然而，就算只是略略觸及，這個經驗都還是太恐怖了，大家只是避而不談。」

對傑克·梅思奇諾來說，情況還要更糟。「回學校的時候太可怕了，」他回憶道。「我和麥高文是兩人一組的教學搭檔，但突然間，我們的學生全都成了我的學生。我絕對不會忘記頭幾堂課。甚至連鼓起勇氣對學生們說話，都花了我五到十分鐘。我們

坐在那裡面面相覷；不知道要怎麼處理這件事。我們都震驚到反應呆滯。」

接下來幾週，喬瑟夫‧麥高文在位於哈肯薩克（Hackensack）的博根郡立監獄接受更多的精神評估。一九七三年五月十日，在蓋倫醫師訪談兩個多星期以後，心理學家伊曼紐‧費雪（Emanuel Fisher）醫師評估了這名犯嫌。他發現，麥高文有「極端不穩定、緊繃又歇斯底里的人格，傾向於用非常爆炸性的方式表現出情緒與衝動。理性控制力很弱，儘管事實上他是個極為聰明的人。」

費雪醫師注意到他有一股「極大潛在的而無意識的敵意」，而他「壓抑、逃避、昇華這股敵意，並且加以知性化。」他雖然把自己塑造成一個「非常正派、傳統、循規蹈矩的人，然而這種誇大的正派、傳統與循規蹈矩，卻構成了他面對自己和其他人的防禦表面，用以對抗他自身沒有意識到的潛藏憂鬱與敵意。」

在不到一個月後的六月六日，蓋倫醫師以他對麥高文的訪談為基礎，提出一份精神評估報告。他指出，麥高文「完整的個人史說明他受到年輕女孩的性吸引。這一點加上他母親霸道又過度保護的清晰圖像，強烈暗示著他若要與成年女性建立正常關係，會有某些深刻的問題。」

蓋倫醫師引用麥高文對他的自白：在大約一年多前，他發現年輕女孩讓他性欲亢奮，還特別提到他十二歲大的女性表親。他說，他在強姦幻想中手淫。從這一點，這位精神科醫師做出結論：「他對自己的男性氣概有相當不穩定的概念，而較年輕的女孩對此不會造成威脅。」

同年十月，亞伯拉罕‧艾弗隆（Abraham Effron）醫師提出一

份進階的神經精神醫學報告，肯定了麥高文曾對蓋倫醫師說過的「和小女孩發生關係的性幻想」，並補充麥高文十九歲擔任營隊輔導員時，有個年輕女孩坐在他腿上，讓他性亢奮。

艾弗隆醫師也訪談了麥高文的母親珍納維，她在謀殺發生時還沒回到家。她說，她丈夫在喬瑟夫大學時死於心臟病發，他生前「跟兒子之間（比她）更親近許多，常常會帶他出去。」喬在完成大學學業後，搬回家和她還有他外婆同住。

艾弗隆的報告這麼說：

> 他沒有表現出他必然會有的感覺。他隱藏了他複雜真實的自我、他真正的認同與相關情緒困難的許多面向。他設法隱藏他沒有能力真正建立他的陽剛氣質。每當他接近異性的時候，他就感受到緊張壓力。這種被動性滋生出焦慮，焦慮又回頭火上加油，結果是更高度的緊張狀態，結果必定是用徹底失去自制或者性宣洩來加以補償。
>
> 他藉著在知性上暫且擱置他的原始驅力到一個極端程度，設法控制住一種潛藏的精神病態，但就像在過去，還有不久之前的悲劇性事件，他可能再度以行動發洩。

凶暴的性獵食者是與生俱來，還是後天塑造的，此事一直存在著爭議——這是所謂的先天對後天問題。我會主張，雖然沒有一個不具備某些天生衝動、憤怒以及／或者虐待狂式變態傾向的人，會因為糟糕的養育過程就演變成一個性獵食者，在我心中卻毫不懷疑，天生有這種傾向的人可能在他們的成長過程中受到負

面影響，從而被推向獵食之路。

事實上，艾德・肯培正是其中之一。

在我提出跟殺手聊聊的主意後，艾德蒙・艾米爾・肯培三世（Edmund Emil Kemper III）是羅伯和我訪談的第一個人。唯一的問題是，我們其實不知道我們在做什麼。

身為FBI探員，在訪談證人和訊問犯罪嫌疑人方面，我們受過相當多的訓練。但這些技巧組合，其實全都無法幫我們做好進行獄中面談的準備。一個調查性質的訪談，就是和可能對某項罪行或犯罪者有相關資訊的一人或多人會談。我們設法找出盡可能多的「誰幹的，做了什麼，在何時，在何地，為什麼，如何做的」。那個人並不會被當成犯嫌看待。

另一方面，一場訊問卻涉及質問某項罪行的潛在嫌疑人。對方有權知道他或她的法律權利，而且這些資訊無論如何都不能違背正當程序原則。這通常比較像是訊問人這方的展示與說明，其中會把連結犯嫌與罪行的決定性鑑識證據，告知或展示給他看。問題的形式不會是「如果是你……」，而是「為什麼」還有「怎麼做的」，是要讓犯嫌合作招供。

這些方法沒有一個適用於我們的獄中訪談。探員和暴力罪犯之間的交流需要保持非正式，而且沒有明顯結構。我們在尋找的沒那麼偏重於案件的事實，這個部分已經確立了，而是動機、犯罪前後的行為、揀選受害者的過程，以及為什麼在那時動手的大問題，不會過於武斷、有指向性、或者引導性──這和我們在訊問犯嫌時所設法做的事情完全相反。

　　這聽起來很違反直覺，但獄中會晤必須感覺很「自然」——就只是幾個人隨性地聊聊，交換資訊。

　　既然我們在加州，便決定先去找本地的「客戶」。那裡的一位特別探員是羅伯以前的學生，同意做為我們跟州立監獄系統之間的聯絡員。艾德・肯培是個六呎九吋、三百磅重的巨人，在位於沙加緬度與舊金山之間、瓦卡維爾（Vacaville）的加州醫療監獄（California Medical Facility）服好幾個無期徒刑。一九七二到七三年間，肯培在加州大學聖塔克魯茲分校內外犯下一連串的謀殺案，因此成為眾所周知的女學生殺手（the Co-Ed Killer）。

　　進行訪談前，我們先讓自己熟悉他恐怖紀錄中的每個細節。這後來成了我們的標準作業流程之一，以防被這些人誤導或詐騙，他們的專長就是這一套。我們想要的不是事實，而是像肯培這種人在計畫並執行他們的犯罪時，有什麼想法和感受。我們想知道是什麼驅動他們，他們使用什麼樣的技術，以及他們事後怎麼看待每次的攻擊或謀殺。我們想知道幻想是如何開始、從哪裡開始的，罪行讓人情緒上最滿足的部分是什麼，還有對他們來說，受害者遭受的折磨與苦難是不是重要成分。換句話說：成功犯罪的「實用」面向，與這麼做的「情緒」理由之間，其分野為何。

　　艾德・肯培，生於一九四八年，在加州柏本克（Burbank）一個功能失調的家庭長大，和父親艾德蒙二世、母親克拉奈爾（Clarnell）以及兩個姊妹同住。他的父母長年爭吵，最終離異。早年，艾德即表現出他偏愛肢解家中的寵物貓，還經常和姊姊蘇珊玩死亡儀式遊戲。後來，克拉奈爾打發他去找他的父親，在他跑走後，她又讓他去依靠住在加州內華達山脈山腳下一處偏僻農場

的祖父母。

　　有一天，祖母莫德（Maude）叫他留下來幫忙家庭雜務，而不是陪他祖父老艾德下田，這個身形龐大的十四歲孩子就用一把點二二口徑的步槍射殺了祖母，再用一把廚房用刀反覆戳刺她的身體。等到祖父回來，這男孩就連他也一同殺害。他因此被送進阿塔斯卡德羅（Atascadero State Hospital）州立司法精神病院，直到二十一歲才離開；而雖然州聘任的精神科醫師反對，他還是被安排由克拉奈爾監護。

　　艾德冷靜地坐在獄中的訪談室裡，讓我們了解他的童年，還有他母親如何恐懼他會猥褻他的姊妹，所以要他睡在沒有窗戶的地下室房間裡；這讓他很害怕，也讓他怨恨他的母親和手足。他就是在這時肢解了貓咪。他描述他一離開阿塔斯卡德羅，就打了一連串的零工，而克拉奈爾，身為新創立的加大聖塔克魯茲分校的祕書，很受學生歡迎、也很關愛學生，但傳遞給他的訊息卻是他永遠配不上就讀這些學校的美麗女大生。他描述他的習慣──讓他在人格成形期因為被監禁而錯過的那種美麗女生搭便車，還有這個習慣到最後如何演變成誘拐與謀殺。他告訴我們，他怎麼把屍體載回他母親的住處，姦屍後肢解屍體，再棄置碎屍塊。雖然他的受害者肯定承受了恐怖的痛苦，他卻不像許多連續殺人犯那樣以施虐為動機。他告訴我們，他所做的事是把「她們從她們的身體裡清出去」──而這個措辭是我聞所未聞──好讓他可以在她們死後占據這些軀殼，至少暫時如此。

　　他接著說，在這麼做的兩年後，他如何在復活節週末終於喚起意志力與勇氣，在他母親睡著時走進她的臥室裡，用一把羊

角鎚將她重擊致死。他接著砍下她的頭顱，強姦她的無頭屍體，切下她的喉頭，然後塞進廚餘處理器中。但在他打開開關之後，機器卡住了，血淋淋的喉頭往外噴回他身上。他把這視為一種徵象：他母親永遠不會停止對他大吼大叫。

他打電話給他母親的一個朋友，邀請她到家裡一起晚餐。當她一走進屋子裡，他就施以重擊並將她勒斃，還切下她的頭。他把她的屍體留在他床上，自己則睡在母親房間。復活節週日早上，他離開家，漫無目的地亂開，直到他抵達科羅拉多州的普布羅（Pueblo）。他在電話亭旁停下車，致電聖塔克魯茲警局，花了點力氣才說服他們，他就是女大生殺手，然後在那裡等著被捕。

艾德孤獨而自戀，而且亟欲發言，以至於有時候我必須叫他停下來，因為我們有特定問題要問他。我們使用一個手持式卡匣錄音機，也做筆記。這是個錯誤。錄下訪談內容，受訪者就會對我們失去某種程度的信任。這些人大多天性偏執多疑，但在監獄中，這種傾向有很好的理由。有人擔憂我們把錄音內容跟獄方管理單位共享，或者會有消息走漏給全體受刑人，說有個囚犯在和聯邦探員談話。筆記也不是好主意，理由大致相同。而受訪者期待我們將全副注意力集中在他們身上。

儘管有這些必要的調整，第一次對話仍有許多內容帶給我們重要的洞見。或許最重要的是，這次對話從一開始就證明，要理解是什麼驅使這些人的反社會行為時，先天對後天這個問題有多麼地切中要點。這個議題將會注入我和殺人犯做過的幾乎每一個訪談，而對喬瑟夫·麥高文的訪談很可能也是一樣。

雖然麥高文並沒有像艾德·肯培一樣，在成長過程承受同樣

的情緒創傷，他霸道有掌控欲的母親，顯然對他的發展有深刻的影響。他是個聰穎的二十七歲教師，擁有科學方面的碩士學位，然而他住在他母親家的地下室，而且情緒上仍然依賴著她。他沒有能力抗拒她，身為成人又被迫和她住在一起，肯定對他的自我形象有某種衝擊，而就像我將會發現的，也衝擊了一個無辜小女孩的生命。

　　一九七四年六月十九日，在博根郡法庭裡，陪審團已然選定，不過麥高文和他的辯護律師決定放棄審判，進入認罪協議，承認一級重罪謀殺。從他的角度，我想這可能是個明智的決定。鑑於本案的事實和他罪證確鑿的程度，我無法想像陪審團在下判決的時候，會對他有任何同情或從輕發落。

　　十一月四日，紐澤西高等法院法官莫里斯‧馬萊奇（Morris Malech）判其無期徒刑，十四年後方可申請假釋。為了這項判決，麥高文讓他的律師多次嘗試上訴，但全都失敗了。

　　隔月，麥高文在阿弗內爾（Avenel）的紐澤西成人診斷與治療中心（New Jersey Adult Diagnostic and Treatment Center）接受另一位精神科醫師尤金‧雷維奇（Eugene Revitch）的評估。雷維奇醫師受過精神醫學和神經病學的訓練，於羅傑斯大學（Rutgers University）羅伯特伍德強森醫學院（Robert Wood Johnson Medical School）擔任臨床教授，針對性侵與謀殺研究的論文，有些就是由他率先發表的。

　　麥高文再度承認自己大學時有強暴幻想，起因是性挫折與焦慮。雷維奇醫師聆聽患者的說詞，並且在未使用異戊巴比妥（〔sodium amytal〕又稱作吐真劑）的情況下進行檢查，除了情感變

化程度以外，沒發現多少差異。他表示，瓊安的謀殺案「不是冷血謀殺，而是某種在極度情緒失序與壓力狀態下做出的行為。殺戮是因為早洩而產生的附加煩亂情緒與失敗感所導致的結果。」雷維奇醫師也看出「使用否認機制，導致某種程度的解離」。

雖然我見識過某些因為攻擊者早洩、無法達到勃起或維持勃起，就從強姦變成謀殺的案子，不過，這種情況通常跟兩種特定的強姦犯型態有關：憤怒報復型（anger-retaliatory）和剝削型（exploitative）。這些人傾向於把成年女性當成他們的主要受害者，而如果早洩或類似的尷尬狀況導致受害者的嘲弄反應，或者攻擊者覺得很丟臉，那麼情況可能變得極嚴峻。既然這裡的受害者是個孩子，我相當確信，我們看到的不是這種狀況。但真正讓我納悶的是雷維奇醫師的結論：

> 我們相信在這種人身上，這些事件一輩子只會發生一次。要激發這種事件，一連串的環境條件是必要的。如果那天女孩沒有到他家，或者比如說，如果他有兩塊錢而不是只有一塊錢跟一張二十元紙鈔，這事件就不會發生了，至少現在不會。

顯然，要是瓊安沒有出現在麥高文家門口摁門鈴，這個罪行就不會發生。她是機緣巧合下的悲劇受害者。除此之外，從我自己對犯罪心理所做的研究中所獲知的，我不確定我是否同意這些不同的精神評估報告。

哪一份評估報告比較接近核心：艾弗隆醫師的意見，「他可能會再度以行動發洩」，或者雷維奇醫師的結論，「在這種人身

上，這些事件一輩子只會發生一次。」

　　我把我的判斷保留到我真正親自和麥高文談過為止。

4 人性餘波
Human Fallout

　　我發現，如果要說有哪個字眼是謀殺受害者遺族最討厭的，莫過於「了結」一詞了。媒體、大眾、好意的朋友、甚至是司法體系本身，通常都覺得這是所有哀慟親友在尋求的，這樣他們就可以「把此事拋諸腦後，然後繼續過他們的日子」。

　　但任何曾經「經歷過」謀殺案的人都知道，並沒有「了結」這回事，實際上也不應該有。哀悼過程會經歷種種階段，最後痛苦會變得沒那麼激烈或不可忍受，卻永遠不會離去；這就像失去受害者，他或她一輩子的未來展望都被抹消，而在生者的宇宙裡留下的大洞，永遠不會被填滿。

　　女童軍送來了一張弔唁卡。除此之外，官方沒有任何人聯絡這一家人。

　　羅絲瑪麗說，空虛感真正開始是「在葬禮之後，每個人都離開了，回到他們自己的生活裡」。對她來說，當時最重要的事就是讓她另外兩個孩子法蘭基和瑪莉盡可能地正常生活。「我確保瑪莉可以留在女童軍裡，因為她想這麼做，雖然我光是想到女童軍餅乾就很痛苦。我們住在同一個屋子裡，熟悉的事物還是在那裡，像是學校和朋友，而不會有更多需要應付的變化。我設法不要過度保護。我讓他們照常出門玩耍，雖然我總是很注意他們的

行蹤。他們必須當個孩子，而我不想太偏執。」

　　她也不會擋著不讓他們看到關於妹妹命案的持續報導。「我會告訴他們兩個發生了什麼事，這樣他們就會從我這裡聽到消息。我知道他們會聽說一些事，而我不想讓他們透過嚇人的方式聽聞。我們會坐在臥室地板上，談論他們所想到的任何事。孩子們期待這麼做，也知道自己不會被排除在外。」羅絲瑪麗和法蘭克多次帶他們到墓地去，拜訪他們「在天堂的妹妹」。

　　羅絲瑪麗開始接受現實：她的愛與痛不可能分離。「這些年來，我一直在我心裡感受到一種和瓊安的關係，」她說道。「我本來不會這麼選擇，但這種關係仍是激勵我去做我在做的這些事。而我發現有一種隨之而來的安定。」

　　然而，這不是羅絲瑪麗所必須全力應付的一切。在謀殺案發生七個月後，她摯愛的父親死於癌症。他一直很疼愛他的外孫女，從未停止哀悼她。

　　羅絲瑪麗在麥高文打算認罪時來到法庭聆訊。她覺得自己必須為了瓊安去那裡。麥高文的母親珍納維也在現場。「就在我走進法庭的時候，她給了我一記我這輩子體驗過最冰冷的瞪視。這是我第一次見到她。」

　　如果麥高文接受審判，讓真相水落石出，包括瓊安所遭遇的細節在內全都毫無保留地揭露出來，羅絲瑪麗不會介意。但就像常有的情況一樣，其他類型的細節開始滲透出來，回傳給她。最駭人的細節之一是，她透過一名友人聽說珍納維告訴教會的一個熟人她恨羅絲瑪麗，要不是她，喬就不會殺死瓊安進了監獄。

　　然後是身體狀況持續帶給她的挑戰。她停下來仔細想想，

才發現第一個徵兆早在數年前就出現了；那時她十九歲，人在紐約。一天，她在追趕一輛巴士時，突然感到腿一陣緊繃，跟著便癱軟在地。她不知道那是怎麼回事，但由於沒再次發生，她也就沒放在心上。

幾年之後，她懷著瑪莉，覺得格外疲倦，她知道這不是孕期疲憊的正常現象。

她設法為自己擬訂策略和應對方法，好處理這個不知名的病痛。「我必須透過專注和決心來發展我自己的力量。」

等到瓊安出生，由於疲憊感變得更加明顯，她只得僱用幫手到寶寶六週大左右。持續的症狀既不明確又起伏不定，似乎影響著她身體的多個區域。「這毛病隨著一天的進展而惡化，在傍晚的時候情況最糟。我知道我有**某種**問題。」一個常見的徵象是極端疲憊，她知道自己每天都只有相當有限的精力，倘若她把精力用盡的後果會是什麼。

她去看了幾個醫生，卻找不出任何毛病。醫生或者告訴她這是產後憂鬱症的表現，或者說這是受到病毒影響，她會康復的。然而，她並沒有康復。羅絲瑪麗說，「如果我不休息，我就會定期感染。」

在瓊安死後一年，羅絲瑪麗才終於得到一個精確的診斷。她住進紐約的西奈山醫院（Mount Sinai Hospital），接受了一連串詳細的檢查。那裡的一位神經學家做出結論：她罹患了重症肌無力（myasthenia gravis），由於神經與肌肉之間的正常傳導過程崩潰，所導致的一種神經肌肉疾病。這種自體免疫疾病可能與胸腺異常有關，和一個人的基因背景關聯極小，甚至不相干。目前沒有治

癒方法,治療的重點在於設法減輕症狀:除了極度疲憊和虛弱,還可能出現眼皮下垂、複視、口齒不清、咀嚼與吞嚥困難,甚至呼吸困難。

「他們告訴我,每個重症肌無力的病例都不一樣。如果我調整步調,保持規律生活,情況會稍微好一點,」她這麼說,但又補充:「我確實會冒險,而那是我人生中獲得最多喜悅的時刻。事實上,因為這種病症,讓我更加懂得欣賞與珍惜。」

在一次流產後,一九八〇與一九八二年,麥可和約翰相繼出生。法蘭基和瑪莉已經十幾歲了,所以對羅絲瑪麗跟法蘭克來說,這就像是有了第二代的孩子。

但喜悅不長久。法蘭克失業了,他們的婚姻也開始破裂。「就算他找到了另一份好工作,他還是更常對我們出氣,」羅絲瑪麗說:「而在約翰八歲的時候,我親眼看到不恰當的觸碰和其他行為。」在所有這些試煉中,羅絲瑪麗靠著她的宗教信仰與奉獻之心支撐下來。「在我的信仰裡,」她評論道。「神一直是我的精神科醫師。在瓊安出事以後,我請求祂幫助我選擇一個沒有仇恨的人生,以宣揚預防、保護和正義的人生取代仇恨。」

一九九〇年代初,大約是麥可十一歲、約翰九歲的時候,法蘭克搬到樓下。羅絲瑪麗知道,這是一條單行道上的又一步。「我打算在一九九三年訴請離婚——在九月七日,瓊安的生日。」她說道。

然後他們接到一通電話,再次改變她的人生。一九九三年七月二十六日,博根郡檢察官辦公室的副偵查隊長艾德・鄧寧(Ed Denning)告訴他們,喬瑟夫・麥高文要申請假釋了。這很令人震

驚，因為沒人知會羅絲瑪麗，行為良好與工作紀錄可以讓申請年限提早六年。他在一九八七年提出假釋被拒，那是他第一次有權申請，但這次機會較為看好，因為他已服刑超過他的最低年限了。

謀殺案發生後已經過了二十年，羅絲瑪麗想要把瓊安帶回公眾意識之中。「這不是沉浸於哀慟的時候，而是要當一個『會吵的小孩』，爭取讓殺害她的人繼續待在監獄裡，並且設法確保他無法每隔幾年就可以申請假釋。我那時想發起一個有助於我們所有人的社會運動。」

塔潘奇高中一個前啦啦隊長的母親打電話給羅絲瑪麗，說她女兒覺得以前在學校時曾被麥高文跟蹤，「如果他出獄了，」她會「嚇得全身僵硬。」

羅絲瑪麗知道她必須奮力讓他留在鐵窗裡。她首先和當地及郡層級的官員、區域代表以及整個社區合作，在一九九三年九月三十日組織一場守夜活動，於希爾斯代爾的退伍軍人公園（Veteran's Park）舉辦，共有超過一千名支持者參與。「而根據我向一位律師尋求的意見，我的離婚計畫必須改變，」她解釋道。「焦點必須在致力於讓麥高文留在獄中，離婚可能讓事情複雜化。」

她有兩個壓倒性的理由要把他留在鐵窗之後：讓懲罰至少在某種意義上能與罪行的重大程度等量齊觀；而且確保沒有其他兒童像瓊安那樣落入麥高文的魔掌。如果瓊安的死要有任何意義，她在神聖星期四失蹤、在復活節星期日被找到有任何意義可言，羅絲瑪麗了解到，她必須靠自己做些事情。「傳達希望的訊息是很清楚的。這會是在瓊安、神聖星期四與耶穌受難日的激勵下，支持兒童保護與幫助社會的運動。」這就像是上帝——祂把自由

意志賜予人類，因此人類必須承受苦難：讓兒童死於那些背棄祂價值觀的人之手——給她的一道訊息。

「我那時領悟到，這是我應該做的工作，而我把它看作更接近瓊安的精神。這個運動就此展開。我並沒有從我的家庭裡得到積極支持——事實上正好相反，家庭成員以言語攻擊我，用肢體暴力威脅，還寄騷擾信件給我。一九九○年代晚期，麥可和約翰開始一同參與，但在那之前，我幾乎全靠我自己。」

她開始公開發表言論，組織行動，並帶頭進行為期九個月的運動，試圖讓公眾察覺到兒童性獵食者的危險，以及他們應該留在監獄裡的理由。假釋委員會聽進去了，然後再次駁回麥高文的請求。同樣重要的是，委員會重新檢討他的案件，將他移轉到特倫頓的最高安全級別監獄，而那裡的監獄管理員認為他一開始就該被送去那裡。此外，委員會還加上一個未來申請等待期（future eligibility term，簡稱FET），他的下一次假釋聽證會要再等二十年。只是在行為良好與工作紀錄輔助之下，這個年限會減少到十二年，讓他在二○○五年可以再度符合資格。

在麥高文一九九三年的假釋申請被拒之後，羅絲瑪麗並沒有讓事情就此打住。她開啟一個草根運動，組織家長和其他感興趣的有志之士，為了兒童受害者的正義集會請願。她寫信；她打電話；她出現在電視、廣播裡，也接受訪問。她去到每個地方，都送出小小的綠色蝴蝶結，那是瓊安最喜歡的顏色。

她花了三年實質上全職的時間進行倡議活動。一九九七年四月三日，紐澤西州州長克莉絲汀‧托德‧惠特曼（Christine Todd Whitman）簽署了後來眾所周知的《瓊安法》（Joan's Law）。惠特曼

的衣領上別著紀念瓊安的綠色蝴蝶結，她坐在博根郡立監獄外燦爛的陽光下，羅絲瑪麗、法蘭克、麥可和約翰則站在她身旁，周圍圍繞著眾多警官、警探、州警和議員，他們全都支持實施這項法律的運動。

《瓊安法》補足了紐澤西刑法，規定任何在性侵犯行中謀殺十四歲以下兒童的罪犯將被判處終身監禁，沒有假釋可能。

羅絲瑪麗來到講台上，感謝州長以及這項法案的贊助者與支持者。「也許這可以遏阻犯罪——我們希望如此，」她說道，然後舉起一張瓊安的照片：「我們必須感謝的人是她。瓊安的精神還非常活躍。她想要你們多微笑。她想要你們更積極正面。」

次年，一九九八年十月三十日，比爾・柯林頓總統簽署了聯邦版本的《瓊安法》。在那之後六年，二〇〇四年九月十五日，紐約州州長喬治・帕塔基（George Pataki）來到哈里曼州立公園，瓊安屍體被發現的地點，為他的州簽署了《瓊安法》。羅絲瑪麗雖然無法親赴現場，但病榻上的她透過電話聆聽；她就像這樣打了許多通電話，聯繫眾人，好讓這些法案通過。

諷刺的是，《瓊安法》無法影響的受刑人就是殺死瓊安的人，喬瑟夫・麥高文。他是在這項法規生效以前被判刑的，而法律不溯及既往。所以，根據上訴法院的指示，紐澤西假釋委員會和羅絲瑪麗・達列山卓準備好面對下次聽證會。

這次特別有問題，因為在一九九三年的駁回決定公布後，麥高文對於在二〇〇五年以前不給予他假釋聽證會的決議提起上訴。上訴法院要求假釋委員會提供額外資訊，然後讓這個判決成立。在接下來幾年裡，麥高文共上訴了三次，達列山卓家人每一

次都到場。要從頭到尾說完他們的被害人影響陳述是極為艱難的一件事，但羅絲瑪麗覺得她必須讓瓊安的苦難、還有他們自己的苦難，盡可能真實地傳達給委員會。

　　一九九八年五月，法院判定委員會把假釋標準設得太高了。法院認為，委員會成員不該考量他是否改過自新了，只要考量是否有實質理由相信，他被釋放後就會犯下另一件暴力犯罪。換句話說，就是：他危險嗎？

　　而我就在這時登場了。

5 精神科醫師的說法
What the Psych People Said

　　在麥高文服刑的前十五年裡，案件檔案顯示於一九七四年由諾爾·蓋倫、亞伯拉罕·艾弗隆和尤金·雷維奇三位醫師進行精神評估之後，至少還做過另外八次評估，先前引用的上訴法院決定也確認了這一點。而這十五年間，麥高文看起來幾乎是個模範犯人，不捲入麻煩事，也不招惹其他囚犯。

　　剛開始的幾個評估很簡短，主要是仰賴自我報告。對於重罪犯的這種評估在我看來總是很有問題。我們大多數人就診的時候，不管是為了身體還是心理問題，我們的目標都是接受治療或幫助，所以有利的方式肯定是說實話。

　　但這個邏輯在鐵窗的另一頭不盡然成立。一來重罪犯並不是自願選擇見精神科醫師或心理師；這種探訪是規定使然。另一方面，從重罪犯的角度來看，這種會面並不是設計出來幫助他「好轉」的。這是要評估他的行為、矯治情況以及潛在的危險性。因此，不說實話，反而盡可能把自己往好的方面說，對他才有利。

　　從阿塔斯卡德羅州立司法精神病院離開後，艾德·肯培遵守法院命令去找一位州政府指派的精神科醫師，在其中一次就診時，肯培把他的上一個受害者，一名十五歲女孩的腦袋放在他的後車廂裡。而那次訪談中，精神科醫師做出結論，認為他對自己

或別人不再是威脅，建議封存他青少年時期的犯罪紀錄。這就是為什麼我不信任自我報告。

不過，那就是麥高文監禁期間精神健康檔案整體得出的結果。三份個別報告，分別於一九八七年一月、一九八八年十月和一九九一年九月提出，說明麥高文承認他的罪名，並且看起來對所犯罪行感到後悔。三篇報告都建議給予假釋。另一方面，麥高文從未聯絡羅絲瑪麗或瓊安家裡的任何人，或者嘗試對他們表達悔意。

一九九三年十月七日，肯尼斯・麥克尼爾（Kenneth McNiel）醫師，成人診斷與治療中心的首席臨床心理學家在紐澤西州假釋委員會的邀請下與麥高文晤談。委員會特別想要評估這名囚犯「（一）暴力宣洩行為的可能性；（二）整體的人格剖繪；（三）有或沒有幾項心理問題；以及（四）治療計畫的建議。」

麥克尼爾醫師的發現描繪出一個實質上很不同的圖像，非但不同於先前的三份報告，也和蓋倫、艾弗隆、雷維奇三位醫師所進行的初始評估不同。根據麥克尼爾醫師的說法，麥高文否認「在他的罪行之前或之後，有任何針對兒童的性幻想或行為。」

麥克尼爾的報告指出，雖然

麥高文先生也否認有任何解離症狀，然而他對於現在這個罪行的討論值得注意，因為有短暫片刻，他會在討論罪行時面無表情地別開視線，這暗示著一個解離的過程。對他來說，把注意力集中在他罪行中的特定記憶上，顯然很困難。

他做出的結論是：

> 對於自身罪行中明顯的性異常與暴力程度，麥高文先生一直
> 沒有完整理解，他的進展很慢，或者根本沒有。不幸的是，
> 看來他持續主要靠著否認與壓抑，來處理他自身的這種負面
> 面向，就跟他犯罪當時一樣。

如同先前的三份報告，麥克尼爾發現，「沒有證據指出麥高
文有做出暴力行為的立即風險」，不過他做了個規避性質的補充：
「在一個缺乏固定結構的社區環境下，他管理憤怒、拒絕與性障
礙的能力，仍值得商榷。」

整體而言，這些報告強調了對於人類的心理與動機，甚或是
它們和生理大腦之間的關係，我們的理解有多麼變化無常。有時
候我們可以看到一個心理症狀，就把它直接連結到大腦或神經系
統裡的一個生理問題，但大多數時候我們無法這麼做。或者再進
一步，有時候我們會說某個特別殘酷、反社會或者犯罪性質的行
動，是某種心理或情緒性疾病的結果。在其他例子裡，我們會說
犯罪者本身並未苦於心理疾病，卻有一種「人格障礙」，所以對
於他的行為要付更多責任。不過，心理疾病與人格障礙之間的差
別是什麼？精神科醫師根據《精神疾病診斷與統計手冊》（DSM）
可以給我們一個定義上的答案，但對於這種分野，定義真的能告
訴我們任何事嗎？

我的同事們和我在行為科學的犯罪分析這一邊，我們的工作
前提是任何犯下暴力或獵食性罪行的人都有心理問題。這幾乎從

事實本身就足以證明，因為「正常」人不會犯下這種罪行。但患有某種心理疾病，並不表示犯罪者就是**心神喪失**（insane），這是一個法律名詞而非屬於醫學，與罪責（culpability）有關。

多年來有許多界定何謂心神喪失的嘗試，不過它們全都以某種方式回歸到馬克諾頓法則（M'Naghten Rule）。那是在一八四三年，丹尼爾‧馬克諾頓（Daniel M'Naghten）企圖暗殺英國首相羅伯特‧皮爾（Robert Peel）爵士之後，由英國法院所制定。馬克諾頓在皮爾的倫敦宅邸外近距離射擊，但遇害的卻是首相的私人祕書愛德華‧德魯蒙（Edward Drummond）。馬克諾頓苦於被迫害妄想，因為心神喪失而獲判無罪；此後歷經多次的詮釋與變更，英國與美國法庭的基本心神喪失法律測試，就是被告是否能夠分辨是非對錯，或者是在某種妄想或強迫意念下行事，程度強烈到把這種區別抵銷掉了。

或許我們有過最接近真正心神喪失的獵食者，就是已故的理查‧特蘭頓‧契斯（Richard Trenton Chase），他確信自己需要喝女人的血才能活下去。他被安置在一間司法精神病院，再也拿不到人血的時候，他就抓兔子讓牠們流血，然後把兔子血注射到自己手臂裡。當他能抓到小鳥的時候，他會咬掉牠們的頭喝血。他不是個虐待狂，在享受對於比他弱小的動物施加痛苦與死亡。這是個徹底脫離現實的精神病患，跟常見的有犯罪傾向的社會病態者正好相反。他三十歲時，在自己的牢房裡服用過量他囤積的抗憂鬱藥物自殺身亡。

不過，像契斯這樣的殺手並不太多，而在心神喪失與心理疾病周邊的這種模糊性，點出了我們的殺手訪談計畫中的一個早期

目標。對話本身並不足夠。我們知道要真正有用，就必須找到辦法把我們訪談結果系統化：創造出可以更廣泛應用的區別，好讓我們有超越每個個別案件的語彙可用。回溯一九八〇年，那時我們的性犯罪與人際暴力專家洛伊·海茲伍德，跟我合作寫了一篇色欲謀殺案的文章給《聯邦調查局執法學報》（*FBI Law Enforcement Bulletin*）。有史以來第一次，我們使用的不是從心理學那裡借來的術語，而是一連串我們認為對犯罪調查人員更實用的詞語。我們引進了像是**有組織**、**無組織**與**混合型**這樣的概念，來描述犯罪現場的行為表現。

洛伊讓我和安·布吉斯（Ann Burgess）博士搭上線，他們先前一起做過研究。安是個受到高度重視的作者，是波士頓學院精神病學心理衛生護理教授、賓州大學護理學院教授，同時是波士頓健康與醫院部門護理研究副主任。和洛伊一樣，她是美國對於強姦及其心理影響的頂尖權威。有意思的是，她在不久前於波士頓學院完成一個研究計畫，內容與預測男性心臟病發的準確度有關，並且認為在她研究中所需要的「反向工程」和我們打算要做的事情之間，有一種有趣的相似性。

安最後設法從國家司法研究院（National Institute of Justice）拿到大筆研究經費，讓我們能夠進行嚴謹的研究與發表成果。羅伯·雷斯勒負責管理這筆經費，並且充當與國家司法研究院之間的聯絡官，而根據我們提供的資料，我們發展出一份五十七頁的文件，要在每次訪談犯人之後填寫，我們稱之為評估工作單（Assessment Protocol）。其中包括作案手法、犯罪現場描述、受害者學、犯行前後的行為，他們是怎麼樣被指認並捕獲的，以及許多其他

元素。既然我們已經確定在訪談中錄音或做筆記的方式都不妥，我們一完成訪談，就會填寫訪談紀錄，窮盡我們的記憶力，用受訪者自己的話寫。

當我們在一九八三年完成這項正式研究時，我們已經深入研究了三十六名犯罪者，還有他們的一百一十八位受害者，大多數是女性。此時，我們在行為科學組已累積足夠的經驗與成熟度，可以在正式基礎上提供剖繪與案件諮詢。羅伯·雷斯勒和洛伊·海茲伍德繼續他們的教學與研究，並且在他們的其他責任容許範圍內，兼職諮商工作。我則成為第一個全職調查工作的剖繪員以及犯罪剖繪計畫的負責人，最後創立了一個新單位。而我的第一要務就是「把BS（廢話）拿出行為科學與剖繪之外」。我把小組重新命名為調查支援組（Investigative Support Unit, ISU），涵蓋的計畫有剖繪、縱火與炸彈案、警察主管獎學金進修計畫（Police Executive Fellowship Program），以及全國性的暴力犯緝捕計畫（Violent Criminal Apprehension Program, VICAP），其中包括登錄與比較不同轄區的案件，並且和其他聯邦執法機構協調合作，如美國菸酒槍砲及爆裂物管理局（ATF）和美國特勤局（USSS）。

我們設法對潛在的執法界客戶們表明，這種形式的犯罪調查對某些類型的犯罪管用，但對某些類型不管用。舉例來說，常見的後巷搶劫案或重罪謀殺——一種機會犯罪，唯一的動機是迅速獲利——對於剖繪或者行為分析提供不了什麼資料。這種場景過於常見，可想而知，太多人符合這種條件，所以作用不大。即使如此，我們或許還是能夠建議引出犯人的先發制人技巧。

另一方面，在分析犯罪得到的證據中，犯罪者展現出愈多的

精神病態，我們在剖繪中所能做的就愈多，也愈有助於指出始作俑者。不過，我們必須在會使用到心理學，卻又能有效地解決犯罪的脈絡下，著手進行我們的分析，並且諮詢在地調查員。

一九八八年，羅伯·雷斯勒、安·布吉斯和我把我們的研究發現與結論出版成書，書名是《性殺人犯：模式及其動機》，在學術界與執法社群的接受度都很令人滿意。不過，我們仍努力要達成一個目標：讓我們的文獻與實作研究對於專業執法人員都有實際用處，就像精神衛生專業人士都使用《精神疾病診斷與統計手冊》，此書現在已經出到第五版了。

我們開始領悟到，要真正了解一個不明行凶者（unknown subject, UNSUB），你必須理解他**為何**，以及**如何**犯下特定類型的罪行。同樣地，你可以用動機來分類犯罪，而不只是從結果或後果來區分。這是我當時在撰寫博士論文所努力應付的挑戰：評估執法官員如何分類謀殺案的不同訓練法。換句話說，我當時設法藉由解釋犯罪背後的行為動力學，並且以真正有助於破案的方式來呈現這些材料。

而從我的博士論文研究長成、FBI及執法界某些最傑出的人士參與貢獻的最終結果，就是《犯罪分類手冊》；於一九九二年出版，共同作者包括安·布吉斯、艾倫·布吉斯（Allen Burgess）和羅伯·雷斯勒。《犯罪分類手冊》發行之際，我們已有不少剖繪上的勝利成果，包括亞特蘭大殺童案、亞瑟·蕭克羅斯（Arthur Shawcross）在紐約州羅徹斯特的妓女謀殺案、紐約市的法蘭馨·艾芙森（Francine Elveson）謀殺案、舊金山的「林徑殺手」（Trailside Killer）、伊利諾州的卡拉·布朗（Karla Brown）謀殺案、喬治亞州

的琳達・杜佛（Linda Dover）謀殺案、南加州的夏麗・費伊・史密斯（Shari Faye Smith）謀殺案，還有德州的 FBI 員工唐娜・琳・維特（Donna Lynn Vetter）命案。此外，我們也能夠利用剖繪與行為科學協助被錯誤定罪的大衛・華斯蓋茲（David Vasquez）獲釋，他是一名在維吉尼亞州身陷囹圄的智能障礙者。雖然他在受到脅迫的環境下自白犯下數起謀殺案，我們卻能夠把罪行連結到真正的凶手提摩西・史賓塞（Timothy Spencer）身上，他後來受審並遭到處決。

現在回顧起來，像馬克諾頓法則這樣的心神喪失抗辯，是安與艾倫・布吉斯、羅伯・雷斯勒和我決意創建《犯罪分類手冊》的主要理由之一。從犯罪調查的觀點來看，某行為是一種病、一種人格疾患或者什麼也不是，其實並不重要。我們感興趣的是行為本身如何指出犯罪意圖與犯行，以及如何連結到犯罪者在犯罪前、中、後的思維。而那個行為是否失序到足以抵消罪名（因為從法律上來說，每個犯罪都是由兩個元素組成──行為與行為的犯意），是陪審團和法官要決定的事。

但想到麥高文的精神評估報告在決定他是否適合假釋的問題上所扮演的角色，讓我覺得更加不自在了。如果你有嚴重的生理症狀，明確指出身體有某個地方非常不對勁，而有四位不同的醫師檢查過你，每一位都提出不同的診斷，你會嚴重質疑他們的診斷程序是否有效。毫無疑問，你會要求進行一輪測試，以便決定實際上是什麼讓你生病，而在血液檢驗、內分泌與造影檢查確定你的特定病因以前，你是不會滿意的。

不過，在大多數案例裡，並不存在可以確定心理診斷正確性

的測試。我們知道症狀——本案中，是粗暴地姦殺一名七歲女孩——但我們無法證明起因。所以我最擔心的是，我們能夠多精確地預測未來的危險。這就像是醫師說，他無法證明是什麼造成一種病症，不過他最感興趣的是這種狀況會不會復發。換句話說，我們只能猜測，只能提供一種評估或意見。但我總是從同樣的前提開始，就是我在 FBI 那些年教給別人的那一則：**過往行為是未來行為的最佳預測指標**。

一九九八年，麥克尼爾醫師初次評估麥高文之後五年，他再度接受假釋委員會的請求，進行另一次評估。麥高文再度否認他先前承認過的事——對年輕女孩的強姦幻想與年輕女孩對他的性吸引力——他把謀殺案視為種種事件不幸的匯集。麥克尼爾如此寫道，「受害者剛好來到他家時，他正處於淒慘絕望的時刻，他已經積極計畫自殺好幾個星期了，但一直無法貫徹。」而在瓊安出現在他家前門之際，「無可解釋的怒火徹底被點燃了。」

當我為了和喬瑟夫・麥高文的會面做準備而讀遍這些報告時，近期的這份報告中有個地方特別引起我的注意：**他正處於淒慘絕望的時刻，他已經積極計畫自殺好幾個星期了**。

我不確定他是否真的曾經計畫自殺，但從我參與此案，開始得知這些細節的那一刻開始，我首先提出的問題一直是這個：**為什麼是這個受害者？為什麼是那個時候？**

就算他覺得小女孩有性吸引力，就算他對自己的男子氣概沒有信心，就算他受到霸道的母親所宰制，在導致他做出這種高風險罪行，在自己家中攻擊殺害一個鄰家孩子的那個特定時刻，他心裡在想什麼？

　　麥克尼爾醫師告訴假釋委員會，他最近的這次評估大致上和他先前的評估相符，雖然在這份後期的報告裡，他指出麥高文「在憤怒時有解離的潛在可能，也可能具有涉及戀童癖與性暴力的嚴重精神病態，然而他一直否認這一點。」他也表示，麥高文有「偏執狂傾向與明顯的暴力潛能」，而且既然「麥高文先生一直無法處理他罪行之中的性面向，看來他沒什麼進步，他無法面對自身罪行中爆發的戀童衝動與性虐待成分。因此，我們應該認為予以假釋的風險很大。」

　　好，我對自己說。即使麥克尼爾醫師認為他的兩份報告大致相符，犯人在獄中沒有嚴重的問題，但在同時，他一度說他「沒有證據指出麥高文先生有做出暴力行為的立即風險」，而他現在看到「明顯的暴力潛能」。

　　所以，麥高文這個人實際上到底怎麼回事？如果我探索得夠深入，他會向我展現出來嗎？

6 紅色憤怒與白色憤怒
Red Rage And White Rage

　　從外觀來看，特倫頓的紐澤西州立監獄就像你想像中最高安全級別監獄該有的樣子：厚重的棕灰色牆壁上有一圈圈的利刃型鐵絲網。用玻璃罩住的警衛塔設置在角落與寬闊的圍牆中央，講究功能性、毫無裝飾的建築物斜頂在塔樓後方清晰可見。就連監獄比較新的部分看起來都很陰森，猶如要塞，一棟紮實的紅磚結構物，狹窄的窗縫清楚界定了自由與監禁之間的界線。

　　那天早上，我在一位獄警作證下宣誓就職成為一名治安官，然後得到一個有照片的名牌，指出我代表紐澤西州假釋委員會。我穿著我的傳統深色西裝，來暗示我的權威。

　　就算是像我這樣的人，走進這種機構的外部大門，經過一連串到最後會把我帶進典獄長辦公室的柵欄，還是會產生一種感覺——當初但丁對著地獄之門，說出那句傳奇之語「進入此處者，拋棄一切希望」的時候，肯定就這麼想。

　　在我進去跟麥高文談話之前，我根據先前的經驗，具體指定幾個我相信有助於訪談成功的因素。

　　我想要環境處於合理的舒適度，而且不具威脅性。在最高安全級別監獄裡，這不是個容易的任務，這裡的整體環境令人望而生畏，而且是刻意設計成這樣的。不過，在這樣的脈絡下，我想

要一個讓受訪者最有可能開口的地方。我建議的是只有一張書桌或普通桌子，再加上兩張舒適椅子的房間。照明方面，我偏愛單一個檯燈——沒有由上而下的大燈。這樣會有助於讓環境變得緩和放鬆。

這非常重要，因為在最高安全級別的環境下，囚犯沒多少自由，而我想要他做心理聯想的時候，盡可能覺得自由——從某種意義上來說，把他的某些權力感還給他。然後你必須證明你自己，不只是證明你對這個案件檔案與罪行的知識，還要呈現在你的非口語暗示裡。在紐約州的阿提卡監獄（Attica Correctional Facility），當大衛·伯考維茲被帶進沒有窗戶的訪談室裡時——一個約八乘十呎，漆成某種陰鬱戰艦灰的房間——讓我印象深刻的是，我在做開場白的同時，他湛藍的雙眼一直在我和羅伯·雷斯勒之間梭巡。他設法要解讀我們的表情，估量我們是不是認真的。我告訴他我們在進行的研究，還有研究的目的在於幫助執法人員解決未來的案件，而且可能有助於干預展現出暴力傾向的兒童。

在我的研究中，我曾推測他有某種缺陷感。我拿出以他的罪行做頭條的報紙，然後說：「大衛，在堪薩斯的威奇塔（Wichita），有個殺手自稱是綁折殺勒頸者（BTK Strangler，簡稱BTK[1]），而他在給媒體和警察的信件裡提到你。他想要像你一樣充滿力量。」

伯考維茲往後靠向他的椅子，把自己調整到一個更舒適的姿勢，說：「你想知道什麼？」

「一切。」我說道，然後訪談就從那裡開始進展。

1　譯注：BTK代表綑綁（bind）、折磨（torture）與殺害（kill）。

在特倫頓的監獄裡，我告訴典獄長，我希望這個訪談沒有時間限制，也不會被任何用餐或監獄點名的需求打斷。我們事先安排好，即使麥高文錯過官方的用餐時間，在我們結束訪談後他還是會有得吃。

訪談室大約是十四呎見方。門是鋼製的，以十二乘十八吋的鐵絲網強化窗戶，警衛會透過窗戶察看我們的狀況。牆壁是煤渣磚，被漆成藍灰色。那裡有張小桌子，還有兩張舒適的椅子。唯一的光源是我要求安排的檯燈。

麥高文在事前完全不知道他要被帶到哪裡，也不知道原因。他被兩名警衛帶進房間裡。陪同我到監獄的假釋委員會主席安德魯·康薩沃伊，介紹我是約翰·道格拉斯「博士」。他說我代表假釋委員會。我只在想要創造出某種看似臨床情境時，才會用上博士這種尊稱。我要求警衛移除他的手銬，他們照做了，然後才留下我們兩人獨處。

麥高文和我都是五十來歲，大約六呎二吋高。我讀過關於他教書時代的描述，說他塊頭大但虛軟。但在監獄裡工作多年以後，他的身體似乎很結實而充滿肌肉。從他留的灰白鬍鬚來看，他看起來肯定再也不像個年輕的高中科學教師了。

關於訪談的一切都經過刻意安排。我想要面對門口，讓他面對牆壁。這麼做有兩個理由。我不要他分心，而既然我還不太認識他，我不確定他會怎麼反應，所以我想要清楚看到窗戶和門後的警衛。我訪談的犯罪者類型往往決定了我對座位安排的判斷。舉例來說，在我訪談刺客的時候，我通常必須讓他們面對窗戶或者門，因為他們通常很偏執，如果在訪談時承受壓力卻無法在心

理上逃避的話，就會分心。

在這種情況下，我會坐下來，而我安置自己的方式會讓我在整場訪談裡微微抬頭看他。我想給他一種感覺比我優越的心理優勢。這是我在跟查爾斯‧曼森（Charles Manson）談話時學到的技巧，那時候羅伯‧雷斯勒和我在聖昆丁州立監獄（San Quentin State Prison）裡訪問他。我那時很驚訝，他才五呎二吋高，這麼矮小不起眼。雷斯勒和我在聖昆丁主要囚房區的小會議室裡訪談他，而他一走進那裡，便爬上桌子前方一張椅子的椅背上，好讓他可以從一個較優越的位置主宰我們，就好像他習慣坐在一塊大石頭上，向他的追隨者「家族」布道，這給他一種來自大自然與聖經的權威氣質。隨著訪談的進展，情況變得很明顯，這個瘦小不起眼的男人——十六歲妓女的私生子，有段時間扶養他的是宗教狂阿姨和看不起人的虐待狂姨丈，這個姨丈有時候還把他打扮成女孩子，說他是娘娘腔，他一直在教養院和感化院之間進進出出，基本上是在街頭把自己養大，然後因為搶劫、偽造文書與拉皮條而進出監獄——發展出一種詭異的領袖魅力與能力，可以把自己「推銷」給那些和他一樣失落沒人要的社會邊緣人。我曾經凝視過那雙充滿穿透力的眼睛，而我可以向你們保證，曼森的天賦——他誘人的氛圍——是真正存在的，就跟隨之而來的妄自尊大一樣真實。

我們從訪談裡學到的，就是曼森不是個犯罪大師。他是操縱人心的大師，而他發展出那種技巧，是當成一種生存機制。他並不像我遭遇過的那些罪犯一樣，幻想著折磨或謀殺。他幻想的是以搖滾巨星身分致富成名，甚至能設法跟知名樂團「海灘男孩」

交際一陣。

如同我們訪談過的其他累犯，曼森在人格養成期大半時候都待在感化機構的環境裡。他告訴我們，他不只是被其他收容人攻擊，也被輔導人員還有警衛攻擊。這造成的影響是，讓他學會更弱或者更好欺負的人就是要被利用的。

等到他一九六七年從獄中獲釋的時候，他三十二年的人生裡，有超過一半是待在某種機構或處於監管之下。他往北去了舊金山，發現世事有變。他可以利用他的機智，參與性愛、毒品和搖滾樂的文化，而且免費得到這一切。他的音樂天分與富有旋律性的嗓音，相當有助於他吸引追隨者。他遊蕩到洛杉磯地區，而發展出一群「聽眾」，只是遲早的問題。

在聽他說話的時候，我們領悟到他的門徒在洛杉磯進行的恐怖謀殺案之所以發生，並不是因為曼森行使了這種催眠式的控制力——他確實有——而是他逐漸失去掌控，而其他人，尤其是他的副手查爾斯‧「德州佬」‧華森（Charles "Tex" Watson）開始挑戰他，並且帶領團體踏上他自己的冒險旅程。曼森曾經預測會出現社會性的「手忙腳亂」（Helter Skelter），這個講法是他從披頭四著名的《白色專輯》（White Album）裡挑出來的。當他領悟到他的門徒們認真看待他的話，謀殺了懷孕近九個月的美麗電影明星莎朗‧蒂（Sharon Tate）以及宅邸的四名訪客之後，他必須重振他的地位，這導致兩個晚上後發生另一次硬闖民宅的謀殺案，這次是曼森慫恿的，他自己卻沒有參與。

我們從曼森的訪談裡學到的事，後來被局裡用來對付領袖富群眾魅力又善於操縱人心的其他邪教，像是吉姆‧瓊斯（Jim Jones）牧師在圭亞那的人民殿堂（Peoples Temple）、在德州韋科（Waco）的柯瑞許（David Koresh）與大衛教派（Branch Davidians），以及蒙大拿州的自由人（Freemen）民兵運動。結果並不總是如我們所願，不過重要的是理解我們對付的那些人的人格，好讓我們能夠設法預測行為。

我也從和刺客類型的人，像是亞瑟・布雷莫（Arthur Bremer）與詹姆斯・厄爾・雷（James Earl Ray）相處的經驗中學到，不要一直盯著他們看，因為這樣會讓他們太不自在，不願開口。從布雷莫那裡，我得知目標遠遠沒有行為本身那麼重要。布雷莫追著尼克森總統跑，然後做出要接近他太困難的結論，接著就把目光轉移到阿拉巴馬州州長、總統候選人喬治・華萊士（George Wallace）身上；一九七二年五月十五日，華萊士在競選行程中馬里蘭州勞雷爾（Laurel）的一個購物中心遭布雷莫槍擊，導致他從此半身不遂。從雷身上，我們得到的非常少。他整個人緊緊綑綁在他的偏執幻想之中，以至於他撤回了他對馬丁・路德・金恩博士刺殺案的認罪答辯，堅持他在殺死這位民權運動偶像人物的複雜陰謀之中，只是個無意間被利用的卒子。

就讓我們老實說吧：任何這種類型的監獄訪談，剛開始都是互相勾引。我試圖引誘受刑人相信，我在那裡的唯一目的就是幫助他出獄。而他在引誘我相信，他理當出獄。但通常要花相當多的時間，隨著藉口託辭逐漸被剝去，揭露出我們各自是什麼人以後，才能越過那些公開的立場。在瓊安的案子裡，我的角色是讓他覺得我要幫他思考、並且準備面對假釋的大喜之日。對我方來說，這並非完全不真誠。進入訪談時，我必須抱持著完全開放的

心態，同時還有這個目標：我要打開他腦袋裡會揭露他內在思維與幻想的開關。

前兩小時主要是奉獻給閒聊。這個時間量是必要的，這是為了建立一種自然的對話節奏，並且確保受訪者忘記這個背景，以降低他的抑制。我會告訴他某些關於我自己的含糊事情，還有我在執法界的背景，以便建立一層信任。我問他監獄環境如何，探問他怎麼使用他的時間。對我來說，有趣的是，他差不多都待在他住的那一個監獄側翼，鮮少冒險進入主要大院，他說他在那裡感覺不自在。這跟他入獄前的生活很類似，當時他在學校裡覺得比較自在，在那裡他大權在握，反之在較大的社群裡，他的社交表現笨拙，又比較容易受到傷害。

多年之後，我得到機會，看到他寫給一名定期通信對象的信件副本。他提到這些事實：我不記筆記，我記得他檔案裡的細節，還有我很能夠讓他放鬆。而我的目的，是要把這番對話朝著我想要的方向前進。他在信裡「恭維」我有聆聽他有什麼話要說，而不只是把某張預先決定的問題清單從頭到尾問過一遍，像是假釋委員會代表們通常的做法。對此他說對了。我在這裡，是為了透過聆聽、還有讓他揭露自己，從他身上學習。那是我唯一的盤算。

我逐漸開始把他帶到罪行本身的話題。我避免讓自己聽起來有任何一點批判的味道。這並不是說，我好像在設法帶給他我赦免他種種行為的印象。我只是想盡量忠於事實而且客觀，好讓我可以重新創造出他當時的思維過程。多年來，他已經對精神科醫師、心理師和輔導人員給出這麼多不同的反應，所以我想要看看我是否能讓他提供未經粉飾的故事。

　　我的做法是，創造出一種《這就是你的人生》（*This Is Your Life*）那種風格的敘事。我要向太年輕不知道這個節目的人解釋一下：這是五〇年代的電視節目，主持人萊夫・愛德華茲（Ralph Edwards）會「引誘」一位知名來賓進到攝影棚，並且為觀眾講述一遍他或她的人生，中間穿插來自舊識的回憶。我讓麥高文告訴我他自己的事，同時引導他一直講到一九七三年那個星期四下午。

　　我知道他在學校有某種缺乏幽默感又疏離的名聲，至少在教職員之間是如此。我也知道大約在那個時間點，他本來訂婚了，準備要結婚，但婚約解除了。如果女方拒絕了他，那肯定能夠算是一個突如其來的壓力源。

　　雖然學校同僚卡利羅說麥高文在情緒上並不太外露，他還是有種印象，認為麥高文「內在累積了很多情緒」。麥高文從沒提過婚約破裂的事，而卡利羅說他從沒見過那位年輕小姐。

　　「我見過他女朋友一次，」梅思奇諾說道。「我的天啊，她是最甜美、最漂亮的人了。和他相比，她非常嬌小。」而或許那對他母親來說是個威脅？雖然梅思奇諾當時知道他們分手了，他從來不知道是為什麼，麥高文也從沒提起。

　　他的某些同事計畫在復活節假期到加勒比海一遊，不過麥高文並未受邀。

　　我問梅思奇諾，如果喬要求跟著去的話會發生什麼事。他指出他可能會被接納。

　　那麼，他為什麼沒這樣做？梅思奇諾說，他沒辦法自己做好規畫，想清楚怎麼做出所有安排。這相當符合在他這個年紀還跟母親與外婆同住的人的行為，而對於他發現自己在過的這種生

活，這種事確實可能助長了持續的挫折感。

在訪談進行大約兩小時之後，我說道：「我想知道，用你自己的話說，二十五年前那是什麼樣的狀況。這一切是怎麼發生的，讓你現在到了這裡？」我刻意避免帶有潛藏意涵或描述性的詞彙，像是**殺死、攻擊**或**謀殺**，我也不會指涉瓊安是他的「受害者」或者一個孩子。「那女孩──瓊安──你認識她嗎？」

「噢，我以前在附近看過她，」麥高文回答。他的情緒很平淡，語調平穩。

「她來到門口要賣女童軍餅乾給你嗎？」

他說，他認為他母親曾經向她訂購餅乾。有一篇報紙文章引述了一位前FBI探員的說法，說他們在屋裡找到超過一百個女童軍餅乾空盒。

「讓我們回到她來到門口的那一刻，」我說：「告訴我發生了什麼事，一步一步來，從那個時間點開始講起。」

這幾乎像是一種蛻變。麥高文的整個舉止態度都改變了。就連他的外表似乎也在我眼前起了變化。他看著我後方空空如也的煤渣磚牆時，他的眼睛是失焦的。我看得出來，他完全望向自己內心深處──回溯四分之一個世紀前的時光。我可以感覺到，他正一點一滴回到那個他從未須臾或忘的故事。

麥高文說，前門敞開來，面對著溫和的春季天氣，他從這個錯層式房屋的較低樓層，透過紗門看到她站在樓梯平台上。她說，她來這裡是為了送兩盒女童軍餅乾，要收兩塊錢。他想要讓她到樓下他住的那一層來，遠離他的外婆，他外婆在樓上，不是

睡覺就是在看電視。

那就是為什麼他說他只有二十塊鈔票和一張一塊鈔票，必須去拿剛好的零錢——好讓她跟他下樓。他因為沒有確切金額而感到尷尬的故事全是鬼話，是用來告訴精神科醫師的無害說法。

這就是我在訪談中希望會發生的事情。我跟其他性罪犯談話時也有過相同經驗：你一旦打開他們的開關，他們就不會住嘴。雷斯勒和我訪談蒙特・李瑟爾的時候，他講述他開車回到位於維吉尼亞州亞歷山大的複合公寓停車場，在那裡，他看到一個女人正要從她車上下來，就用槍脅迫她到一個僻靜的地方去。在那之後，她設法要逃走。他追著她來到一處深谷裡，然後他鮮明地描述他抓著她的頭撞向石頭側邊，再壓進溪水裡的情景，就好像他在看一部電影似的。

我的目標是打開麥高文腦袋裡錄下這場謀殺案的「DVD」。在監獄裡度過四分之一個世紀以後，麥高文回憶起那個星期四下午的每一個具體細節。這就像聽一個朋友講述他看過的一部絕佳電影。但在這個例子裡，麥高文是劇作家、製片、導演兼主角。他得以行使幾乎每個獵食者心中都有的三大抱負：操縱、支配與控制。

在沒有直視我的情況下，麥高文描述了他誘使瓊安進入較低的樓層，到他的臥房，命令她脫掉衣服，然後性侵她。

我問他是否有插入她。他堅持，他只用了手指。

那精液是怎麼弄進她陰道裡的？精液是在他射精後沾到他手指上的，他說。

在專注、沒有任何悔恨跡象的興奮狀態下，他描述了他怎麼

從她的腳踝舉起她，把她甩過來，然後把她的頭砸向地板，砸碎了她的頭骨。他提出的說詞，跟他先前告訴警探和精神科醫師的差不多。他甚至沒有像我訪談過的其他罪犯一樣，試著裝出同理心。讓我吃驚的不是事實，而是這樣明顯的有意而為。

外頭熱得像地獄一樣，但訪談室裡非常冷。事實上，我坐在那裡的時候得設法讓自己別發抖，雖然我穿了一件羊毛西裝。另一方面，就在麥高文描述他攻擊後的感覺時，他開始大量冒汗。他在一種出神的狀態下，視線遠離我，呼吸沉重，而他的囚服都被汗浸得濕透了。我可以看見他胸口的肌肉在顫動。

我立刻想到我從蓋倫醫師最初的報告裡看到的句子，在麥高文毒打並勒殺瓊安以後：「她不再掙扎了⋯⋯就只是躺在那裡。我穿上衣服。我汗流得很厲害。」在他的腦袋與生理狀態中，他都直接回到行動的時候。

「把某個人勒死相當難，不是嗎？」我問道。「就算是一個非常年輕的人。」

「是啊，」他表示同意地說：「我本來沒發現要花這麼大力氣。」

「所以，你那時做了什麼？」

「噢，我轉過身，讓我自己放到她後面的位置。」我當成是這個意思：他繞到她的頭躺在地板上的位置。

「然後你掐了她多久？」

「直到我認為她死了為止。」

「然後怎麼樣？」

「我出去拿些袋子要把她塞進去，還有把她的衣服放進去，而我回來的時候，她在抽動。」

現在，這不是無可控制的狂怒暫時暴衝所導致的閃電攻擊了。他並沒有突然恢復理智，告訴自己說，**我的天啊！我幹了什麼？**他看到她還在抽動，他唯一的念頭就是再揍她一次，好確保她終於死去。這幾乎就像是他再謀殺了她一次。

這整段敘述裡，我記憶中麥高文唯一一次直視著我，是他這麼說的時候：「約翰，在我聽到敲門聲，透過紗門查看，看到是誰在那裡，我就知道我會殺了她。」

「我可以感覺到兩種不同的憤怒，」他繼續說：「紅色憤怒讓我很煩躁，但我可以轉念，專注，然後控制它，就像有人超我車或者我在學校跟人起衝突的時候。但我無法控制白色憤怒。」

「而這是瓊安來到你家時，你正在經歷的感覺嗎？」

「是啊，沒錯。」他回道。我們仍然彼此四目相望。

所以，他在被白色憤怒擄獲的同時殺死了瓊安。他甚至告訴我，他以前就體驗過這種怒氣，而且很有可能會再度經歷。但無論他體內是什麼樣的怒火在高漲，他並沒有在前門殺死她。那一刻，一個有條理的計畫在他心中立刻成形：他要怎麼把她弄到他想去的地方，以便能夠做他想要做的事。

我把這點指出來，然後對他說：「你並不是個精神病患，雖然你設法表現出你從犯罪中解離了。我看到的是相當有邏輯、合乎理性的行動。」他沒有和我爭辯。

至於精神病學上的斷言，說「殺戮是因為早洩而產生的附加煩亂情緒與失敗感，所導致的結果」：**這又說錯了**。殺戮是結合了遷怒，暫時強力宰制另一個人類所產生的性興奮，還有非常實際的考量──現在就已經糟到難以形容的罪行，不能留下人證

——所導致的結果。

他在和蓋倫醫師的訪談裡也這麼承認了，當時他說：「如果我讓她走，我的整個人生都完了。我能想到的就只有擺脫掉她。」我納悶地想，在我之前，到底有沒有人花時間把麥高文所有的陳述彼此串連在一起。

但我並沒有把這場殺戮低估到只是出於避免被指認逮捕的實際考量。這不單單是做得太過火的問題。從麥高文描述此事的方式裡，我可以分辨出這個行為帶來的饜足與情緒充實感是直通到野蠻的謀殺本身，還有他毀滅某樣東西或某個人的能力之上。

在某一刻，我問他：「如果你做這件事的時候，我可以捕捉你臉上的一個『定格畫面』，在那個畫面裡我會看到什麼？」

他很聽話地扭曲了臉孔，變成我會描述成是情緒激烈、充滿惡意而滿足的猙獰表情。

就連他描述棄屍的方式，都很合乎邏輯而有條理，沒有驚慌或匆忙。他拿了一些布和清潔用品來清除血跡，設法把這個潛在的鑑識證據弄出那個地方，這樣他母親就不會看到，也預防警方搜索這片地產。他把屍體用毛毯包裹起來，開了一段距離去他熟悉的環境棄屍。然後他回到家裡，裝得好像什麼事都沒發生過。加入社區裡搜索瓊安的行列，是他掩飾個人犯行的刻意手段。

大多數犯人知道，他們有潛在可能從訪談者的正面報告中得到某種好處，他們會很樂意鬼扯到某種程度。麥高文完全沒有這樣。我想那是因為我準備周全，而他聰明到可以理解這招不會見效。他同意和我談的目的是增加他得到假釋的機會，他知道如果我逮到他撒謊，這招就不會成功。而我這套方法的整個重點，就

是讓受訪者「自在」到足以讓我知道他實際的想法與感受。

　　讓我驚訝的是，他甚至沒有設法對他做過的事情表達任何憂傷之意，或者表現出對瓊安家人的同情。他肯定很遺憾這整件事發生了——我並不是第一個聽到這種情緒表現的人——但是，對於他從這個小女孩、所有愛她的人、以及所有和她短暫人生有交集的人身上奪走了什麼，他沒有一絲情緒上的理解。我得到的印象是，他在告訴我，既然他不可能讓這個年輕女孩死而復生，他就必須繼續過日子，而每個人都應該了解這一點。對他來說，謀殺只是一個人生中的嚴峻事實，就好像他有過癌症或者曾經心臟病發一樣，而現在醫生們正要決定他是不是好到可以離開醫院，重新開始正常生活。

　　每個暴力犯罪，都是在兩個或更多參與者之間以行動展現出的場景。而在犯罪者跟受害者彼此距離非常近的時候——和爆炸案、毒殺、縱火或者狙擊這類犯罪相反——即使犯罪者寡言少語或一語不發，一個受過訓練的犯罪分析師，還是可以藉由觀察犯罪者的行為，取得關於他內心實際想法的大量資訊。我在聆聽喬瑟夫・麥高文和瓊安・達列山卓之間致命接觸的每個細節時，我不只是專注於暴力與性侵的事實上，也注意到這些事是怎麼做的。

　　把焦點放在行為本身，而不是受害者的人格或者特殊的特質。我並不懷疑麥高文有些許戀童傾向，就像他在先前的某些訪談裡所指出的。這肯定符合他在社交成熟度方面的欠缺，還有他深藏著的缺陷感。不過，他的紀錄中沒有性犯罪前科，甚至連輕微罪行都沒有，而搜索票相關蒐證檔案裡並沒有出現任何兒童色情、或者關於兒童的幻想文字作品。如果他有幻想，我認為那會

是跟成年女性有關。而這裡唯一真正的幻想，是對於權力的幻想。

在他談話時，對我來說變得很清楚的事情是，這個罪行主要是出於憤怒的行為，怒火很快地從「紅色」升級到「白色」，而觸發罪行的是**某件事情**，某個突然的觸發事件，雖然此刻我不確定是什麼事。我猜測——基於他的生活狀況、他沒有能力讓他的婚約順利走向結婚，還有我對於其他性獵食者的詳盡知識——這跟他母親有關。仍然讓我困擾的是，我無法確切指出是什麼讓他爆發。

在我聆聽麥高文的時候，我領悟到讓他得以洩欲的是行為本身，而非受害者。之前訪談過他的所有人如果曾經嘗試讓他談他的戀童癖，都搞錯重點了。在他對於強暴一個七歲女孩的敘述中，並沒有任何過度執迷或者特別愉悅的地方。不僅如此，這還是個他經常在社區裡看到的孩子。他先前從未嘗試把她挑出來，當成特別注意的對象，跟她做朋友、引誘她，或者調教她。暴力、性羞辱行為、謀殺——這些全都是原始怒火的展現。他沒有實踐幻想中的場景，甚至連性虐待性質的都沒有。對於這個特定機遇犯罪受害者，重點在於她小而脆弱。如果出現的是一個在麥高文眼中可能猛烈抵抗的人，就不會有任何罪行發生。

麥高文緩緩地從他通往過去的白日夢之旅中回神。在描述罪行的特定細節時，他曾經很專注而且發抖。現在他很冷靜，不再冒汗了。他重溫了他打過並且贏了的那場戰役，和他人生中許多其他戰役的結果都不同。

我們談過他對槍枝的鍾愛，這是另一種明顯的心理補償。我問道：「如果你很憤怒，而你帶著一把AK-47步槍去到一間購物

中心,你會殺誰?」我好奇的不只是他的反應,也想看他到底會不會接受這個問題的前提。「你會槍擊誰?學童、老師、警官?」

「任何人,」他回答。

這很重要。他不但沒拒絕這種事情發生的可能性,實質上還告訴我,他的怒火是普遍性、無差別的。

我們開始談論他可能從監獄中獲釋。某一刻我問道:「喬,在你出獄的時候,你打算去哪裡?」我很小心地說在你出獄的時候,而不是如果。我想盡我所能讓這個對話保持積極正面,好讓他可以對我坦白。

他告訴我,他要去紐約跟另一個做過電工的更生人會面。他曾經答應讓麥高文當他的助手。我告訴他我是在紐約長大的,而且經常回去,他要是看到那裡生活變得多昂貴,會很震驚的。

他偷偷從肩膀往後方瞄了一眼,確保警衛沒有聽到我們的對話。「約翰,」他用一種透露祕密的悄聲細語說著。「我有錢。」

「過去二十五年來你都在這種地方,你哪能有錢?」我回應道。「不可能是靠做車牌賺的吧。」

他低聲說,在他外婆和母親過世的時候,他透過她們的人壽保險跟賣掉房子得到很大一筆錢,就存在別州的銀行裡,有幾十萬美元。

「為什麼那樣處理?」我問。

他耳語道:「我不想讓受害者家屬有辦法拿到那筆錢。」

我當時心中暗忖:這傢伙就是死性不改。他完全無視於他傷害過的人,還有被他永遠改變的那些生命。

而我口中說的是:「你知道的,喬,你是個相當聰明的傢伙,

你把這一切都想清楚了。我想你在紐約真的會過得很好！」這對於維持我和受訪者之間的友善關係是必要的，而且也不是謊言。我確實認為這相當聰明，又很通權達變，而在紐約這樣競爭激烈的地方，他也會有辦法走出自己的路。我只是沒有說出他的謀略讓我感到多麼膽寒。就像在高階商務談判的時候一樣，你必須知道何時開口，何時閉嘴，雖然這可能很難。

我們後來發現，有個調查員曾經代表羅絲瑪麗查過珍納維‧麥高文的遺囑與金錢流向。在謀殺案後不久，她就賣掉希爾斯代爾的房子，去和她在威斯康辛州的姪女住了一陣子，然後搬到紐澤西州的維拉斯（Villas），聖方濟會的一間養護中心。她於一九九二年四月過世。她的遺囑設立了好幾個信託基金，其中一個受益人是她的姪女。

這份遺囑是珍納維住在威斯康辛州時認證的。調查員吉姆發現，所有基金都給付了，一分不剩，達列山卓家什麼也拿不到。顯然，珍納維預料到任何直接給喬的錢都會碰上索賠要求，所以她藉著逐年給付來保護她的資產，免於來自不當致死訴訟的索賠要求。她指示姪女要照顧喬，把他需要的任何東西都給他，而沒有實質讓他在法律上控制那筆錢。在他告訴我那筆錢在本州之外持有，而且受到保護的時候，他肯定是這個意思。

這些安排背後的情緒，讓我想起珍納維對她教堂裡的熟人說的話，她憎恨羅絲瑪麗，把她跟喬的所有困擾都怪到羅絲瑪麗身上。自戀型、邊緣型和社會病態人格的典型特徵之一，就是不願意為任何事情承擔起個人責任。永遠都是別人的錯。

等到對話進展變慢時，已經五六個小時過去了。我們兩個

都沒有吃東西或者離開去上廁所。但我對於是什麼在驅使著喬瑟夫・麥高文，確實已經有個相當清楚的概念。他也感覺到了這一點，雖然到頭來他的觀點跟我有些不同。在他寫給那位女性筆友的信裡，麥高文表達了對假釋的樂觀看法，因為他認為他和我進行了一次很好的訪談，而我了解他。我確實了解他，而且我是帶著開放的心態前往，這不是關乎他做過的事情──這點沒什麼好爭辯的──而是他是否還很危險。他弄錯的地方，是把我非批判性的態度和舉止詮釋成同理或接納。

幾乎所有這類人都是在這裡出錯的──他們只能透過他們個人自我中心的情緒濾網來處理其他人。一切總是關乎他們自己，而他們無法理解我對他們真正的同理程度，大概就等同於他們對受害者所表現的同理程度。

在我們為訪談做總結的時候，我握了麥高文的手，感謝他和我談話。我祝福他好運，然後設法不要給出任何暗示，透露出我對他的個人感受、或者我會推薦假釋委員會怎麼做。

7 | 底線
The Bottom Line

　　第二天早上，我到了紐澤西假釋委員會全體代表面前。大多數假釋決策是只由兩三位成員決定的，但因為這是個受到高度矚目的案件，不管決定如何都會很有爭議性，委員會主席安德魯・康薩沃伊希望紀錄上是全員出席。

　　我們在監獄的會議室裡碰面。我想房間裡大約有十到十二個人；這些人整體的經驗包括法律、心理學和警務工作各方面。康薩沃伊向大家介紹我，並且請我簡要介紹我在剖繪與調查方面的背景。我敘述了FBI的行為科學與剖繪計畫緣起，並且解釋我的博士論文計畫是關於教導警官與警探如何分類暴力犯罪。

　　我告訴他們，我嘗試在保持客觀的狀態下進入每個案子，而且直到訪談前一天，才閱讀所有報告。

　　我表示：「我這套做法的根本前提就在於要了解藝術家，你必須看他的作品。」同樣地，我闡明，要了解暴力罪犯，你必須看那個罪行。

　　在一開始講些矯揉造作的話沒有意義，我這麼認定。他們很有可能知道我的來歷。「而且我從來無法了解，」我繼續說道：「能夠對緩刑、假釋、判刑與治療做相關決策的人──如果你們沒有這方面的資訊，如果你們不了解這些資訊告訴你們什麼，而且不

了解坐在你們桌子對面的那個人，如果你們相信這個人在說實話，但你們仰賴的只是自我報告，你們就會被矇騙。」

舉例來說，如果你正試著評估一名被定罪的強姦犯，你需要檢閱警方對受害者的訪談，看他在攻擊中做了什麼、說了什麼，以便了解他符合五種不同強姦犯類型中的哪一種。如果他謀殺了受害者，那顯然馬上告訴你許多你需要知道的訊息。

在會議開始之前，康薩沃伊告訴我，有幾個委員會成員對戀童癖的角度感興趣。假如麥高文獲得假釋，他應該被歸類為性侵犯嗎？

我對委員會說：「我本來很好奇，想看看我們在審查的是否是傳統型的兒童猥褻犯，一個戀童癖者——要找出這是否是在尋找某特定類型受害者的『偏好』型犯罪者，或者這是個『情境』型的犯罪者？我的意思是，任何與這種犯罪者相遇的人都可能成為潛在受害者。所以我們必須做的，就是評估犯罪者的風險程度與受害者的風險程度。

「從受害者學的角度來看，兒童在自己家和庭院裡是低風險，在社區中變成中度風險，而一旦她踏入她從未去過的房子裡，就會變成高風險。」

對犯罪者來說，行為本身的風險很低。無庸置疑，他可以對一個七歲小孩為所欲為。但被指認的風險很高。罪行是在犯罪者和受害者的社區裡發生的，受害者如果活著離開就能夠指認他，而且可以合理確定，受害者的其中一位家長或者別人會知道她去了哪裡。所以，犯罪者心裡應該有個底，調查遲早會指向他，只是時間問題罷了。

我們在為《性殺人犯：模式及其動機》和《犯罪分類手冊》做研究時，開始把獵食者分類成組織型、無組織型與混合型。我解釋，一個無組織型犯人會做出這種高風險犯罪，有許多可能理由。這些理由包括年輕與缺乏經驗、判斷力，或者衝動控制受到毒品或酒精干擾、對整體情況失去控制，或者心智缺陷。麥高文沒有上述任何一種問題。

這並不像是他那天早上醒來時，對著自己說，我要等某人來敲門，然後我會宰了他或她。不過這個罪行，在明顯見機行事的同時，還是有組織的。這顯示出一種合乎邏輯的思考過程。這是許多人，甚至是執法人員，都很難理解的事情：如果犯罪本身這麼不合邏輯，執行這件事的過程怎麼可能是有組織、有條理的呢？換句話說，像喬瑟夫・麥高文這樣的人——聰明、受過教育、體面，透過他身為公立學校教師的地位，對社會觀感投資甚多——怎麼會採取這種行動，危害他為之努力工作、認為很重要的一切呢？這種事如何能夠發生？

答案是這確實發生了，而通常是因為做出這種行為的衝動，被某種比理性思考過程更強大的東西給觸發了。在這個案子裡，那種「東西」看來是持續而凌駕一切的缺陷感與低自尊，再加上特定的導火線：壓倒性的憤怒，在爆炸性的怒火裡打算自己火上加油。

我解釋，在大約二十五到三十五歲之間的年紀，某些人領悟到他們不會達成自認為應有的成就，而這個說法壓倒性地更適用於男性而非女性。就算喬瑟夫・麥高文有一份好工作，他仍被迫面對事實：他還是和他的母親同住，沒有成為他想成為的那種男

人。於是憤怒開始累積，而這些種類的感受不會就此燃燒殆盡，正好相反，在這些人接受事實上他們不會符合自己的目標與期待時，這些感受還會變得更糟。

這是憤怒的罪行。性侵只是其中一種武器。在他心裡，他認定別人對他做的事情就合理化了他的行為，至少在當時很理所當然。此外，雖然麥高文不會用這種分析式的敘述思考這件事，瓊安卻成了其他所有人的代表兼代罪羔羊。對於自認為對自己的生命沒有多少權力或控制力且具有犯罪傾向的人，謀殺體現了終極的權力。在那短暫片刻或者不管有多長的時間裡，他可以將這個經驗延展到他對於就在他周遭，以及當前的世界有著終極的控制力。我向假釋委員會報告，我認為麥高文以前從沒體驗過這種感覺，而在這種感覺發生時，它全然包含一切，有如催眠一般，又如此卓越超然。

「他把她弄到地下室的臥房裡。他逼她脫光衣服。他提早射精。他很興奮，但不是因為他要滿足他的幻想、和一個年輕女孩性交。他很興奮是因為他的權力，因為他想要殺戮，而且他就要動手了——是這點導致勃起。然後在他失去控制的時候，他的怒火更是變本加厲——不是針對他的受害者，而是他自己的勃起功能。」

另一個對許多人來說難以理解的概念是，一個犯罪者可能被某種看來跟性沒有任何直接關係的東西撩起性欲。在我們訪問「山姆之子」、殺手大衛・伯考維茲的時候，他告訴我們，他以前會縱火，然後看到消防隊抵達現場的時候，他會手淫。對這個無名小卒來說，控制巨大力量的權力——火警本身還有消防隊的人

力，再加上所有好奇的圍觀者——是一種與性有關的行為。他告訴我們，同樣地，在他到處殺人的那段時間裡，他會回到他射殺年輕情侶的地點，吸收那個氛圍，然後回家去手淫，重溫他殺人的權力幻想。

丹尼斯・雷德（Dennis Rader），BTK勒頸者，對我承認他熱愛開車經過他的受害者的住所。他把那些房子也看成戰利品，而且自豪於他的祕密無人知曉的事實。他說，他會遠離他的受害者的葬禮與墳墓，雖然他可能很想去那裡，但仍怕被監視。取而代之的是，他把報紙上的訃聞剪下來一讀再讀。的確，對這些殺手來說，謀殺所創造的這種權力感，誘人得難以置信。

委員會的一個成員指出，麥高文在先前的陳述中說過瓊安聽從他的命令、 掉她自己的衣服，而且在那段時間裡沒有用任何方式哭鬧或抗議。

「我覺得那很令人難以置信，」我表示。「我想她實際上沒有遵從每個命令，這意謂著他失去控制。」對我來說，這個年輕女孩沒有被嚇到也沒有哭，是很難想像的。而我讀到的法醫報告指出確實有過某種掙扎。羅絲瑪麗在許多場合說過，她女兒不會被動承受任何攻擊。我強烈的個人意見是，麥高文的敘述只是設法要把他罪行的殘酷程度降到最低而已。

而雖然法醫在報告裡指出瓊安承受了性器插入的強姦，但根據我在訪談裡得到的訊息，麥高文應該是用手指插入，而那造成了處女膜的破裂。

我提起他先前的藉口：在瓊安來到門口時沒有剛好的零錢。「他沒有剛好的零錢？以犯罪動機來說，這託辭很差勁。他只是

在找某種合理的說詞。他從一開始就有意殺人，不管他有沒有剛好的零錢。至於有醫師說如果他有正確數量的零錢，這一切絕對不會發生，那真是荒唐！」我告訴委員會成員關於「紅色憤怒」與「白色憤怒」的事。

在我告訴他們他藏在別州的錢，還有他如果得到自由、計畫怎麼辦以後，委員會成員更加驚訝。我問過麥高文，他認為他在獄中待了二十五年，有許多年都在最高安全級別監獄裡，到了外面的世界以後他會過得怎麼樣。

「如果我可以在這裡生存，我在任何地方都能生存。」他這麼回答。雖然沒人懷疑監獄的嚴酷，或者要在「大宅」裡過活需要什麼能耐，我指出監獄生活和外界生活是相當不一樣的。儘管可能有許多恐怖狀況，但監獄是個控管非常嚴密，有高度結構的環境。麥高文在這裡一天有三餐，有精神病藥物，還有持續的監視。在外面的世界無法維持適當功能的暴力犯，通常在這些條件下過得很好。我告訴委員會，雖然你們肯定不會考慮假釋一個麻煩重重的囚犯，但從我的經驗來看，某個人很合作或者是模範囚犯的事實，對於決定他在監獄牆外有多危險，沒有多少預測價值。

我們談到來自康乃狄克州一位曾經和麥高文通過信的修女，還有她提議把他安置在一間中途之家。我指出，他已經承認他會想要有人用在監獄裡一樣的方式監視他，而且他不知道如果沒了恰當的監督，會發生什麼事。他永遠不會被容許回去教書，而且要跟那些他認為知性上遜於他的人互動會有困擾，所以他會需要某種孤獨的工作。這會是一大堆需要穿針引線的事。

麥高文告訴先前那些精神衛生專業人士，他記得自己曾經因

為看到他十二歲大的表親穿著短睡衣而被撩起性欲，並且注意到她細緻的陰毛從她內褲底下露出來。但我認為，像拉蔻兒·薇芝（Raquel Welch）這樣的電影明星、或者其他迷人成年女性穿著同樣的衣服，一樣會撩起他的性欲。差別在於他不會有勇氣接近她，面對一個十二歲女孩他就敢。這跟他的社會成熟度較有關係，而不是任何明顯的戀童癖傾向。

「如果這是有預謀的性犯罪，」我陳述道。「他會開車繞行自己的社區或鄰近社區，尋找某個陌生人，某個更難追蹤到的人。但他反倒攻擊第一個來到他家門口的脆弱之人。」我甚至不會把他歸類成一個性獵食者。他不是靠小女孩得到快感，而是靠著支配與控制。

「我不把他看成是典型的兒童猥褻犯，」我說：「因為如果他出去了，如果一路上有任何路障、任何絆腳石、任何挫折，別預期他一定會到外頭去猥褻另一個七歲女孩。受害者可能會改變，但憤怒還在那裡。」

我想起了傑克·亨利·愛伯（Jack Henry Abbott），一個殺人犯兼數度犯下重罪的累犯，他大半的成人生活都在鐵窗後度過。愛伯聽說作家諾曼·梅勒（Norman Mailer）[1]在寫一本書，談猶他州死刑犯蓋瑞·吉爾莫（Gary Gilmore）——他是最高法院於一九七六年重新恢復死刑以後，美國第一個被處決的人——便提議提供梅勒關於監獄生活的寫實描述。這些信件所彰顯的洞察力與生氣

---

1 編注：諾曼·梅勒（Norman Kingsley Mailer, 1923-2007），美國著名作家、評論家，共有十一部暢銷書，作品《劊子手之歌》（*The Executioner's Song*）曾榮獲普立茲獎殊榮。

勃勃的文學才華，促使梅勒幫助這個被定罪的囚犯出版一本回憶錄，叫做《野獸腹中》(*In the Belly of the Beast*)。這本書得到正面的評價還有許多矚目，梅勒還有其他名人甚至公開支持愛伯假釋，他們認為：一個人能在自己的作品裡表現出這種程度的洞見與敏感性，就已經改過遷善了。

儘管獄方心存疑慮，愛伯還是在一九八一年獲得假釋，來到紐約居住，梅勒和他的家人都盡力幫他找工作，好讓他重新適應外界的生活。

在他獲釋六週後，愛伯偕同兩名女性友人來到格林威治村的一間咖啡館吃晚餐。愛伯起身要去廁所時，和一個名叫理察·阿德南 (Richard Adnan) 的服務生起了爭執，他的岳父擁有這間咖啡館。爭執不休的兩人從店內吵到店外，最後，愛伯把有志成為演員及劇作家的阿德南給刺死了。

在梅勒晚年，馬克·歐薛爾克和這位偉大作家成了朋友，而梅勒告訴馬克，這整個關於愛伯的插曲是他人生中最大的遺憾之一。我擔心如果有人干犯了麥高文的白色憤怒，麥高文案也會出現類似的場景。

聽到這番話，康薩沃伊說：「我們的責任是決定他的威脅程度。」他頓了一下，注視著我，然後問道：「如果你是假釋委員會的一員，你會釋放他嗎？」

「不會，」我回答：「我不知道他什麼時候會犯下他的罪行。我不知道那會是一年、五年或是十年。可是在有狀況的時候，在人生帶給他任何壓力源之際──失去工作、被某個女人拒絕、被不想讓他住進去的某個社區拒絕──他就可能突然再度出手。我

把他的人格看成一種滴答作響的定時炸彈，如果事情不順他的意就準備爆炸。」

我提到他對我虛構的情境，帶著一把AK-47去購物中心所做出的反應。

「他就是無法處理壓力。這正是為什麼他會在訊問的時候崩潰。」

而且會讓他再度轉向暴力的情事，不必然是天搖地動的刺激，我這麼指出。「舉例來說，有人在超市插隊到他前面？」其中一位委員問道。

「他有可能到外面的停車場，在他的車裡等候，」我指出：「他會有這種焦慮、恐慌發作的反應。所以為了克服這種反應，他的方式是讓自己變得很激動，氣得七竅生煙。他會回到店裡，跟這個人對嗆。如果對方態度不佳，他就會爆炸。」

我提到他年紀大了一些，他的作案手法可能改變，而他可能會轉換到其他類型的受害者身上。我常常見證到這種事。如果他決定把妓女當成目標，他的社交無能就不再是什麼大問題了。他需要的只有交通工具。這樣會是妓女主動來接近他並且開始對話，而不是反過來。他要做的只有叫她上車。

我引用亞瑟·蕭克羅斯的案例，他在紐約的羅徹斯特作案，人稱「傑納西河殺手」（Genesee River Killer）。他殺死了兩名兒童——一個男孩，一個女孩。他被判處二十五年有期徒刑，十五年後因為行為良好而獲得假釋。出獄後不久，他開始以妓女為目標，在遭逮捕前謀殺了十二名女性。細節會改變，受害者也會，不過他的獵物仍然都是易受傷害、容易接近的人。我不想看到蕭

克羅斯案在此重演。

「在有壓力、有危機的時候，你必須一天二十四小時監視他。」

到最後，我們進展到這些處境下自然會浮現的一個主題上。「我了解你們在這個案子裡並不打算談矯治議題，」我說。

「你可以談，我們不能，」康薩沃伊澄清道。

我表示：「在你們處理像這樣的犯罪者時，矯治這個名詞永遠不該用上。因為他永遠不會被矯治。把他矯治回來？回到什麼樣？」

「所以說，約翰，你在現在的他和剛到監獄的他之間，有看到任何可觀的差異嗎？」康薩沃伊問道。

「我沒看到，」我說。這是一種憤怒犯罪，一種權力犯罪。這不是為了性本身而犯下的。如同我曾經在諸多獵食者身上看到的，這是關乎操縱、支配與控制。

「他會為你們形塑出好的表面形象，但他就像一座冰山——你們只看到凸出水面的百分之十。你可能會在他回應的方式上看到變化，因為他很聰明，而整個假釋過程對他來說是一種訓練。他知道你們所有的測試。他知道你們在找什麼。

「不過你們所做的，就只是在過去二十五年冰藏他的肉身。你們並沒有改變他腦袋裡的東西——對施暴權力的性反應。」

對於蕭克羅斯來說也是一樣。一九八〇年代晚期，我的單位被徵召去協助追捕傑納西河殺手時，剖繪員葛雷格・麥奎利（Gregg McCray）創造出一個後來證實高度精確的剖繪與策略，從而讓蕭克羅斯就逮。葛雷格弄錯的一個元素是犯嫌的年紀。他低估了大約十五歲。監獄中的十五年之於他，只是在空中盤旋等待

降落罷了；他一獲釋，就恢復他先前的生活與態度。

　　「如果（麥高文）再犯，很有可能是對近在眼前的一個或多個人下手，」我告訴委員會。「最重要的是：我不希望這個人住在我的街區或社區裡。」

8 「實質可能性」
"Substantial Likelihood"

　　我從喬瑟夫・麥高文那裡得知許多事，也學到很多。不過，我仍然對於我分析中的一個元素感到不滿意。還有一塊拼圖不見了。我很確定，一定有個促發的壓力源或刺激性的事件，觸動他去殺死一個無辜的孩子。這不表示觸動他的那件事讓他「決定」姦殺一個小女孩，或者這個罪行不是一個自發性的決定，而是在其中動機、手段與機會突然間匯聚起來，讓人有可能滿足一個已經存在的黑暗欲望。但我很確定，大約在他動手的那段時間，有某件事「制約」他採取行動。

　　是工作上發生的事嗎——和某個同事爭吵，他愛上一個學生或者遭拒，而他不願意跟我提起？這跟他被未婚妻甩掉有關嗎？那肯定可能觸發憤怒。我本來有合理理由相信，他同事們的復活節旅行裡不包括他，與此有某種關係。不過在研究過案件檔案、並和他談過一段時間之後，我認為一定發生了某種更重要的事。

　　我們總是想讓我們的監獄訪談是開放式、大範圍的，因為你永遠不會知道哪個元素或者發問路線，會導向某個有價值的發現。但在某些謀殺案和其他暴力犯罪裡，會有一個迷惑調查人員的關鍵問題，而這個問題的解答會提供一個重大線索。

　　連續殺人犯這個詞彙指涉一個獵食者，此人一再殺人，而且

有某種普遍週期性。而在每次犯罪之後，總有個「冷卻」期。如果凶手沒被抓到就停手了，幾乎總是出於下面三個理由之一：他死了；他因為另一起不相關的犯罪被捕，正在牢裡；或者他沒有真的停手，只是搬到另一個區域，而執法人員尚未把他的新罪行和既有罪行連結在一起。不過，就威奇塔的BTK勒頸者而言，罪行之間有一段很長的停頓期，然後我們又再度聽到他的消息，若不是新的謀殺案，就是一份寫給媒體或警方的通訊文件，誇耀先前的案件或者提供他犯案的證據。這些恐怖罪行的「功勞」顯然對他的自我來說相當重要，以至於我們無法猜出他為什麼潛伏這麼久。

堪薩斯州威奇塔的BTK勒頸者案，從我在FBI的職涯早期就開始了。一九七四年一月十五日星期二，只差兩週就要過十六歲生日的查理·歐泰羅（Charlie Otero），和他十四歲的弟弟丹尼（Danny）以及十三歲的妹妹卡門（Carmen）放學回家，卻發現他們的母親和父親，三十四歲的茉莉（Julie）和三十八歲的約瑟夫（Joseph）遭人綑綁、堵住嘴巴，然後殘暴地勒殺、刺死。在警方抵達現場後，他們發現九歲大的喬伊（Joey）手腳遭綁側躺著，也是被勒殺，就在他和丹尼共用的臥房裡。在地下室則找到十一歲大的喬西（Josie）的遺體，被一根絞索吊在天花板的水管上，雙手被緊緊綁在背後。她穿著一件淡藍色T恤，她的內褲掛在腳踝，一條腿上有黏黏的物質，看起來像是精液。凶手看著她死去的同時或之後，在她身上手淫。

威奇塔地區一連串野蠻而虐待狂式的殺戮由此展開，持續了十七年之久，讓整個社區籠罩在恐懼中超過三十年，而且奪走至

少十位受害者的性命。

歐泰羅家命案發生十個月後，一家當地報社接到一通匿名電話，指示當局在圖書館的一本書裡找一封信，信中嘲弄地宣稱謀殺案是他做的，並承諾會有更多案件發生，結語是：「我的代稱會是……綑綁、折磨、殺害，BTK，你們會看到他再度動手。這些事情會發生在下個受害者身上。」

這種和警方與媒體的自吹自擂通訊會繼續下去，彷彿這種對注意力與插旗留名的飢渴，就跟折磨與謀殺本身一樣重要。

就在匡提科的行動剖繪計畫開始上軌道以後，威奇塔警局曾要求我做調查分析。在不知名的凶手犯下他第一起謀殺案的十年後，我們和BTK追捕小組也參與了一次重大案件諮詢。而待案件終於來到解決階段之際，我已經從局裡退休十年了。這些罪行在身體與心理兩方面的荼毒，持續困擾著幾乎每個涉及追捕過程的人。

凶手同時透過機緣巧合與計畫來選擇他的目標，有時候是跟蹤他無休止開車繞遍城鎮時看到的人，或者在他擔任自治市執法官員，關照像是過長的草坪或流浪狗這類「要務」時碰到的人。在歐泰羅家謀殺案之後，他的受害人年齡範圍下至二十一歲的凱薩琳‧布萊特（Kathryn Bright），上至六十二歲的多麗絲‧戴維斯（Dolores Davis）。而他完全冷酷無情。他在二十四歲的雪莉‧維安（Shirley Vian）的臥房裡將她勒斃，就在她年幼的孩子們可聽聞的範圍——他把他們鎖在浴室裡。

但從調查的立場來看，這個案子最奇怪也最令人困惑的面向，是罪行在時間上的不規則性。一九七四年有五件謀殺案，一

九七七年又有兩件，一九八五與一九八六年各有一件，然後是一九九一年一件。就算BTK勒頸者死亡，或者曾經在案件後因為不相干的罪行被關，這還是沒能解釋在他重新開始那些可憎活動之前長達數年的休止期。對於一個興致勃勃誇耀自己的成果，還堅持在媒體的壞蛋名人堂裡占有一席之地的連續殺人犯來說，這一點會特別真確。

BTK直到二〇〇五年才窮途末路，距離他最後一次為人所知的殺人事件已經十四年了。沒有別的內容可以放在他的謀殺桂冠之上，於是他寄出一張電腦磁碟片給當地一家電視台；這一步太過火，讓警方技師得以透過磁碟片的元資料追蹤到一間教堂，以及檔案最後修改者「丹尼斯」。網路搜尋列出一位丹尼斯・雷德，他是這間教堂理事會的主席，而他的黑色吉普切諾基，符合BTK某回留下訊息後離開現場的車輛描述。

結果他是個有一雙兒女的居家男人。懦夫雷德同意一項認罪協議，以無期徒刑且不得假釋換取逃過死刑——而他卻用無以復加的殘虐方式，讓無辜的受害者死在他手裡。在堪薩斯最高安全級別的艾爾多拉多監獄（El Dorado Correctional Facility），我得到機會，可以直接跟BTK對質。

在和雷德談話還有研究他的案子時，對於是什麼導致一九七七年南西・福克斯（Nancy Fox）案與一九八五年瑪琳・海吉（Marine Hedge）案之間的殺戮停止期，我有了一個想法。我猜測，一定和他太太寶拉（Paula）有關。她一定發現了什麼，或者參與到他做的某件事。

雷德坦承在一九七八年秋天，寶拉走進他們的臥房發現他穿

著一件洋裝,脖子上還有一條繩索就吊在浴室門上。變裝和窒息式自慰是他最喜歡的兩種手淫活動。洋裝不是她的,所以可以推測是來自他多年來曾經闖入的許多戶人家之一。寶拉性情溫和、過著安全保守的生活,她對於映入眼簾的景象難以置信。她以前甚至沒聽說過有這種事。

她告訴他,他需要幫助,不過她完全不知道他應該上哪求助。這整件事就是太過尷尬,難以啟齒。她深思幾天後,打電話到一家她曾經做過簿記員的退伍軍人醫院,要求匿名跟一位心理治療師談話。她說「她有個朋友」逮到丈夫穿女裝,還想把自己吊起來。治療師於是推薦了幾本自助書,而寶拉全都買下來給丹尼斯。

雷德的辯解是,這是他已經對抗多年的心理問題,他答應她絕對不會再這麼做了。他害怕寶拉採取的任何行動可能會把調查人員引向他——她曾一度隨口評論道,他的字跡看起來很像警方公布在報紙上的BTK字跡——他決定最好保持低調,設法遠離自體性行為,至少別在家裡做。

看來這套方法奏效了。然而大約兩年後,一九八〇年,寶拉進入臥室時再次發現丹尼斯把繩索套在自己脖子上。這次她擔心的不是他的健康了,而是「氣得像隻天殺的黃蜂一樣」。他從沒見過妻子如此激動憤怒,這嚇著了他。她說,如果他再幹這種事,她就會離開他。倘若她把看到的事情公諸於世,然後又有另一樁BTK謀殺案,有關當局要把這兩件事連起來會有多難?

對於為什麼一個連續獵食者可能自動停止他的罪行,這給了我一個新的洞見,而且也讓我對於我整個職涯都在追捕的人物類

型，有了新的了解。諷刺的是，儘管寶拉第一次抓到她丈夫實現他的性執念時，她替他感到恐懼，這次停手的舉動卻向我證明了雷德神智正常也有理性，而不是相反。雖然我確實相信他和所有惡毒的殺手與強姦犯都有不同程度的精神疾病，但事實是他為了自己的生存可以選擇停止，即使只是暫時如此，仍展現出高度的預期性思考與執行功能。當然了，先不提他鮮明的想像力，就他畫的圖、施虐／受虐色情收藏、自我綁縛、易裝癖、自體性欲和犯罪現場紀念品來說，鮮少有連續殺人犯像雷德這樣，有充分的裝備可以替代實際行動的刺激感。我不怎麼懷疑，只要他還活著，他就會繼續幻想他綁縛、恫嚇並注視著女人和女孩死在他手中。

另一種不同的謎團，環繞著詐騙大師、銀行劫匪、珠寶賊兼劫機犯蓋瑞特・布洛克・特普奈爾（Garrett Brock Trapnell）。他最驚人的犯罪是發生在一九七二年一月二十八日，他把點四五口徑手槍藏在手臂上的假石膏模裡，偷渡到飛機上，然後劫持了從洛杉磯經芝加哥飛往紐約的環球航空二號航班，那是一台波音七四七噴射機。他要求超過三十萬美元現金，來自尼克森總統的官方赦免，以及釋放學者兼政治活動家安吉拉・戴維斯（Angela Davis），她因為提供武器給一名控制加州馬林郡（Marin County）法庭並扣留人質的被告，造成法官與另外三名男性遇害，被控陰謀罪入獄服刑。許多人認為戴維斯的定罪有政治動機，而她的判決後來被推翻了。

飛機在紐約跑道上重新加油並更換工作人員的時候，兩名FBI探員偽裝成工作人員登機，射中特普奈爾的左肩與手臂，將之逮捕。在一場延續五週的審判，以陪審團意見不一、擱置判決

作結後，他以空中海盜罪被定罪，判處兩個無期徒刑，再加十一年刑期。

　　就算被定罪，特普奈爾還是有令人瞠目結舌的怪招。不知他是怎麼說服他的朋友芭芭拉・安・奧斯華（Barbara Ann Oswald）──她在進行一項關於囚犯的研究計畫時認識了他──一九七八年五月二十四日，她在聖路易劫持了一架包租直升機，並脅迫駕駛員降落在馬里恩（Marion）監獄的院子裡，好把他給救出去。然而在降落過程中，直升機駕駛設法搶走奧斯華的槍，將她擊斃。

　　同年十二月二十一日，奧斯華的十七歲女兒蘿冰（Robin）企圖劫持環球航空從洛杉磯飛往紐約的五四一航班，她要求釋放特普奈爾，否則就要引爆綁在她身上的炸彈。FBI的談判專家設法在沒有人受傷的情況下說服她，而炸彈到頭來是接到一個門鈴上的鐵路用照明彈。母親還有女兒？我鮮少看到一個犯罪者有如此驚人的力量，支配某些類型易受影響的人。我唯一能立刻想到的另一個人是查爾斯・曼森。

　　但特普奈爾讓我最好奇的地方，是他在劫機時要求釋放安吉拉・戴維斯。當時政治性的劫機遠非罕見之事，而飛機在飛回來以前，通常是去了古巴或者阿爾及利亞。不過，從我能夠得知特普奈爾的每一件事來看，他都沒有強烈的政治信念。他唯一強烈的信念就是支持他自己，還有對他有利的事。所以他為什麼會這麼強調這個要求，甚至在他被聯邦探員帶走時還是如此？某些觀察家做出結論：光是這個異例本身，就足以指出他心理狀態不穩定。《紐約時報》描述他有「一長串精神病史」。

　　「所以這是為什麼，蓋瑞？」在我終於和他坐下來談的時候，

我探問道。

他的回應是勉強承認企圖劫機是個相當高風險的事業，所以這個不易動搖的冒險家知道他很有可能會失敗。他也知道那時候大多數劫機都有政治動機。所以在向我解釋他的邏輯時，他說了某些話，意思大約等同於「要是我沒辦法逃過這一劫，我知道我會在苦牢蹲上一陣子。而我猜想，如果黑人大哥們認為我是政治犯，我就比較不會在洗澡的時候被雞姦」。

儘管這番宣言裡帶有種族歧視，從行為觀點來看卻有高度重要性。首先，這顯示出與其說他瘋了，特普奈爾根本完全理性，事先計畫好應變措施。因此心神喪失辯護只能到此為止了。

這也幫助我們改善我們的人質談判方法與程序。不管是什麼情況——劫機、搶銀行、甚至是恐怖活動——如果劫持人質者提出看似荒誕離奇或不符性格的宣言或要求，談判小組必須認真思考其中的真正涵義。犯嫌是因為壓力或疲憊而精神失調，以至於講出不合常理的話嗎？或者其中有更深層的意義，可以不涉及暴力、不見血地緩和或終止現狀？

在這個例子中，這顯示特普奈爾理解他不太可能讓自己從這個情境裡脫困，他已經在考慮下一步了，亦即被捕與囚禁。這指出有更大的可能性，在人質不受傷害的情況下將事情解決。換句話說，在那一刻他嘗試減輕他行為後果的嚴重性，而不是加重它們。這也向談判人員指出，他或她可能有某種重要的東西可以拿來做交易。與其把重點放在贖金要求或是劫機者想要飛機飛去哪，我們可以開啟一場對話，事關特普奈爾為何堅定要求安吉拉·戴維斯得到釋放。以這種方式，談判人員可以認真處理他真

正關心的事。

同樣地，某一刻我獨自訪談布魯斯・皮爾斯（Bruce Pierce），刺殺丹佛廣播電台爭議名人亞倫・貝格（Alan Berg）的凶手之一。皮爾斯是白人優越主義團體「秩序」（The Order）的成員，該團體相信猶太人是撒旦的後代。結果，皮爾斯同意接受訪談，只因為這樣他就可以對我和FBI長篇訓話加口頭辱罵。雖然這個經驗看似一場失敗，但卻很有價值：我能夠得到關於這種心態的洞見——對於某種理想的瘋狂專注與奉獻。所以，如果執法單位和某個像這樣的人處於僵局或人質處境堪憂的時候，談判人員的策略會是拖延時間，同時藉由重述或者改述他的言論內容，來衡量這名槍手對個人理想的奉獻程度；如果談判即將破裂，就要在無辜生命損失以前準備好一個戰略性反應。

在麥高文犯罪當時，真正主宰他思維過程的是什麼？這一直都是關鍵問題。我希望在安德魯・康薩沃伊直接和他談話的時候，喬・麥高文會自己說出來。

此時，我和康薩沃伊已足夠熟稔，可以稱呼他安迪，而我開始敬佩他的才智、嚴格的工作倫理，以及他對這份困難工作的奉獻：監督這個過程，把不對的人留在牢裡，在對的時間讓對的人出獄。他告訴我，他和其他假釋委員會成員會在下週進行他們自己的訪談，並詢問我建議怎麼進行。

我說，我認為他和他的同僚們應該保持提問，讓他持續發言。到最後會出現一個時間點，那時候在冷靜外表下真正的憤怒將會浮現。如果他們遵循這個計畫，我想有很高的機會，麥高文

會到達內心那個真我冒出來的時間點，而假釋委員會將會得到額外的洞見，並且肯定我的觀察與建言。

一九八二年，當韋恩・威廉斯（Wayne B. Williams）為亞特蘭大兒童謀殺案受審時，富爾頓郡（Fulton County）助理檢察官傑克・馬拉德（Jack Mallard）問我，如果律師讓威廉斯上證人席，讓他有機會交叉詢問，我會建議他怎麼對付這名被告。我說，首先我認為威廉斯很有可能坐上證人席，因為我察覺到他有相當強的虛榮心和優越感，還覺得司法系統不過是一群笨手笨腳的人，就像古早滑稽默片裡的警察。他認為就算在證人的位置上，他也可以掌控全局。

我建議馬拉德靠近威廉斯，侵入他的個人空間，用《這就是你的人生》節目的那種方式講述案件和他的個人史，然後藉由不斷發問來維持緊張感，直到他把威廉斯搞得夠神經兮兮，再趁他不備，逮住他的小辮子。

當威廉斯真的上了證人席為自己作證，馬拉德抓到機會，便照著我們談過的方式做。最後，經過幾個小時交叉詢問的脣槍舌戰，馬拉德直接走向威廉斯，把他的手放在威廉斯的手臂上，用他南方人低沉拉長的語調說：「那是什麼感覺呢？韋恩，當你用你的手指緊握被害人的喉嚨時，那是什麼感覺？你驚慌嗎？你驚慌嗎？」

威廉斯用很小的聲音回答：「沒有。」然後他領悟到他做了什麼，勃然大怒。他指著坐在法庭裡的我咆哮道：「你盡你所能要讓我符合FBI的剖繪，我才不會幫你做到這件事！」他開始臭罵起FBI的「嘍囉」，還有檢方的「笨蛋」。但這就是審判的轉捩

點，有好幾個做出有罪判斷的陪審員後來這麼表示。

我想，在假釋聽證會類似審判的背景下，同樣的戰略對喬‧麥高文也有效。

如同我說過的，在為麥高文案提供諮詢的時候，我有雙重目標。首先是協助紐澤西假釋委員會規畫出一份負責任且恰當的評估報告。其次是為了我的工作，盡我所能地學習這個特定殺手的心理運作方式。在我們共處好幾個小時以後，不管他對委員會有什麼話要說，我都很有興趣。我沒有馬上聽聞，不過，在做成決定後，康薩沃伊敘述他在特倫頓監獄裡的會面發生了什麼事。

聽證會有一個主要目的：決定是否有「實質可能性，上訴人如果被假釋後會犯下另一個罪行」。

麥高文承認他在無數次的療程裡，並不是完全誠實或者願意透露訊息。他表示，一九七〇年——在瓊安謀殺案發生前三年——他曾經短暫和一名十六歲學生約會。那個女孩從沒對任何人說出任何事，所以他沒有被懲戒；不過，有兩位老師因為和學生約會被開除了。在委員會問他何以為了如此明顯違反學校政策的事，拿他的職涯冒險，他說，他現在領悟到這是因為他可以處於一種「優勢地位」。

麥高文以前在塔潘奇高中的一名學生告訴羅絲瑪麗，她和他有過一次不舒服接觸。

雖然他不是她的老師，她還是需要麥高文簽一份文件，當時她才一年級，不慎誤選了一堂化學課。這大概是在瓊安謀殺案前兩週，她因為感到害怕，所以帶著朋友一起去找他。「他看著我的樣子，」她對羅絲瑪麗說：「我覺得他好像是個巨人，想把我

吃掉！」這有點含糊，不過這個年輕女生感覺受到威脅的事實是很清楚的。

康薩沃伊回報說，在訪談開始的時候，他有個印象是麥高文自認為知性上高於委員會成員，就像韋恩・威廉斯。我對此並不訝異。讓我確實訝異的是，麥高文敘述謀殺細節時，死守著那個藉口：他沒有數目剛好的紙鈔可以付給瓊安，這就是為什麼他會要求她陪他去較低的樓層。

我納悶地想，我以為我們在訪談裡已經徹底毀掉那個藉口了，他如何能夠繼續死守那個版本？但我愈想，就愈覺得合理。這是個習慣操縱事實來服務自身觀點的傢伙。而如果他真的覺得自己才智上優於粗手粗腳、承接政治任命的委員會成員，那就不用在意他已經向我承認瓊安一來到門口，他就知道他會殺她了。他可以告訴他們他想講的任何事，用以加強他的主張：謀殺是一陣瘋狂的自動爆發。

康薩沃伊冷不防地告訴麥高文，他不相信麥高文曾經自白過的謀殺描述。麥高文隨口就同意了，說也許這不是完整或徹底精確的故事，卻不願透露遭受挑戰是否讓他感到困擾。

康薩沃伊沒有追著這條線問下去，而是把這件事記在心裡留待後用，然後轉向關於麥高文成長過程的主題。他讓麥高文講述一遍他的早年與人格成形期，並且談論他母親、父親，還有他們跟他的關係。

康薩沃伊記得檔案裡有一起事件，當時麥高文的弟弟還只是個學步期的幼兒，因為一種先天性疾病而病入膏肓。麥高文在一次訪談中提到，那男孩在醫院的最後一段日子裡，他母親不願讓

他上樓去看弟弟，要他在大廳裡等候。顯然她認為對年幼的喬來說，看到弟弟如此接近死亡會造成太大的創傷。而在他提起這件事情的時候，康薩沃伊可以看出麥高文對此感到困擾，所以他決定追問下去，看看會發生什麼事。

最後，到了我一直期待的那個時刻。我們本來專注於麥高文的婚約破裂與謀殺案之間的時間，當時其他老師又在沒有他的情況下去了復活節旅行。假釋委員會訪談過的高中相關人士曾經注意到，在那段時間──從情人節到復活節──他的行為舉止有過變化。有個人回報說，麥高文的「行為開始變得真的很怪異」。

麥高文說謀殺案發生之後，他一直想自殺，因為他認為自己實在完全失敗。「我沒在跟任何人約會。我沒有人際關係。我沒有要去任何地方。我的意思是，這是復活節，而我大多數的朋友都出發去復活節旅行了……南下佛羅里達州或墨西哥，或者去某個地方，而我坐在這裡啥都沒做。」他補充說，他沒有貫徹自殺計畫的理由是他「太懦弱而做不到」。

他形容這件事的方式是這樣：「門鈴響了，這個可憐的小女孩站在那裡，而這個念頭閃過我的腦海，『唔，你殺不了自己。你能殺掉那個嗎？』」

安迪的反應大致上是說了類似這樣的話：「你是企圖告訴我，你為了一趟旅行殺了一個小女孩？」

「『呃……』他開始支吾其詞，」康薩沃伊重述那一幕時回憶道。「那麼，我們何不回溯這件事，因為我不信。我無法理解。如果每個人都成雙成對出遊，你要單身上路，而這讓你很困擾，那到底是發生了什麼事？」

　　然後水落石出。

　　「他告訴我關於計畫結婚的整個故事，」康薩沃伊說道。「他遇到這個女孩。他們墜入愛河，如此等等。然後他帶她回家，把她介紹給他母親和外婆認識。

　　「他母親對他說：『你不會結婚。』他說：『要，我要。』然後她說：『噢，你可以結婚啊，不過如果你這麼做，你可以現在就打包離開，帶著你的新娘（或者她對那女孩的任何稱呼）跟你一起走。永遠別見我，永遠別跟我說話。遺囑沒你的份。沒有錢會留給你。祝你好運！』」或者，如同康薩沃伊簡潔的轉述：「有她就沒有我。」

　　未婚妻沒有甩掉喬。是他甩掉她！

　　康薩沃伊繼續說道：「他沒有說為何他母親那樣反應；他只說事情就是這樣。而喬對那女孩說再見，留下來跟媽媽一起。除了麥高文對他母親肯定有卻無法表達的怨恨之外，他可能也已經感覺到，這是他追求真正幸福的最後一次、也是最好的一次嘗試了。」

　　隨著這個突破，康薩沃伊心想，**這樣很好。咱們乘勝追擊。**他說：『好，現在我們要認真談論你母親。在我看來從我坐在這裡以後，我們討論過的每個問題都跟你還有你母親有關。這幾乎像是愛恨交加的關係。』

　　「而他搖頭說道：『不，不，不，我從來沒恨過我母親！』

　　「我說：『面對事實吧：你有過的每個困難，你出錯的每一件事，在某種程度上都要回溯到你母親。你父親早逝，你弟弟……』我注視著他，然後說：『你做治療多久了？』

「『噢，我做治療二十年了。』

「『你在治療時談些什麼？』」

他告訴康薩沃伊，他談的是他為什麼作案，還有他如何學到他的教訓，以及他為何不會再重蹈覆轍，他能夠如何加以避免。所以康薩沃伊問他：「你有談過你母親嗎？」

「而他就在這時候變了個人——當場就變了。我只要活著就不會忘記。我問：『你有談過你母親嗎？』他注視著我，那張臉不是『好人喬·麥高文』的臉了——這是一張非常冷酷的臉——然後說：『我母親是禁區！』這對我幾乎具有威脅性；如果我繼續這個討論，他會離開。『我母親是禁區！』

「我說：『等等！你說你達成了你必須達成的一切，你完全得到矯治，理解到這個罪行的嚴重性。這是個極端嚴重的罪行，所以你有很高的矯治要求必須符合，而你在告訴我的是，你姦殺了一個小女孩，把她放進垃圾袋裡載州外以後，你徹底完全改過自新了，卻從來沒討論到你母親？』

「他說：『我說，我母親是禁區。』」

但康薩沃伊堅持下去。最後他讓麥高文勉強讓步，說他「性方面壓倒性的缺陷感」可以回溯到他母親。

「我說：『咱們回頭。』我們重新處理母親的最後通牒。我問：『你當時有多憤怒？』

「『非常憤怒。』

「『你一直很憤怒嗎？』

「『對。我氣了兩個星期。我無處不氣。』

「『但你無法表現出來，因為你怕你母親？』

「他說：『對，我是。』然後他真的發怒了，因為這戳到他所有的痛處。」

在我們的研究中，霸道母親和長大成為獵食者的男人之間有很強的相互關聯性。雖然絕大多數有這種母親的人不會長大後就變成罪犯，然而在那些確實成為罪犯的人當中，霸道母親構成了一個重要的影響因素。

在《沉默的羔羊》拍攝期間，FBI和製作人合作愉快，甚至容許一些場景在匡提科拍攝。儘管漢尼拔・萊克特（Hannibal Lecter）惡名昭彰，片中的主要罪行卻是由綽號「水牛比爾」的詹姆・岡姆（Jame Gumb）所犯下的，泰德・李凡（Ted Levine）把這個角色演得很棒。比爾結合了三個真正的連續殺人犯——艾德・蓋恩、泰德・邦迪，還有蓋瑞・海德尼克（Gary Heidnick），我們在匡提科對他們都做了詳盡的研究。

我和導演強納森・德米（Jonathan Demme）發展出密切的關係，他請我指導泰德，並且向他解說一個像詹姆・岡姆／水牛比爾這樣的罪犯，心裡會想些什麼。如同我在麥高文案中告訴紐澤西假釋委員會的，我的第一條守則就是要了解藝術家，你必須看他的作品。同樣地，對於一個獵食者，要了解他，你必須了解他的「藝術」，因為對他來說就是那樣。他的餘生對他沒多重要了；那會是枯燥乏味的。

在水牛比爾的例子裡，理解「藝術」相對來說很直接，因為比爾實際上創造了某種實質的東西：一件用真正的女人皮膚做成的女裝。我對泰德和強納森說，這向我指出，他的精神疾病根源要回溯到他母親，就像艾德・蓋恩一樣。藉由穿上女人的皮膚，

在他心裡，他會在他自己體內重新創造出他母親的力量。他本來會覺得人生對他並不公平，而他以此合理化他對其他人做的任何事情。

雖然麥高文並沒有這麼直接，他的憤怒卻一樣真實。

在談到他母親這個主題而終於崩潰以後，康薩沃伊說：「所以現在，讓我們回到那個（謀殺）故事上。咱們誠實點：誰來到那個門口都會死。

「他說：『對。』

「『是誰重要嗎？』

「『不，除非那是個持械的警察。』

「『嗯，對你來說，這是個很好的想法。你確定是這樣嗎？』

「『嗯，我想是。』

「『但就算這樣，你現在面對這個你決定殺死的小女孩；你會殺她。可是你必須讓她進屋。她住在街區那頭；你不可能追著她跑遍整片草坪。你要怎麼做？』

「他又用同樣的眼神望著我，然後說：『你似乎忘記了，我是個老師，我可以命令一個小孩，特別是那個年紀的孩子，用我的聲音就行。』

「我說：『做給我看。』

「他做了：『瓊安，妳必須進屋裡來，』或者類似的話──某種老師的聲音。而任何上過學的人都認得那種『老師的聲音』。然後她立刻進來了。我問：『這件事發生後，到她死去前過了多久？』

「『非常快。』

「『所以你已經做了決定。』

「『是啊。』

「『關於零錢的事情是怎麼回事？你甚至從來沒拿出零錢。』

他說：『沒有。沒有。』

「『其他事情只是細節？』

「『是啊。』直到約翰訪談他以前，他維持了二十五年的整個故事就這麼塌成一堆，他沒辦法再堆疊回去，因為他說的其他一切就這樣垮下來，而這讓我們的工作更容易得多了。

「『所以，強姦呢？』他說強姦只是趁機做的。強姦只因為她是個七歲大的女孩。在同樣的情況下，他不會強姦一個男人；這不是計畫的一部分。強姦就只是另一種憤怒的表現。在他打開門的時候，她就已經死了。他就是這麼憤怒，我想，他的整個世界都在他身上垮掉了——他這輩子發生過的所有事情。我是說，有多少人在他這個年紀沒結婚，是因為他們的母親？他不是個小孩了。有某件事觸發了他。我想那趟旅行確實對此有點作用。他完全只有自己了。他的行為古怪。那趟旅行代表這個事實：他是個失敗者，也許還是個懦夫，因為老天爺啊，他無法挺身面對他的怪胎母親。

「而在那一刻，我們就回到罪行比較平凡的細節上。我只想澄清紀錄上所有那些細節，像是埋藏屍體等等。以他棄屍的方式，他肯定計畫要逍遙法外。至於所有其他事情，像是自白，我想警方報告本身就夠清楚了。」

要是麥高文在謀殺瓊安之後沒有被捕，他最後會想出辦法來殺死他母親，就像艾德·肯培一樣嗎？可能不會。他母親和她對

待他的方式，對他來說並不是吞噬一切的情緒轉移，對肯培來說卻是，而麥高文似乎有更多的衝突感受。不過，那並不表示怨恨與憤怒會有遠去的一天，他對康薩沃伊的刺探所做出的反應就是證據。

聽證會延續了大半天。在聽證會結束的時候，委員會成員聚集起來檢閱他們的發現。

一九九八年十一月六日，紐澤西假釋委員會發出他們的官方報告，拒絕假釋喬瑟夫‧麥高文。

在解釋理由的陳述裡，委員會引述了幾個因素。首先，是罪行本身的野蠻。其次，委員會發現麥高文對於是什麼導致他犯下謀殺罪欠缺洞見與關懷，是「極端令人不安的」。委員會注意到他在處理導致罪行的議題方面，進展非常少，而這大半是因為他自己對不同的精神科醫師、心理師、治療師，還有入獄多年來曾對話過的其他權威人士，都缺乏坦率與真誠。雖然麥高文參與了為時不短的治療，把焦點放在他對母親的憤怒上的時間卻不超過四小時，而他到最後才勉強承認，如同報告所陳述的，這種憤怒是「犯下謀殺案背後的主要動機」。

然而，關鍵性的考量是委員會的意見：麥高文的心理狀態與情緒健康並沒有「大大不同於過去，而實質上（麥高文）如果被假釋，仍然很可能犯下罪行」。

另一個要處理的議題，是未來申請等待期（FET）——在監獄系統內的非正式名稱叫做「注射」（hit）。委員會把這個決定交給由三名委員會成員組成的小組來決定——這是標準做法。

一九九九年一月七日，三人小組判定了三十年的未來申請等

待期，理論上指的是這名犯人再過三十年就能再度申請假釋。在實際應用上則不盡然如此，因為州上訴法院指示假釋委員會檢閱它最初在一九九三年做的決定，這意思是「注射」計時器要從那個日期算起。而且，就像所有可以申請假釋的囚犯一樣，麥高文會得到工作與行為良好的法律積分。更重要的是，做為對抗濫用系統的防護措施，麥高文這類型的犯罪者在法律上有權享有年度複審聽證，如果假釋委員會相信他的情況已經改變，可以著手重新的評估。

這可能全都看來像是離題涉入官僚體系蔓生的雜草叢中，不過正是這種程序化的過程，決定了自由或者持續監禁。而引申來說，還因此決定了大眾是否受制於過往有暴力傾向的人帶來的風險。

麥高文向委員會上訴變更未來申請等待期，而委員會在一九九九年八月二日肯定了三人小組的決定。

他接著把他的控訴送至紐澤西高等法院上訴部門。在麥高文對紐澤西州假釋委員會案的判決中，他的律師論證說，他三十年來幾乎一直是個模範犯人，沒有證據顯示他如果獲釋後會再犯，所以委員會行為獨斷又任意而為。羅絲瑪麗的慢性病處於一個特別難熬的時期，她承受著病痛，自家中發出一份受害人影響陳述。

二〇〇二年二月十五日，法院發表判決，維持假釋委員會的拒絕判定，並且宣布：「決定判定三十年的未來申請等待期在委員會的斟酌範圍內，而且有實質證據支持。」

9 瓊安的遺產
Joan's Legacy

我們達到了我們的目標：喬瑟夫‧麥高文在可預見的未來，都會安全地留在鐵窗之後。二〇〇九年，假釋委員會有了新成員，麥高文收到了三十年的未來申請等待期，而這次他沒有再對假釋委員會的最新裁決提出上訴，他下一次可申請假釋的日期是二〇二五年八月，並且提高了他餘生都將留在那裡的可能性。

在羅絲瑪麗領導的運動中，有一部分是向假釋委員會遞交八萬份簽名請願書和三百封信。當接到電話通知她委員會的決定時，她把瓊安的綠色披風披在肩上，瓊安和姊姊瑪莉出門去賣女童軍餅乾穿的那件披風。

「他絕對出不來了，這表示我們可以停止每隔幾年就為此抗爭一次，也表示為瓊安伸張了正義。」羅絲瑪麗說。不過，她替自己設定的願景與目標並不會就此告終。

一九九八年是瓊安去世二十五週年，同時假釋複審正在進行，此時羅絲瑪麗正式成立了非營利組織「瓊安‧安琪拉‧達列山卓紀念基金會」。從過去到現在，基金會的使命都是提倡兒童安全與保護、增進受害者權利，還有幫助無家可歸與受到忽略的年輕人。由她的兒子麥可和約翰幫忙管理基金會。

在「瓊安隊」自願者的支持下，基金會的「歡樂、教育與

安全計畫」幫助了帕特森（Paterson）與巴賽克（Passaic）的英格利許神父社區中心（Father English Community Center）、哈肯薩克（Hackensack）的青年諮商服務哈利中心（Holley Center）、紐約州松木叢市（Pine Bush）的希望之尾基金會（Tails of Hope Foundation），以及希爾斯代爾的心與藝（Hearts and Crafts）等地的弱勢兒童。這個計畫自二〇〇一年開始，每年提供寓教於樂的遠足，地點包括紐約市、華盛頓特區、大冒險主題樂園和澤西海岸；也幫助受害者，還有倡議立法。計畫還拓展到支持伊莉莎白鎮的聖約家園（Covenant House），幫助十八到二十一歲的年輕人確保一個更加穩定的未來。從二〇一六年開始，「瓊安的喜悅」（Joan's Joy）還為地方上的學校提供兒童安全課程，訓練老師和家長如何察覺、回報並防治兒童虐待。

基金會最近的成就中，有一項是和當地立法人員一起帶頭努力讓紐澤西眾議院引進一個補足《瓊安法》的法案，提高年齡門檻：在性侵犯行中遇害的受害者年齡在十八歲以下，即求處無期徒刑且不得假釋。一位來自紐約州聖若望大學法學院的教授，就以羅絲瑪麗的一個錄影訪談來教她的學生何謂有效倡議。

在民事方面，羅絲瑪麗提議並倡導《受害者正義法》（Justice for Victims Law），州立法機構於二〇〇〇年十一月十七日通過。這個法案在希爾斯代爾市政廳簽署生效時，羅絲瑪麗因為太過虛弱無法出席，便由麥可和約翰代表。新法廢除了謀殺與殺人案中提出不當致死訴訟的限制條文，允許受害者家屬對凶手在犯罪後任何時刻取得的繼承所得或任何其他資產提出賠償要求。

隔年，羅絲瑪麗控告麥高文，贏得了七十五萬美元的賠償判

決。他並沒有抗辯，雖然到那時，他從他母親和外婆那裡接收到的幾乎所有資產，都已經支付給一位親戚，或者花在辯護費用上了。他被法院要求用他在獄中賺的錢按月給付，平均大約是十四美元，而羅絲瑪麗把每一塊錢都讓渡給基金會。遺憾的是，我並沒有看到麥高文對瓊安的生命損失或者羅絲瑪麗的感受有任何一點在意。如果他真有在意任何事，會是為了一再被提醒，還有無法把那十四塊花在監獄販賣部。而真正讓他心煩的事情，是他被逮到，而且必須面對後果。

羅絲瑪麗爭取正義的戰鬥，開始得到全國性的矚目。二〇〇四年，她因為展現出超乎尋常的勇氣與英雄行為，獲得美國司法部犯罪受害者辦公室（Office for Victims of Crime）所頒發的一個獎項。約翰代表她前往華盛頓，從總檢察長約翰·艾許克羅（John Ashcroft）手中接過這項殊榮。

羅絲瑪麗仍舊關切瓊安的遭遇可能在其他孩子身上重演，她堅持不懈地讓眾人注意到這個聚焦兒童安全的案子。她持續努力將她的安全顧慮傳達給女童軍管理部門，並於二〇一四年十月會見了北紐澤西女童軍的執行長，以及全國辦公室的女童軍體驗主管。她規畫未來要終結讓女孩們上門兜售餅乾或收錢的做法，她引述了美國司法統計局（Bureau of Justice Statistics）的統計數字，指出十四歲女孩是最容易遭遇性侵的兒童群體。馬克和我已經長期鼓吹禁止這種上門兜售了。

我也不覺得我的工作結束了。如果我可以從喬瑟夫·麥高文這樣的人身上學到更多事情，更知道他的心理如何運作，這對我還有我致力服務的受害者來說，總是很有價值。

　　二〇一三年九月七日，瓊安・安琪拉・達列山卓紀念基金會在希爾斯代爾附近的一個小鎮舉辦了一場頌揚瓊安的生命與遺緒的活動——那天本來會是她的四十八歲生日。我受邀為晚宴暨公益活動做主題演講，馬克和他太太卡洛琳（Carolyn）也一起同行，我們盡可能地多和曾出現在瓊安生命中的人見面並建立聯繫。

　　活動辦得很成功。麥可是主持人兼司儀，約翰則負責錄影。能夠親自見證大家對羅絲瑪麗以及她從一九九三年運動開始以來所做的一切抱持著泉湧的愛與仰慕，既溫暖人心又令人振奮。為了對瓊安致敬，我們全都佩戴基金會的綠色手環，還有綠色的緞帶。

　　第二天大半時間，我們在羅絲瑪麗家和她、約翰與麥可一起度過。羅絲瑪麗可以從客廳望見佛羅倫斯街的盡頭，以及她女兒被謀殺的那棟房子。而即使過去幾天的活動讓她疲憊不堪——對於任何長時間的精力支出，重症肌無力都會很快要求補回——但她想跟我們談話，並且重述整個故事。

　　她向我們展示瓊安的房間，並且打開她小心保存的幼女童軍制服。她小小的芭蕾舞鞋就存放在廚房外面的走廊上。我們不可能不跟著淚眼朦朧，這幾乎像是面對著某個神聖遺跡。在餐廳的牆壁上，我們看到裱框簽署的法案副本，也就是在紐澤西州、紐約州以及全美確立的《瓊安法》，在副本上簽名的人分別是克莉絲汀・托德・惠特曼、喬治・帕塔基和比爾・柯林頓。然後我們回溯瓊安的腳步，從她家走到麥高文家。實際上看到兩間房子距離有多近，讓人感到心寒。

　　過去曾讓我訝異的一件事情是，當我和家屬——尤其是父

母──談起被謀殺的兒童時，他們往往想要知道他們的孩子遭遇了什麼。就像大多數警官，我總是努力試著不讓他們知道恐怖的細節。但在這麼多案件中，他們都想要知道，就好像要分擔那種苦難。我記得凱蒂・蘇沙（Katie Souza）堅持要葬儀社讓她看她八歲女兒戴斯特妮（Destiny）赤裸的屍體──這個可愛的小女孩遭阿姨的男友毒打致死──好讓她可以感受戴斯特妮承受的每一道傷口，然後時時刻刻回憶。我記得傑克和楚娣・柯林斯（Jack and Trudy Collins）描述他們如何瞪大了眼看著他們二十歲女兒蘇珊妮（Suzanne）的屍體；她是海軍陸戰隊的准下士，由於她漂亮的臉被虐殺她的人弄得面目全非，以至於在阿靈頓國家公墓下葬前，她的守靈儀式必須蓋棺進行。他們在多年以後，向馬克詢問法醫與警方報告裡的所有細節（馬克研究過她的謀殺案），好讓他們可以分擔她的痛苦。事實上，極度虔誠的傑克以前會在不打麻醉的情況下做牙科手術，請求上帝回溯時光，按比例減輕蘇珊妮某一部分的臨終苦難。

羅絲瑪麗也是如此。對於瓊安經歷過什麼，我們從案件檔案裡得知的一切她都想要知道，而正是這些細節，更加強化了她和女兒之間的連結。

她特別想知道瓊安是否跟麥高文搏鬥掙扎過，或者溫馴屈服了。我們告訴她，從薩吉伯醫師的醫學報告，以及麥高文告訴安迪・康薩沃伊和我的內容來看，很顯然，瓊安一搞清楚狀況就採取了激烈的抵抗，雖然她敵不過一個六呎二吋的成年男性。羅絲瑪麗對於她這樣勇敢地為生命而戰，並不覺得訝異，因為瓊安從來不怕為自己或別人挺身而出。「大約十五年前，她的一個同學

在電話上告訴我，每次瓊安在操場上看到她落單、沒有在玩耍，就會把她帶進她的團體裡。她說，瓊安讓她覺得被人接納。

「她激勵我，超越文字所能形容，」羅絲瑪麗說：「而這就是為什麼我選擇為瓊安的正義而戰，保護其他的兒童。保持安靜無法達成這件事。想著別人會去做，無法達成這件事。你必須去做。」

二〇一三年四月十九日，在退伍軍人公園舉行了第二次守夜活動，這次是為了紀念瓊安去世四十週年。這次活動是為一座雕塑和花園揭幕，那將會與未來的世代分享瓊安遺產的意義。

二〇一四年四月三日——簽署第一部《瓊安法》的週年紀念日——在希爾斯代爾的城鎮火車站附近，一座紀念碑和花園落成。

雕像和花園是由「瓊安的喜悅」支持者資助而成，許多本地商家也紛紛響應，投入許多時間與資源。在通往紀念碑的磚鋪道路上，有張訂製的綠色公園長椅，椅背中心有一隻白色蝴蝶，那是她四歲半時畫的，蝴蝶兩側還有從她的畫作中挑出來的橘色花朵，最上方則是瓊安的複製簽名。

講到羅絲瑪麗的時候，郡長凱瑟琳·多諾萬（Kathleen A. Donovan）說，「她把她的哀慟轉化成某種真正的閃亮星星，是我們追隨的耀眼典範。」

紀念碑面對街道的那一面有隻顯眼的白色蝴蝶，並刻有一段銘文，「記住今日的瓊安，讓明日的孩子平安無事。」面對車站的那一面，則有瓊安穿著幼女童軍制服面帶微笑的照片，上面還寫著她的故事。二〇一八年四月十九日，兒童安全永恆噴泉在花

園裡揭幕。它持續的流水，象徵著兒童安全永無止盡的重要性。

雕在石頭上的敘述，簡短說明了瓊安由一隻白色蝴蝶做為代表的故事。二〇〇六年四月一個寒冷的日子，羅絲瑪麗造訪哈里曼州立公園時，瞥見一隻白色蝴蝶，在瓊安屍體被發現的一塊破裂大石後面飛舞。羅絲瑪麗已然把極大的重要性與性靈上的意義，灌注到瓊安在神聖星期四遇害、復活星期日被發現的事實上，她把這個美麗的生物視為一種徵兆，顯示瓊安的靈魂很幸福。她在接下來的無數個日子裡講述這個故事時，蝴蝶開始成為瓊安精神的象徵。

「我們今天所做的事，並在此齊聚一堂，是為了社會正義，」羅絲瑪麗在揭幕儀式上說道。「在你們看到這座雕像的時候，某件事將會發生在你們每個人身上，而我希望你們可以和不在場的人分享。」

雖然所有的人都在讚美她，羅絲瑪麗讚美的卻是她的女兒。「主要激勵我的人是瓊安。如果不是因為她的激勵，我不會做這些我至今還在做的事，而這就像是她在叫我去做我在做的事。」

儘管有這樣令人心碎的激勵，羅絲瑪麗希望訪客們不要把這裡「想成一個悲傷的地方，而是做為一個喜悅、和平、教育、喚起兒童安全意識的地方，最後但並非最不重要的一點是，把這裡想成一個為社會帶來希望的地方」。這裡也是進行年度兒童安全節募款活動，進一步推動基金會使命的地點。

讀到石頭上的字，讓我回想起某件事——一個小細節——發生在馬克夫婦和我造訪羅絲瑪麗家的那天。

我們聊到告一段落之後，大家一起在屋後有紗窗的陽台午

餐。那是個涼爽的秋日。突然間，好似憑空而來，出現了一隻純白的蝴蝶，在我們頭上翩翩飛舞。

我們全都驚嘆於這個「巧合」。

「看，」羅絲瑪麗說：「她與我們同在。」

即使過了這麼多年，無論是在公共政策層面，還是個人層面上，仍感受得到瓊安的影響力。最近，一名中年男子告訴羅絲瑪麗，他還是孩子的時候有多喜歡待在瓊安身邊，和她一起玩。

他回憶起，當他和朋友們吵架時，瓊安會用下指令的口吻解除糾紛：「噢，快點。我們來玩。一起**做**點什麼吧！」而這樣問題就解決了。

這個迷人的七歲孩子的話語，在羅絲瑪麗的腦海中盤旋著：噢，快點。我們來玩。

一起「做」點什麼吧！

「這就是為什麼我繼續投入行動的原因。」

PART
2

「殺戮就像我的第二天性」
"KILLING FOR ME WAS JUST
LIKE SECOND NATURE"

10 | 自家人
All in the Family

　　在真實人生中，沒有像漢尼拔・萊克特那樣才智出眾或「魅力迷人」的暴力罪犯——任何堅持說有的人，都還沒見過他們。自從我第一次開始跟這些殺手談話以後，我就決定如實看待、也如實呈現這些男性（還有極少見的女性）。在有人找我訪談一個名叫喬瑟夫・康卓（Joseph Kondro）的受刑人時，我也是這麼想的——找我的人不是來自某個假釋委員會，而是想把訪談拍成某個電視紀錄片節目的一部分。

　　一位關注我職涯發展的電視節目製作人代表 MSNBC 電視台來找我。他對我局裡同事和我做過的監獄訪談很有興趣，而他領悟到行為剖繪計畫的這個基石——與殺人犯的一對一對質——可以變成引人入勝的電視節目。儘管我很厭惡現在滿坑滿谷的所謂實境秀，把焦點放在人造冒險、偽羅曼史、一夜成名，尤其討厭這些節目有系統地羞辱看來很普通的常人，我也得同意那位製作人的看法。我和那些既樂意和我談話、也很樂意做掉我的殺人犯正面對峙過許多次，那是我人生中數一數二的刺激經驗。

　　因為，咱們說句實話：對於「真實罪案」的著迷，實際上是著迷於作家和哲學家所謂的人性百態。我們全都想知道和理解人類行為與動機的基礎，為什麼我們會做出我們所做的那些事。而

在犯罪這方面，我們看到了放大而且走極端的人性百態，對於加害者和受害者來說都是如此。在一種非常真實的意義上，電視觀眾跟我在追尋的是一樣的東西：對犯罪心理有更廣、更深的了解。而我確實認為，讓大批觀眾看到邪惡的真面目有很強烈的價值。如果我們可以找到正確的對象訪談，我想要的跟電視節目製作人想要的就不會有衝突。

以監獄訪談做為每集節目的中心，節目的其餘部分會以新聞片段、照片、還有罪行與凶手的其他紀錄性證據來支援，再加上對倖存者、警探、檢察官及其他案件關係人在鏡頭前的訪問——就很類似於真實案件調查會有的狀況。我同意做一集，條件是我對於最終成品能有某種程度的控制權。雖然我不反對利用現在大家對暴力犯罪邪惡面的著迷，只要這樣能促成更多的理解與洞見就好，我還是堅決不和聳動炒作或美化犯罪者的行徑扯上任何關係。

這個電視節目概念最大的問題是很實際的：現在要取得管道對連續殺人犯做訪談，比過去困難多了。就算是做完全只跟執法單位相關的訪談，像羅伯・雷斯勒和我那樣，直接出現在監獄、秀出證件就能通行的日子，早就過去了。不但受刑人必須知情同意，還有許許多多跟安全、刑事流程、還有矯正機構官僚制度有關的規則作梗，讓見到暴力犯變得極端困難。

因為我不再隸屬FBI了，我無法迫使受刑人跟我談話，所以我們經歷了整個完整流程，從寫信給典獄長、請求他們合作開始。這可說是一大障礙，因為基於很明顯的理由，監獄是受到高度控管的地方。每個人在同一時間起床，同一時間吃飯，同一時

間上床睡覺，所以和其中一位受刑人做大範圍的訪談會擾亂秩序。

　　我在尋找某個符合暴力獵食者定義的人，但我也希望找個作案手法對我來說前所未見的人，因為我總是設法取得新的洞見，這樣能拓展我們對犯罪心理的理解。就在透過這個流程，搜尋某個願意開口的人的時候，我碰到了喬瑟夫‧康卓。

　　你永遠無法確知為什麼某個被關起來的獵食者會同意跟你談。某些人是出於無聊。某些人認為你或許能夠幫助他們出獄，就像喬瑟夫‧麥高文。總是有一絲希望，就算是被判處無期徒刑且不得假釋的那些人也一樣。某些人認為他們可以藉由和聯邦探員、或者像我這種前聯邦探員合作，得到管理階層與工作人員比較好的對待或尊重。其他人則很享受重溫舊罪，覺得這樣能帶給他們身分地位。還有一些人把訪談想成他們的自我分析：他們想要給他們犯下的罪行一個詮釋。某些暴力犯已經知道他們的行為是為什麼，並且極其歡迎這種挑戰：我是否能夠發現他們的動機。

　　我們知道康卓曾拒絕過一些訪談要求，我懷疑這跟他不想談的某些未偵破案件有關係。無論如何，他都會在監獄裡度過餘生，但如果他被控犯下另一宗會帶來死刑的謀殺案、還被定罪，那他的餘生可能會大幅度縮減。

　　我想他同意和我談的理由，在於有人解釋我的背景給他聽以後，他「買帳」了，認為他可以提供執法單位對於他這種獵食者的洞見，這樣有助於指認並捕獲其他同類的獵食者。我不確定他有那麼在乎了解他自己，甚或幫忙把他的同類關進監獄。但任何有殺童犯惡名在外的囚犯，不管是在監獄管理員或一般囚犯之間都不太受歡迎，所以他可能藉由坐下來接受訪談做點形象提升。

　　我無法像在進行官方認可的訪談時一樣，取得受訪者的監獄檔案，不過我得到大量的案件原始資料，還有所有的媒體報導，我把這些資料在我的餐桌上一一攤開來。而等到飛抵華盛頓州的時候，我覺得我相當清楚狀況了。

　　喬瑟夫·羅伯特·康卓正在瓦拉瓦拉（Walla Walla）的華盛頓州立監獄服五十五年刑期。這個昔日的工廠工人、房屋油漆工與勞力工，藉由承認犯下在一九九六年姦殺一名十二歲女孩、還有一九八五年一名八歲女孩的謀殺懸案，躲過了可能導致死刑的審判。

　　除了她們還不到青春期的年紀以外，這兩名受害者有什麼共通點？康卓是這兩個女孩家庭的密友。在我心裡，這讓他成為很特別的訪談對象。在我的職業生涯中，我已經很習慣見到血腥的犯罪現場了。而努力鑽入製造這些現場的人的心靈深處，還更駭人得多。

　　哪種人會強姦殺害待他如友的熟人之女？在他計畫實行這些罪行的時候，他心裡在想什麼？這是我必須找出的事情。

　　在華盛頓州卡拉馬（Kalama）的八歲女孩琪拉·席佛奈爾（Chila Silvernails）勒殺案裡，康卓也是主要犯嫌。琪拉最後被人看到，是要去搭學校的巴士。第二天，她赤裸的屍體在一條溪流的河床上被發現。沒有人被捕。而康卓曾和琪拉的母親約會過。

　　我曾經讀過《西雅圖郵訊報》（Seattle Post-Intelligencer）上的一篇文章，其中康卓聲稱，自從他入獄後，他就回歸他的齊佩瓦族（Chippewa）祖先信仰，這種信仰要求人們為自己的過錯贖罪，並且設法在死前糾正錯誤，否則他們的靈魂就注定在靈界飽受折

磨。我不知道對這番話該相信幾成，雖然罪犯有時候確實會在監獄裡找到性靈上的覺醒。不過，我有意詢問他為什麼會同意接受訪談。與此同時，我必須為自己做好準備，迎接我可能在喬瑟夫·羅伯特·康卓及他的罪行上找到的一切發現。儘管事實上這個訪談是為了電視節目，而不是犯罪學研究，我還是會在大量研究與檢閱案件檔案之後，以同樣的方式進行。我要和一名殺人犯說話，而在這種狀況下，我必須做好準備，面對他到頭來展現的任何面目。

喬瑟夫·康卓，一九五九年五月十九日生於密西根州的馬凱特（Marquette），母親是已育有六名子女的齊佩瓦族（Chippewa）原住民，她不覺得自己有能力再多照顧一個，所以他一出生就被送養，由住在密西根州鐵河市（Iron River）的一對白人夫婦約翰與伊莉諾·康卓（John and Eleanor Kondro）收養。他在鐵河市長大，然後搬到華盛頓州的岩堡市（Castle Rock）。約翰是雷諾茲金屬（Reynolds Metals）的製鋁工人。康卓後來說，他父母認為領養他是個錯誤。

他小時候有適應困難，喜歡隨身帶著刀，而且跟一個小團體廝混，他們折磨殺害他們在社區裡發現的小動物和寵物。除了縱火以及年紀不小還尿床外，這是我們一再看到的暴力犯罪活動指標之一。在這種「殺人三元素」的組成成分中，虐待動物絕對是最嚴重的。

康卓一家設法在嚴格的中產階級教養方式下養大他們的兒子，但他不斷地惹上麻煩。他父親不得不多次保釋他出獄，並且

兩度為他支付戒毒所的費用。

在他剛進入青少年期的時候，康卓就在學校還有街坊騷擾女生。我所知道的愈多就變得愈顯著的事情是，隨著年齡增長，他的受害者偏好仍是相同的年齡。多年來，他有多次被控猥褻女孩和年輕女性，但大多數指控並沒有被起訴。

一九八五年五月十五日，就在康卓二十六歲生日之前，八歲的利瑪‧丹奈特‧崔斯樂（Rima Danette Traxler）從華盛頓州長景市（Longview）的聖海倫斯小學（St. Helens Elementary School）放學回家；長景市是一個大約有三萬五千人口的城市，位於哥倫比亞河畔的考利茨郡（Cowlitz County）。在距離她家大約兩個街口的地方，利瑪停下腳步給一個鄰居看她在學校做的美勞作品。這個三年級學生大約一百三十公分高、二十公斤重——是個金髮碧眼的漂亮女孩，性情友善。她穿著粉紅色襯衫、褐色格紋裙，搭配白色褲襪、深棕色懶人鞋，還有一件附腰帶的及膝外套。我強調她外表的細節，因為不論生死，這都是她最後一次被人見到的樣子。

丹妮爾‧金尼（Danelle Kinne）開始擔心起還沒回家的女兒，她走到學校，循著利瑪的行進路線，卻什麼也沒看到。她回家之後，便打電話給喬‧康卓，他是她丈夫、利瑪的繼父羅斯提‧崔斯樂（Rusty Traxler）高中時代的老友，也是這一家人的好友。許多年後，丹妮爾回憶她女兒失蹤當天稍早的時候，喬和羅斯提曾坐在她家的前院裡，一邊喝啤酒一邊笑，而利瑪正在草坪上揮汗割草。他們拿她這麼勤快地保持庭院整潔開玩笑。

在丹妮爾打電話後，康卓來了，丹妮爾甚至還用康卓的手機報警。她孩子失蹤的消息一發布，警方和社區裡的人就發動了徹

底搜索，類似瓊安‧達列山卓的那場搜索行動。然而，他們沒發現關於她的蛛絲馬跡。

在失蹤發生的時間前後，有人在附近看到康卓開車到一家便利商店去買啤酒和香菸。警方訊問過他，不過沒有任何事可以把他跟失蹤的孩子連在一起。案件就這樣懸而未決。

許多年過去了，康卓仍舊是自由之身。

十年之後，一九九六年十一月二十一日，同樣在華盛頓州的長景市，十二歲的卡拉‧派翠西亞‧魯德（Kara Patricia Rudd）和約蘭達‧珍‧派特森（Yolanda Jean Patterson）決定翹掉她們在蒙地切羅中學（Monticello Middle School）的課。當時，卡拉和約蘭達同住在一間屋子裡，同住者還有卡拉的媽媽珍娜‧拉普雷（Janet Lapray）和她的未婚夫賴瑞‧「布區」‧何登（Larry "Butch" Holden）。約蘭達是賴瑞的姪女，而他有她和她哥哥尼可拉斯（Nicholas）的監護權。直到大約一個月前，他們家還有另一名住客：喬瑟夫‧康卓。

康卓和卡拉的母親是好友，常常跟這家人在一起。那時，三十七歲的康卓已經是六個孩子的父親，分別和三個不同的女人所生，而他並沒有定期支付小孩的扶養費。康卓在不久前，重新加強了他和賴瑞與珍娜的關係，因為他正處於分手後的過渡期；實際上，他變成家裡常見的固定訪客，所以卡拉叫他「喬叔叔」。但他最近一次長住戛然而止：由於他的酗酒與用藥習慣變得叫人無法忍受，珍娜和賴瑞最後把他趕了出去。珍娜後來說，喬以前會趁賴瑞不在的時候來引誘她。

出事的那天早上，賴瑞在七點十五分把兩個女孩送到學校。

大約七點半，一輛一九八二年款金色塗裝的龐蒂克火鳥停在鄰接學校停車場的人行道上；車子屬於康卓所有。根據約蘭達的說法，女孩們看到那輛車的時候，她走過去靠在駕駛旁的窗口，同時卡拉坐進車子裡。在那之後不久，康卓把他那頭的車窗捲上，看來是為了可以跟她私下說話。卡拉下車後告訴約蘭達，她問過喬是否可以帶她去靠近柳林叢的豬農比特家，好讓她和小豬玩。她問約蘭達想不想一起，但約蘭達怕自己在賴瑞或卡拉的媽媽面前惹上麻煩，所以她拒絕了，說她要回去上課。就這樣，康卓的火鳥駛出了學校停車場。約蘭達最後一次看到卡拉，她正在鐵杉街（Hemlock Street）上往東走，想來是要去跟康卓會合。約蘭達在那時進了校舍。

就像十一年前的利瑪，卡拉再也沒回家。然而在這件事變成問題以前，警覺的校長已經打電話給卡拉的母親珍娜，說她沒來上課。當白晝將盡，卡拉仍不見蹤影時，珍娜立刻想到了康卓，甚至指控他誘拐她女兒──這段對話被拉普雷家故障的電話答錄機錄了下來。基於某種原因，答錄機甚至在她接起電話後都還在錄音。

警方著手進行涵蓋整個社區範圍的搜尋，然後在長景市的《每日新聞》（Daily News）上釋出卡拉的照片。比特‧范葛林斯凡（Pete Vangrinsven），卡拉想拜訪的那家養豬場主人說，十一月二十一日那天他並不在家，不過在他看來沒有人動過任何東西，他邀請警探們前往查看。然而，他們沒找到她的蹤跡。與此同時，執法單位和卡拉的母親一樣，把焦點放在康卓身上。

警方訊問喬‧康卓，他承認那天早上在學校外頭瞥見卡拉

和約蘭達，並停車跟她們說話。他同意卡拉曾要求他帶她去養豬場，但他拒絕了，還叫她下車，要她們回學校去。他說這兩個十來歲孩子都是好女孩，不過每個青少年都會搞點惡作劇。根據康卓的說法，他停在鐵杉商店喝杯咖啡，然後開車去瑪莎勒木材廠（Marthaller's Log Yard）找工作。辦公室鎖著，雖然他確實看到有人在木材廠裡工作，不過地面一片泥濘，他不想下車，車子卻還是陷進了泥巴裡。

長景市警局的警探們針對和康卓有關的人做了詳盡調查，做為其中一環，他們訪談了喬的前妻茱莉·韋斯特（Julie West），喬和她育有兩名子女，而且現在跟她住在一起。他覺得自己可以自由來去，因為她先前把她的現任丈夫踢出門了。茱莉告訴他們，康卓受制於暴虐的怒火，曾經好幾次攻擊她，包括有一次在她懷著他們的孩子時撕壞她的衣服，還把浴室牆上的水槽扯了下來。她最後必須申請一張禁制令對付他，這導致他要求離婚。不過，這並沒有結束他們的關係；有一天晚上他們兩個人都喝得酩酊大醉，結果她再度懷了他的小孩。另一次他在她家的時候，他變得很好鬥，她威脅要報警。康卓警告她，如果她敢，他就把電話從牆上扯下來。

茱莉說卡拉失蹤的那天早上，約莫十一點四十五分，康卓到她家帶他們的兒子去上學。在康卓十二點三十分左右回來的時候，他邀她跟他一起開車去工業油漆（Industrial Paints）應徵一份工作。當他們經過瑪莎勒木材廠時，他說他稍早在那裡停留過，想問工作的事，不過地上泥濘就沒下車。茱莉心想這真奇怪，因為她並沒有注意到火鳥的輪胎、防撞桿或車身有任何泥巴。

　　然後那裡有個髮梳。她進車裡的時候，副駕駛座整個往後退了，所以她把座椅往回拉。這時，她注意到椅子底下有一把髮梳。她詳細描述了那把梳子：黑色梳子，白色梳毛，梳毛尖端是黑色的。有一些梳毛不見了，其餘梳毛看起來像是被嚼過一樣。那天較晚的時候，她和珍娜說過話，並且詢問卡拉是不是有一把像那樣的梳子。珍娜說，卡拉總是帶著一把梳子，而她認為那聽起來像她的梳子。

　　茉莉‧韋斯特相當樂意幫忙，但康卓的現任女友佩姬‧迪爾茲（Peggy Dilts）就不是這樣了。康卓和佩姬共同育有一女，佩姬不想跟警方合作，還禁止他們和她女兒寇特妮（Courtney）單獨談話。

　　佩姬不合作，還是阻止不了康卓的故事裡其他部分分崩離析。兩個在鐵杉商店工作、也認得康卓的店員說，在他自稱人在店裡的時段，他們沒看到他。同樣地，瑪莎勒的雇員表示沒看到任何人從木材廠唯一的出入口進來，喬‧康卓的金色火鳥也沒到過那裡。

　　雖然沒有人立即聯想到一九八五年的利瑪失蹤案，畢竟這起事件發生在太久以前，但同一個城鎮裡，有兩個漂亮的金髮女孩在類似的情況下失蹤，如果只是巧合未免也太說不過去。我懷疑某些較資深的警官心裡肯定這麼想過。

　　主辦此案的警探雷‧哈特利（Ray Hartley）得知，康卓兩年前曾被控猥褻一個朋友的女兒，卻被無罪釋放，還有他因為在停車場裡吸毒，而遭到伐木場開除。大約與此同時，他搗毀他一個約會對象的家，還把她的寵物籠扔到院子裡。然後，就是我每次聽

說類似事情時，覺得無法理解又極度困擾的部分：在那之後，這個女人繼續和康卓約會。

另一個女人克莉絲托・史密斯（Crystal Smith）去年春天曾經和康卓約會過，也讓他自由出入她家，她對警探們說，他喝醉後會變得很惡劣，甚至會說他自己是Diablo（惡魔）。她回想起夏天的一次烤肉活動，那時候他喝多了，開始痛打另一個女友薇琪・卡何拉（Vickie Karjola）。克莉絲托必須介入其中，才能阻止康卓的攻擊。康卓看來對他的女性關係實在很隨便，以至於警探們在訊問他時問起克莉絲托的姓氏，康卓的回答是：「我不知道。我們只是好朋友。」

警方拼湊出康卓人格的整體圖像既暴力又危險，同時對於卡拉先前跟他的互動，他們繼續發現更多有用的訊息。有一位偵查警佐向約蘭達問話，約蘭達告訴他，她和卡拉其實在前幾週就曾經翹過課，讓喬・康卓帶她們去柳林叢附近的一間廢棄屋舍，那裡有很多大貓和小貓。卡拉想要帶走其中一隻小貓，做為她媽媽的生日禮物。那天，他叫女孩們步行離開學校——就像卡拉失蹤那天所做的一樣——這樣他就可以在老師看不到的地方接走她們。警佐詢問約蘭達此前有沒有和康卓同車過，她說他曾經帶著她、卡拉、還有他女兒寇特妮走五號州際公路，一起到圖托河（Toutle River）旁邊游泳露營。天氣很冷，他們只待了一個晚上。

當警方終於得以在司法大樓的警局裡訪談寇特妮時，她承認她父親可能「有點凶惡」，他偶爾會賞她巴掌，還會因為她回嘴而扯著她亂甩。幾週前他曾用手打她姊姊艾波（April）的頭。她也說直到他大約兩個月前搬進來，她其實跟他不熟，她甚至叫他

喬而不是爸爸。寇特妮說,她湊巧聽到康卓和卡拉的媽媽珍娜的對話,珍娜在電話中說她要去報警告發他。「上次我看到她的時候,她在我車裡,而我叫她下車。」寇特妮說,她父親是這麼說的。

和女兒寇特妮一樣,佩姬・迪爾特最後還是得到警局跟警察談話,她這時揭露康卓曾經要求從她家車庫裡借走鏟子。而警方檢查車庫的時候,兩把鏟子確實不見了。

這個案子證明的事情之一,就是無論警方或個人可能有什麼樣的疑慮——就算他們心裡有個相當好的犯罪過程描述——沒有一個疑慮有任何意義,除非有紮實的證據能從中發展出來。常常有讀者或者講座聽眾跟我說,我先前討論的某個案子看起來不是很難破。從某種意義上說,他們是對的。並不是每個案子都牽涉到複雜的剖繪與調查分析。而且當然了,不是每個案子都適合做為推理小說的材料。

不過,馬克和我不時會實驗一下,一開始就告訴我們的聽眾最後犯人是誰,再從頭講述整個案子。在講座結束之際,大多數的聽眾都認為案情相當平鋪直敘,看不出為何警方破案會有困難。

然後我們會把同一個案子帶到另一批聽眾面前,不揭露最後誰是那個不明犯嫌。儘管給出相同的案件敘述,他們幾乎連犯下罪行的是哪類人都沒想出來,儘管我們把嫌疑人名單都列出來了。

指認亞特蘭大殺童案主要犯嫌韋恩・威廉斯的過程就是如此。雖然以後見之明來看,他的剖繪與逮捕可能看似理所當然,但在當時完全不是那樣。

一九七九到八一年間的亞特蘭大殺童案,讓我們在海內外的

執法單位之間聲名鵲起。有超過二十名非裔兒童與青少年——大多數是男性——失蹤了，被發現時已經死亡。對警方、媒體和社區而言，有許多人都確信這些謀殺案是三K黨犯下的——就像仇恨團體，意圖恫嚇這個南方城市，反抗這裡的進步派觀點。

這是我們能夠介入這個案件的方法之一，因為此案有可能違反了聯邦民權法律。而且，既然有兒童失蹤，總檢察長葛里芬·貝爾（Griffin Bell）下令FBI設法確定他們是否被綁架了。自一九三二年，飛行英雄查爾斯·林白（Charles Lindbergh）的幼子遭綁架後，綁架就是聯邦重罪，允許FBI在案件發生二十四小時後接管。調查局於是將這起重大案件指定代號為：ATKID。

當洛伊·哈茲伍德和我在亞特蘭大警局的要求下南下到當地，並且分析案件的時候，我們馬上就確認了兩件事。首先，這些案件不是三K黨所為；沒有象徵符號，沒有企圖恫嚇或導致恐懼的行為，而且沒有對這些罪行的「簽名特徵」或者犯罪宣言。其次，在我們造訪受害者被誘拐還有／或者屍體被發現的地點時，事情變得很清楚，任何白人出現在這些大多數是黑人的地區會很顯眼，而且被人目擊，因為這些地方時刻都有人活動。然而，有單獨一人或者多人誘拐這些年輕人，卻沒有引起這種騷動，所以我們認為凶手很有可能是一名非裔美國人，儘管我們迄今為止研究過的幾乎所有連續殺人犯都是高加索人種。

在警方專門用來調查這些謀殺案的工作間裡，我們看過每個案件檔案，閱讀兒童失蹤以及陳屍區域裡的證人證詞，研究犯罪現場照片，檢閱解剖紀錄。我們訪談家庭成員，看看是否有任何共通的受害者狀態。

　　大多數受害者相當熟悉街頭，但除此之外，對於自己社區以外的世界相當天真，所以很容易受到正確的誘餌或暗示影響。大多數人也生活在相當顯著的貧窮狀態，很可能不需要花太大力氣，就能讓他們為了某種普通程度的誘餌跟著陌生人走。為了測試這一點，我們讓臥底警官——黑人白人都有——提供社區裡的孩子五塊錢，要他們來做點小事。這招幾乎每回都有效，還附帶向我們證明了白人在這種社區裡會被人注意到。

　　在我們的調查中，我們認為受害者裡有兩名——都是女孩——並不是整體模式的一部分，因為誘拐方式和受害者狀態不同。在調查多重謀殺案的時候，你必須極端小心，不要屈服於看不到連結的盲目，也不要把可能不相干的案子連在一起。

　　雖然這些兒童謀殺案被歸咎於一個人或者一個團體，我們卻認為有幾個案子跟主要群體沒有證據上的關係。某些可能是模仿犯案，而其他就只是不相干的兒童謀殺案，剛好在差不多的時候發生。紀錄指出，每年市內都會有大約十到十二件兒童謀殺案。大多數是個人原因的類型，犯人和受害人有關聯，或者認識被害人。

　　我們開始建構我們的剖繪。雖然我們研究的連續殺人犯中，絕大多數是白人，卻也得知這些獵食者傾向於獵殺他們自己種族的受害者。我們因此相當確信，我們在對付的是一名非裔男性，因為女性殺手極其罕見，而我們認為一個男人有辦法對這些小孩行使更多權威。他的年齡介於二十五到三十歲，而且是個同性戀，受到年輕男孩吸引，雖然缺乏性侵顯示他對自己的性傾向感覺不適當或者羞恥。既然犯罪發生在各種不同時段，我們不會預

期他有個穩定工作，他有可能是自雇者。我們預期他有高於平均的智商，不過成就偏低。至於他必須對他的受害者行使的權威感，我們認為他會是能言善道的，可能想成為執法人員。如果這是真的，我們預期他會開一輛警察風格的大車，還可能養了一隻大狗。

一份據稱來自凶手的錄音帶送抵喬治亞州康尼爾斯（〔Conyers〕距離亞特蘭大大約二十哩）的警局總部時，案情出現突破。大家普遍感到興奮，但我在匡提科聆聽錄音帶，聽到一個白人嗓音時，我相當確定這是偽造品。可是說話的人提到最近的一名受害者，還說沿著羅克代爾郡（Rockdale County）西格曼（Sigman Road）的某一段，可以找到他的屍體。從語調和心理語言學分析來看，我認為此人自覺比警方優越。所以我建議他們迎合他的信念，往西格曼路錯的那一頭找。如果他在那裡觀察，也許他們就可以抓到他。

媒體大幅報導這起搜索，而如同我懷疑的一樣，沒有出現屍體。可以確定的是，這傢伙打電話來對警方說他們有多笨時，這些「笨」警察已經準備好電話追蹤，循線抓到一名年長的白人鄉巴佬，就在他家裡逮個正著，從此擺脫掉這個麻煩。為了確保萬無一失，警方確認西格曼路對的那一頭也沒有屍體。

但不久之後，一名十五歲黑人男孩的屍體就在西格曼路上被發現了，這告訴我們某件重要的事：不明犯嫌正在對媒體做出反應，而且設法表現出他的優越感。我們把這一點放在心上，建議警方採取幾種先發制人的做法，包括為受害者家庭募款的大型演唱會，僱用業餘的「安全警衛」。只是等到助理總檢察長同意我

們的主意時，已經來不及實行了。

下一具屍體被發現的時候，法醫宣布採集到的毛髮與纖維符合先前的五名受害者。既然我們知道不明犯嫌在注意媒體報導，我很確信下一具屍體會被扔進河流裡，這樣證據就會被水沖走。當時花了點時間，才組織了所有當地執法單位進行河川監視。那時，一名十三歲男孩在南河（South River）被發現，然後又有兩具屍體，二十一歲和另一名十三歲孩子在查特胡奇河（Chattahoochee River）被找到，這條水路形成了亞特蘭大與科布郡（Cobb County）之間的西北邊界。不像先前衣著完整的受害者，這三具屍體都被脫掉了內褲，據推測是為了移除毛髮與纖維。

在超過一個月後，當局對於河川監視失去了耐性，有個名叫包伯・坎貝爾（Bob Campbell）的警察學院新生正在查特胡奇河上的傑克森公園大道橋輪值他的最後一班，他看到一輛車開過橋梁，然後在中間做短暫停留。

坎貝爾聽到濺水聲，於是把他的手電筒照向水面，看到水波。那輛車迴轉然後開走，那裡有輛盯哨車正在待命，在坎貝爾指示下跟上。

駕駛是個二十三歲的非裔美國人，名叫韋恩・伯特蘭・威廉斯（Wayne Bertram Williams），他很有禮貌地告訴警官他是個音樂行銷人員，和他的父母同住。而在一名先前失蹤的二十七歲黑人男性的屍體在下游被發現時，威廉斯正受到「緊貼著防撞桿」的緊密跟監。

威廉斯極端符合我們的剖繪，包括警察風格的汽車和大狗。他自認為比有關當局更優越，而且伶牙俐齒地應付他最初受到的

訊問。當警方拿到搜索令的時候,他們發現他車裡的毛髮與纖維,符合我們認為彼此相關的那些謀殺案的證物。

威廉斯因為亞特蘭大殺童案的其中幾案受審,而且被定罪。不過,我們在此要講到我們確信的第二點:

在一名少女遭誘拐並且被用電線勒殺的案子裡,我們確定犯罪者是一名有精神疾病紀錄的男性,他幾乎肯定曾經住院過一段時間。警方找到一名符合我們剖繪的犯嫌,他甚至用同一種電線繫著他的褲子,而不是用皮帶。然而,沒有任何辦法能把這個男人確切地連結到這起謀殺案上,所以此案從未帶上法庭。

在亞特蘭大殺童案偵查即將告一段落,洛伊·哈茲伍德和我準備離開這個城市的時候,我們和警方的精神科醫師談過,我向他解釋我們如何對於當時無人知曉的犯罪者得出我們的結論。

「你們怎麼知道的?」精神科醫師問。

「從他作案的方式看來出的,」洛伊回應道。「我們設法用他思考的方式思考。」我們是從蓋瑞·特普奈爾那裡學到這件事。

這似乎讓醫師很好奇。他問道,如果他要對我們進行一項心理測驗,我們能夠做出他指定的任何心理失調會有的分數嗎?我們說,我們認為可以。

他讓我們各自進入單獨的房間,然後我們做了明尼蘇達多相人格測驗(Minnesota Multiphasic Personality Inventory, MMPI)──這是最廣泛運用的成人標準化心理測驗。我們兩人都得到了反社會人格違常的得分──精神病態,再加上偏執意念。精神科醫師表達了驚訝之情。洛伊和我都感到相當自豪,我們證明了我們能夠像他們之中最糟的那些一樣思考。

這個案子的結果，在事後回顧可能看似清晰明顯，不過當時絕非如此。我們可以盡情地懷疑韋恩‧威廉斯，但直到警方能夠在他身上取得實際證據以前，他們無法逮捕他。然後起訴團隊還必須建立對他不利的訴訟案。我們可能幫忙找出了他的剖繪，但那當然只是個開始。把他關到鐵窗之後，需要的不只是心理學。雖然對於真實罪案電視節目權威和線上討論群組來說，懷疑某人可能沒有問題，在真實人生中的刑事司法程序裡，這麼做卻毫無說服力。如同我將會得知的，喬瑟夫‧康卓把這個概念想得相當融會貫通。

就像韋恩‧威廉斯，康卓被要求到警局去接受訊問時，他繼續跟警方合作。他唯一變得憤怒的時候，是警探們逮到他似乎有個前後不一致的地方。在訊問結束時，依照檢察官辦公室的指示，主辦此案的警探吉姆‧杜夏（Jim Duscha）警告康卓，不要跟茱莉‧韋斯特有任何接觸——不要去她家，不要面對面和她說話，或者企圖透過電話聯絡她。康卓說他理解。

第二天杜夏接到了茱莉的電話。她說康卓那天早上打電話給她，問警方對她說了什麼，她又對警方說了什麼。他叫她不要對警察再多說任何話，也把這番對話說出去，因為他本來不該跟她說話。她回應說，既然她沒什麼好撒謊的，她會告訴警方她知道的一切。

她告訴杜夏，她非常害怕康卓，因為他有暴力的天性。「我不知道他發現我跟警方講話的時候會做什麼。」杜夏在他的書面報告裡引用她的話。

這位警探立刻對這個情況做出回應，去一位法官家確保拿到

一張逮捕令。那天下午，他和案件主管、偵查警佐史蒂芬·黎罕（Steven Rehame）一起開車到克莉絲朵·史密斯家，康卓最後一次被人見到的地方。他們敲了門，康卓應門了。他們說他們是來這裡逮捕他的，因為他非法干涉一名證人。他們替他上銬，把他塞進巡邏車後座，並且宣讀他的米蘭達權利。

　　在司法大樓的訪談室裡，康卓否認曾經和茱莉·韋斯特說過話，甚至說不知道她是證人。最後，杜夏警探覺得他聽夠了，就問康卓為什麼不跟他說實話。

　　康卓把頭低下了幾秒鐘，然後抬頭說道：「我真的需要一位律師。」對話停止了，警探們帶他到郡監獄去，登記他的保釋金要兩萬五千美元。而這筆錢很快就加倍了。

11 被棄置的福斯汽車
The Abandoned Volkswagen

　　在同一天，克莉絲朵·史密斯把一份聲明交給杜夏，其中她說康卓曾經告訴她，珍奈特·拉普雷和警方懷疑他綁架了卡拉。他對她重複那個故事：他在學校前面看到兩個女孩，和她們講話，叫卡拉下車，然後自己去找工作。

　　史密斯問他，如果他們打算控告他，他要怎麼辦。

　　「他們屁都沒有。我會堅守我的故事，」她說康卓重複這個講法不只一次。她接著說到去年夏天有一次他們到巴特爾格朗德湖（Battle Ground Lake）露營，在樹林裡玩一個遊戲。她問喬，他會怎麼處理一具屍體。

　　「沒有屍體，沒有證人，沒有證據。」他這麼回答。

　　警犬隊重複搜尋警方認為康卓可能帶著卡拉去的地方，但什麼都沒找到。

　　到這時候，警方已經鎖定一位證人，他和康卓一起上高中，六七年前曾經在奧勒岡之道酒館（Oregon Way Tavern）看到羅斯提·崔斯樂，利瑪的繼父，對著康卓大喊大叫，指控他殺死了利瑪。康卓叫他閉嘴，接著就是一陣拳腳相向。警方對康卓所知愈多，就出現愈多暴力事件。伊莉莎白·安·福特（Elizabeth Ann Ford），另一個跟他斷斷續續同居大約七年、共同育有一子的女

人表示，每次他開始酗酒的時候，她就會把他踢出去。他跟她哥哥曾經打起來，把她哥哥的下巴和三根肋骨打斷了。他也曾經在一陣無法控制的狂怒中，把一個柴爐從牆上扯下來，然後扔向她哥哥。她最終透過警長辦公室叫他別再來找她。

而法律終於趕上喬瑟夫·康卓的步伐。一九九六年十二月，卡拉失蹤後不到一個月，他被克拉克郡（Clark County）的華盛頓州高等法院傳訊，因為他猥褻一個七歲女孩、強姦一個十歲女孩，兩個案子都發生在一九九一年九月。檢方聲稱康卓拜訪一位朋友的時候，性侵了這兩個睡在客廳地板上的女孩。審判排定在隔年五月進行。

與此同時，長景市警方持續找尋卡拉，重訪數名證人和線人指出康卓喜歡不時前往的地方。其中之一是索羅山（Mount Solo）上一間無人的傾頹房屋，位於長景市西邊。那是小孩喜歡玩耍的地方，而卡拉家的幾個成員，包括她舅舅在內，在她失蹤後他們為期三週的搜索裡去過那個區域，卻什麼都沒找到。

一九九七年一月四日，卡拉失蹤後不到兩個月，警方從那棟房子往索羅山上走，搜尋了一片偏遠且樹木茂密的山坡。他們來到一處深谷，瞥見一輛廢棄生鏽的福斯汽車，沒有輪箍也沒有輪子，面向南方，上面還有個舊的華盛頓州車牌。警方搜索人員在車裡找到了卡拉的黑色銳跑T恤和胸罩，然後發現車底有一具女性屍體，她的頭朝後方，腳則在乘客座那側的車門下。

正對駕駛座車門門框上緣的一棵樹上，有個撞擊痕跡，車子還有個相應的印痕。這暗示著這輛車可能曾經歪向駕駛座那一

側，靠在樹木上，好讓屍體可以放在車子下方，然後再讓車子落在受害者上。

偵查警佐黎罕要求州鑑識人員來這裡處理現場。鑑識人員抵達後，長景市的警官們利用絞盤把車子拉向樹木，好讓他們可以接觸到屍體。接著他們在砍下那棵樹、把汽車從現場移出做進一步處理之前，採集了所有相關樣本。

屍體的上半部腐敗嚴重，還有好幾根肋骨出現動物掠食的證據，不過下半部因為完全在車子下方所以保存良好。死者身上的內褲和一件黑色短褲符合卡拉當天穿著的描述。在直接相鄰區域採集樣本以後，鑑識人員弄鬆了屍體下方的土壤，以便把屍袋套到屍體上，兩端各套一個，並用膠帶黏封，然後運送到州立犯罪調查實驗室。牙醫紀錄確認了這是卡拉的屍體。寇利茲郡驗屍官蓋瑞·克瑞格（Gary Greig）宣布她死於「未知手段的謀殺暴力」。

片段的物理證據，包括屍體上與周圍的衣物，都被送到一間獨立實驗室以及聖地牙哥警局法醫生物學小組做分析。屍體與衣物上的精液沉澱物，把康卓與謀殺案直接連在一起。

一九九七年一月二十七日，寇利茲郡檢察官詹姆斯·J·史東尼爾（James J. Stonier）向法院提出刑事起訴，指控喬瑟夫·康卓在卡拉·魯德的死亡中犯下一級加重謀殺罪。康卓在等待審判期間被關押在單人牢房裡，這是為了他的安全著想；就連被囚禁的暴力罪犯都痛恨猥褻殺害小孩的凶手。

當檢察官準備要對康卓求處死刑的案子時，康卓還在華盛頓州溫哥華的克拉克郡監獄裡，他的謀殺審判排定在一九九八年七

月開始。同時間，寇利茲郡檢察官蘇‧包爾（Sue Bauer）諮詢過利瑪的母親丹妮爾‧金尼的意見以後，他們向他提出一個認罪協議：承認卡拉‧魯德和利瑪‧崔斯樂這兩件謀殺案，並且告訴調查人員他把利瑪的屍體棄置在哪裡，就不會被求處死刑。

一九九七年五月，康卓在克拉克郡為猥褻與強姦罪名受審。陪審團在不到兩小時半的商議之後就判他兩個罪名都有罪，合併判處三百零二個月刑期。

經過一番思索後，或許康卓也看出他對陪審團來說多麼不可信，他接受了蘇‧包爾的協議。他說他這麼做的動機不只是因為可能被處決。他也關心她的子女不必作證對他不利，而兩個被謀殺女孩的家庭也應該有個了結。

每次我聽到一個殺人凶手說，他做某件事是為了個人利益以外的任何事，我都會極端懷疑。

在長景市警探史考特‧麥克丹尼爾（Scott McDaniel）對他超過二十小時的訪談之中，康卓自比為一隻短吻鱷，會待在池塘底部直到他餓了為止。然後他就會浮上水面。在我讀到他對於多年前利瑪發生什麼事的說詞時，這是個很難擺脫的畫面。

任何兒童謀殺案都讓人驚駭且深感哀痛，不過利瑪謀殺案裡最令人困擾的細節是康卓如何一手安排整件事。這個特別顯著——而且可鄙——的犯罪元素，是在康卓的自白裡揭露的：也就是說，他怎麼讓這個八歲孩子跟他走。利瑪的媽媽曾經給過她一個通關密語，免得有任何人接近她，企圖把她拐走。那個通關密語是獨角獸，如果其他人不知道這個密語，她就會知道不能信任

他。喬・康卓和利瑪的父母是這麼要好的朋友，所以她的繼父羅斯提把這句密語跟他說了。

他告訴利瑪，是她父母派他來帶她去游泳的，他們晚一點會來跟她會合。他後來說，當他看到她走路回家的時候：「我停下車，然後心想，如果她坐進我的車裡，我就要帶她到外面的樹林去。而她就這麼跳進來了。」康卓也告訴調查人員，他帶著卡拉和約蘭達去廢棄房屋的那天是一場「測試」。

「我計畫要強姦殺害她們兩個，」他對執法人員說。

他事先決定了拋屍地點。他承認他先毒打了卡拉，然後才強姦並將她勒斃。請記得，他和這個小女孩還有她的家人有親密的私交──對她來說，他是「喬叔叔」。然而在他性侵謀殺她之前，他眼睛連眨都不眨地毒打她一頓，就只當成是一種遂行變態目的的手段。雖然他絕對不是心神喪失，這卻是我們大多數人能想像到最墮落邪惡的事了。然後他去了佩姬・迪爾茲家，沖了澡、把自己刷洗乾淨，洗過他的衣服，並丟掉鞋子。

一九九九年二月二十六日，康卓在吉姆・瓦姆（Jim Warme）法官面前接受認罪協議，在卡拉・魯德案中犯下一級重罪謀殺，在利瑪・崔斯樂案中犯下二級蓄意謀殺罪。康卓在公開法庭裡，受害者的親友面前讀出他的自白。三月五日，瓦姆法官判處他五十五年刑期。這個刑期會從他服完一年半前定罪的強姦猥褻罪刑期以後開始。雖然康卓免去死刑，郡檢察官吉姆・史東尼爾想確保他永遠不會再恢復自由或者被假釋。

判刑的時候，利瑪的母親丹妮爾・金尼說：「我等待答案已經等了十四年，然而終於有了答案並沒有紓解痛苦。他一直都知

道真相卻欺騙我這麼久，讓我無法理解坐在那裡，藏在那副人類軀殼底下的怪物。」

12

牆壁之內

Inside the Walls

　　瓦拉瓦拉的華盛頓州立監獄，裡面的人稱之為「牆壁」，有超過一百年的歷史，夾在這個州西南部帕盧斯（Palouse）的丘陵和藍山山脈（Blue Mountains）之間的谷地裡，站在一片農地之中，靠近奧勒岡州州界。原始建築物是用附近挖的黏土做成的磚砌成；厚厚的石牆是用水泥與來自哥倫比亞河盆地的沉重石頭蓋的。牆壁是設計來收容惡中之惡，直到今日它們還維持著這個功能，現在還用帶有刺鐵絲圈的網格狀圍籬補強。

　　獄方行政單位的目標，是盡可能讓受刑人忙碌有事做——透過運動、透過課程，也透過機構內多種作坊與維修部門的工作。原來的黃麻加工廠於一九二一年轉型成車牌工廠，現在每年製造超過兩百萬個車牌。對於那些被認為從事這些活動太過危險，或者不能和監獄裡的一般囚犯混在一起的人，有個最高安全級別單位，那裡的受刑人一天有二十三小時都被限制待在自己的牢房裡，透過門上的一個狹縫取得三餐，而且他們每次出來的時候，至少都有兩名警衛監督。

　　這裡就是喬瑟夫‧康卓永遠的家。

　　最困難的受刑人訪談是有媒體跟著我進入監獄的那些。我還在局裡的時候，美國哥倫比亞廣播公司（CBS）的新聞雜誌節目《六

十分鐘》（60 Minutes）安排記者萊絲莉·斯塔爾（Lesley Stahl）和一支攝影團隊，跟著我還有我的調查支援小組同僚傑德森·雷（Judson Ray），一起進入靠近賓州州立大學、位於岩井鎮（Rockview）的賓州州立監獄。我們在那裡訪談蓋瑞·麥可·海德尼克（Gary Michael Heidnik），他因為在北費城家中的地下室囚禁與殺害數名女性而被關押在此。他在地下室裡挖坑，往裡頭注水，然後把一名或多名女性關進去，用電線電擊她們。湯瑪斯·哈里斯用海德尼克罪行裡的這個面向，做為小說《沉默的羔羊》中的角色，水牛比爾的複合基礎之一。電影版在那次訪談不久前上映，媒體和公眾都吵著要聽「真實故事」。海德尼克曾試圖以心神喪失抗辯，但據我所知，在他如此盡興地於自家地下室折磨婦女的同時，他還透過個人的投資策略在股市大賺超過六十萬美元。他於一九九九年被處以注射死刑，在本書寫作之際是賓州最後一個面對死刑的人。

儘管我們嘗試與他建立交情，海德尼克的態度友善卻顯得小心謹慎。他有種飄渺的眼神，我從經驗裡辨識出那是高度的偏執狂。因為其他囚犯的攻擊，他已經處於保護性的單獨囚禁狀態，而這只會進一步加強他的感覺（就這個例子來說，很符合現實）：人人都想要對付他。儘管他擁有高智商，沒受過高等教育就能在股票市場賺大錢，他內心卻是做如此想。

他無法否認他俘虜這些女人，但就像南方奴隸主設法辯護自己站不住腳的制度，他堅持他和那些女人是個快樂大家庭，一起慶祝生日與節日；他給她們禮物，還帶來精緻的食物。他甚至提到他帶進去娛樂她們的收音機，傑德認為那其實是用來掩蓋她們的尖叫聲。

　　是的，他必須打其中某些人，他最終承認，但這是為了她們好，就像做父母的可能有打小孩屁股的合理理由。他成立了他自己的教會，而他的終極計畫是用這些女人來讓這個世界裡充滿小海德尼克。這聽起來很怪異，不過他堅持他是認真這麼想的。他就像這樣講下去，古怪而冷靜，直到我說我想檢視他個人背景裡的一些問題。

　　「跟我談談你的母親。」我靠近他的時候說道。

　　這時他突然失控了。他整個人站起來，就好像要把他的麥克風扯下來走人似的。我告訴他，我們的研究指出大多數像他這樣的連續獵食者，若不是和自己的母親有嚴重衝突，就是因為某個悲劇而失去母親。聽到這個，海德尼克開始控制不住地啜泣。

　　我能夠抓住他的弱點，是因為我們在訪談前進行了詳盡的調查。我知道蓋瑞和他的弟弟泰瑞（Terry）在一九四〇年代晚期、五〇年代早期成長於克里夫蘭，由施加情緒虐待的冷酷父親扶養長大，他的父親藐視他，還對他肢體威脅；他有個酗酒的母親，在蓋瑞兩歲、泰瑞還是嬰兒的時候就和他們的父親離婚。他們去和母親同住，但幾年內她的酗酒問題就逼他們回到痛恨的父親身邊。她三度再婚，後來於一九七〇年自殺身亡。

　　在鏡頭面前，要跟一名受刑人建立感情要花上更長的時間——一般來說，這不是因為他被嚇著，而是他太在意在電視上看起來好看，並且想給人受害者的印象。你必須先克服所有一切，然後才能得到關於受訪者的事實與情緒真相。還有個簡單的數字問題。回溯當初我為FBI做訪談的時候，房間裡只會有一兩個人現身對話。而一支電視工作小組需要好幾個人架設機器、打光、

布置房間。如果人數太多或者房間太大，要把對話導向我想去的方向還會變得更困難。我想這樣至少要花上一個小時，才能讓康卓專注在我還有我的問題上。

MSNBC的主管們期待我直接和我訪談的人衝突，表現出公開的厭惡與輕視。這種衝突式風格可能創造出緊繃刺激的電視節目，但不會照我的意願，製造出有生產性的訪談。這幾乎是我們最早期監獄訪談的重演，當時局裡的高層想知道我們為什麼跟殺手們變得這麼熱絡，典獄長們則質疑為什麼每場訪談都花這麼長時間。對電視觀眾來說，這也可能很讓人驚慌失措，他們不理解為什麼我對這些邪惡的人這麼「好」，還稱兄道弟。

或許在Netflix的《破案神探》第一季裡，最多人討論的交鋒是出現在第九集，代表羅伯・雷斯勒和我的角色，在影集裡叫做比爾・坦奇（Bill Tench）與霍頓・福特（Holden Ford），在喬利埃特（Joliet）的伊利諾州立監獄訪談了殘殺護校學生的大屠殺凶手理查・史派克（Richard Speck）。為了努力越過史派克的輕蔑態度，爭取他的注意，霍頓口頭上問他，是什麼給他權利「把八個熟透的小屄從這世界上除掉」。

在現實生活中，其實發生的事情相去不遠。我們在監獄會議室裡跟史派克在一起，有個矯治部門輔導員在場，史派克有意地忽視我們。我轉向那名輔導員，說道：「你手上這個人，你知道他幹了什麼嗎？他殺死了八個妹。而其中一些妹看起來相當正。他把八個漂亮屁股從我們其他人手上弄走了。你覺得這樣公平嗎？」

史派克聆聽著這個對話，笑了一聲轉向我說道：「你們這些

傢伙他媽的瘋了。區隔你跟我的一定是一條細線。」這時候對談才變得認真起來。

要跟喬瑟夫・康卓進行訪談的房間，大約四十乘二十呎。工作人員八人，使用三台攝影機。然後還有大約半打監獄管理員監督這場訪談，並且確保康卓不會變得很狂暴，因為我要求不要替他上銬。

當康卓從他的囚房被帶進來，看到房間裡的人和設備時，他似乎有幾分震驚。他的塊頭大而結實，看起來很壯。在我們握手的時候，他的手包覆住我的手。既然已經讀過他的檔案，就不可能不立即想到這雙手毆打勒殺了年幼的女孩。

但當我在為訪談做準備，複習他的紀錄時，我期待康卓的反應會類似查爾斯・曼森——曼森爬到一張椅子的椅背上面對雷斯勒和我——一個浮誇自大的類型，會想要主導會面。

但和查爾斯・曼森不同，我反而發現喬瑟夫・康卓是個很順從的傢伙，似乎滿足於談論他的技巧。我立即的任務，是用某種方式讓他忘記攝影機與群眾的存在。這花了點時間，而他想要我知道他不會談論任何其他案子。他在好幾件其他的兒童謀殺案裡都是有強烈嫌疑的犯嫌，也知道執法官員會很樂意把另一個罪名釘在他頭上，把他弄進死囚牢房裡。

不過即便他很順從，並不意謂著這會是場容易的對話。遵循這個策略，我打算用羅伯和我在局裡主導我們的犯罪者會談時一樣的方式，來進行這場討論。你在尋求的是可能對調查人員有益的特定答案。你不會接連不斷地問問題，特別是在受訪者的舉動

顯得有戒心的時候。乍看之下，其中某些部分看似很普通，但對於像我這樣，在設法打開並理解某個特定暴力犯的心理時，每個細節與行為指標都很重要。

我開始得很輕鬆，站上道德制高點。「我很感激你花時間跟我談話。我現在設法要做的，其實是教育大眾，教育執法單位、還有學校教師，真正在某種程度上檢視你的背景，看看你童年早期與犯下這些罪行之前有沒有出現任何指標，並且討論這些罪行本身，我們相信這樣會非常有益處。而我想要和你談談你的早年歲月，從這個地方開始。」

我提起的第一件事情是，他是被領養的。他說他確實是——在大約十八個月大的時候——然後開始詳述他養父母的家庭是怎麼從歐洲過來的。我心想，有趣的是他把伊莉諾・康卓說成是他的繼母，這可能是一種依附失調的徵兆。他說直到他大約七歲以前，他們沒跟他說過他是從哪來的。

「在他們告訴你這件事的時候，你有什麼感覺？」我問道。

「我對此有很多複雜的感覺，」他回答：「你知道，我總在納悶為什麼會有人放棄他們的孩子。」

「像是一種被拋棄的感覺之類的？」

「是啊，一種被拋棄的感覺。我想，這是造成我小時候會以行為發洩，在某種程度上以行為發洩情緒的主要問題之一。」

這有點像在釣魚。你拋出一條線到你相信可能有魚的地方，給牠們看餌。

我絕對不是在詆毀領養的好處，但顯然值得注意的是，有幾個最惡名昭彰的連續殺人犯是被領養的。這些人包括「夜行

者」（Night Stalker）理查·拉米雷茲（Richard Ramirez）;「山姆之子」大衛·伯考維茲;「山坡勒殺者」肯尼斯·比安奇（Kenneth Bianchi）;女大生殺手泰德·邦迪;還有喬爾·里夫金（Joel Rifkin），他在紐約市與長島謀殺妓女。雖然絕大多數被領養的孩子在父母的關愛照顧下茁壯，我認為如果一個年輕男孩已經有某些種類的精神問題，或者剛開始的反社會人格違常，他是被親生父母放棄或者「拒絕」的理解，可能加強他充滿敵意的感受、對抗權威與負面行為。然而基於同樣的理由，這可能是一名獵食者「解釋」自身動機與行為的輕鬆藉口。

康卓回想，大約在他得知自己是養子的時候，他開始以行為發洩。「我開始變得非常暴力。當時，我們學校系統裡沒有心理健康課程之類的東西。我們只有校長。我的意思是，校長會做的事情就是訓誡，你懂的，我就是從這裡開始，你懂吧，在學校裡生事之類的，開始打人。我是比別人都高大的小孩。」

不意外的是，許多暴力犯還是學童時都是惡霸，或者自己被惡霸欺負過。

「你上的是天主教學校？」

「我上的是天主教學校，是啊──私立天主教學校──我在那裡表現真的很好。我在運動方面很優秀，而我在八年級以後去了公立學校，就在那時候我開始吸毒了。」

「你吸的是哪種毒品？」

「很多大麻、LSD（麥角二乙胺）、Speed（安非他命）……」

我問，如果在那個年紀，他傾向於挑男生或者女生。

「我身邊的任何人都行。」

「你小時候被猥褻過嗎？」

「從來沒有。」

「你是在人生中的哪一個時刻發展出（虐待狂式性欲）幻想？你記得那是在什麼時候發生的嗎？」

「大約在同時。」

這並非預料之外的事。在我這些年來訪談過的所有性獵食者之中，有整整百分之五十是在十二到十四歲之間經歷他們的第一次強姦幻想。艾德・肯培和「BTK勒頸者」丹尼斯・雷德，都在還不到青少年時期就開始幻想暴力犯罪了。肯培會切斷他妹妹的洋娃娃手臂跟腿，雷德則會畫出女人被綑綁折磨的露骨圖畫。你肯定會納悶，如果在上述任何一個例子裡，有人在那時候設法干涉他們，會發生什麼事。

康卓描述叫那些小女孩脫光，然後「實驗」她們，雖然他否認有進展到交媾的地步。他也談到虐待動物是從搬到華盛頓州長景市時開始的。

「我加入了一群小孩；大家知道他們是這一帶的小霸王。有一天，跟我一起玩的一個小孩說：『來吧，我知道貓在哪裡。我們去殺牠們，做些這類的事。』我想去。他隨身拿了一支球棒。那是我第一次親眼目睹動物被我殺死。」

康卓以後會繼續趁著他的動物受害者不注意的時候，用大塊木頭擊打牠們的頭部。

「你那時候什麼感覺？」我問道。

「起初我有點怕，然後我變得很興奮。接著是一陣追逐，因為警察來了。有人打電話報警，我們爬到一棵樹上去，看著警察

調查了整個地區。」

　　他唯一擔心的是被抓到，但就連躲避警察都很刺激。他參與痛打無法自衛的動物致死，卻沒有悔意。這時我們可以清楚看到，他如何在對於他人的痛苦缺乏任何同理心的狀態下長大。

　　「你如何跟異性相處？」我問道。「我的意思是，你約會嗎？」

　　「是啊，我會，」他說：「我很常約會。我有一大堆女朋友。」我還是很納悶那麼多女孩子到底在看上他哪一點。

　　「你對約會對象的年紀有特定偏好嗎？好比說青少女，但幻想對象卻是更年輕的，一個更年輕的人？」

　　「是，」他回答，而對我來說，事情在這裡變得真正有意思了。「我的年紀愈來愈長，女孩子卻大半停留在相同年紀，或者比我年輕，你懂吧。然後年齡差距開始變得愈來愈大，很快我就發現我自己，你懂吧，在猥褻小孩。」

　　「所以，你說的是隨著你年齡增長，你鎖定了某種偏好的受害者。你偏好的群體，你會盯著看的，是哪個年紀的人？」

　　「我還在上學的時候，我就偏好年紀比我小的女孩，比我低一兩個年級的。」

　　「這聽起來像是一種執迷，你懂吧——執念。你能夠控制你有的這些執念嗎？」

　　「我時時刻刻都在想這個，」康卓勉強承認。

　　我問他是否像丹尼斯・雷德那樣會畫圖。

　　「不，這只在我腦袋裡。我的意思是，我只是不時想著這個，想著要把人帶出去強姦殺害——在我七年級的時候。」這些類型的人常常在他們的腦海裡播放理想的幻想劇本。實際的罪行鮮少

能完全符合劇本。

「所以還有見鬼的一大堆憤怒。你想這種憤怒是從哪裡來的……就回到七歲的時候吧，那時候你發現你是被領養的，那對你來說幾乎像是被拋棄，你認為那是……」

「那是其中一部分，不過我的養父母，他們是非常、非常愛控制的人。我記得我告訴我媽，我再也不想上教堂了，她還逼我那樣做。他們會逼我做些事情。而且他們經常互吼，在心理上虐待對方。他們總是會對彼此大喊大叫。」

他覺得，這導致他去「跟附近社區裡的孩子們做一大堆越軌的事」。

「是什麼事？」我問道：「你說越軌的事是什麼意思？」

「呃，你知道，我要不是痛打男生，就是帶女孩子出去，要她們為我脫衣服，你懂吧，玩我們的小遊戲。但很快我就注意到，附近所有的父母都不再讓他們的小孩跟我玩了。然後為了離工作地點更近些，我繼父帶我們搬到華盛頓州長景市。現在回顧起來，我不知道那是不是因為我做的事情，或者也可能只是他想要工作更方便。可能兩者皆是。不過從來沒有人告訴我。」

在連續獵食者之中，其中一件有意思而且相當一致的事情是，有兩種情緒概念在他們內心不斷交戰。一種是浮誇而自覺有理的感受。另一種是深刻而無所不在的劣等感與缺陷感。我確實在喬瑟夫・康卓身上看到這一點，而這瀰漫在他性格與觀點的每一個面向上。

他對他父母的態度就代表了這種分裂。在他基本上告訴我他的家庭生活很失調，還有他父母總是對他大吼大叫，又對彼此情

緒虐待以後,他又補充說:「可是他們真的是好人。我是他們的獨子。我小時候,他們把我想要的一切都給我。我爸教我金錢的價值。他在我十二歲的時候讓我去工作,而我有我自己小小的景觀美化事業。是啊,他們是好人。」

至於「金錢的價值」,這是個經常失業,還想出種種方式長期壓榨朋友、前妻們還有女友們的男人。對這樣的人來說,概念與實際狀況是不同的兩回事,而他們看不出兩者之間有什麼關聯。

「到最後,」我繼續說:「在哪一刻你真的在某種程度上失衡了,你開始實現那些幻想?」

「也許十二或十三歲吧。有天晚上,有個在地方社區商店裡工作的女孩子,我幻想把她約出來強姦之類的。我收集好一組作案工具,在那家店十一點打烊後去到那裡,她才剛鎖上門。而我過去要求搭便車,然後她說:『好啊,』就讓我坐上她的車,接著我抽出刀子抵著她,把她帶到索羅山那一帶。她哭哭啼啼地說:『拜託不要這麼做,拜託不要這麼做!』然後我──我沒有做。我沒有完成這件事。」

「所以你停手了?而且你可憐她?」

「是啊,我是。」

「當時這確實打動了你?你有某種感覺?」

「呃,這是我第一次下手,你懂吧。我其實不知道我在幹嘛。」

「可以這樣說,在幻想中,每件事在某種程度上是完美的,但在現實世界裡,當事情沒有照計畫進行時──你認為你有個非常好的計畫,可是你沒有料到她會哭,你沒有料到她會那樣反應嗎?」

　　「是啊。後來我克服了這些感受,你懂吧。」換句話說,他學會對他的受害者保持情緒疏離,這樣她們的哀求或痛苦就不會影響到他,或者制止他做他想做的事。

　　「她有報警什麼的嗎?」

　　「有啊。我為此上了法庭,可是律師讓我脫身了。」

　　結果,至少有兩名無辜的年輕女孩命喪黃泉。

13 | 「時機方便」
"The Convenience of the Situation"

　　我們已經談過康卓的童年與人格成形期，現在要進入一個關於他的問題，我對此的興趣高過於其他所有問題：為什麼他會冒險誘拐殺害他熟識之人的小孩？我認為對於任何聰明到可以數度犯案的人來說，這都是個極端高風險的行為。

　　而跟這個問題綁在一起的是更基本的心理問題：為什麼他選擇青春期前的孩子做為受害者？我的直覺是，他個人的缺陷感，讓他受到他自覺可以對付的受害者吸引。我們全都熟悉這種情況較溫和的版本，像是高中畢業（或沒畢業）的男人持續回去跟較年輕的孩子混，這些孩子仰慕他，他的同儕卻不會。

　　我問道：「為什麼你的目標是孩童？怎麼不挑一個女人，好比說一個十八歲的？我的意思是，為什麼找小孩？你有很多時間思考這一點。你腦袋裡在想什麼，讓你執著於此？你想從中得到什麼？」

　　康卓的答案簡單直接到令人詫異。

　　「我想這只是因為時機方便。孩子們都很信任人，而我和她們的家人非常親近，然後你懂吧，我就利用她們的信任。」

　　「所以這其實對你來說是很容易的目標。」

　　「是啊，在當時是很容易的目標。」

他的背景顯示，他因為各種心理因素偏好年輕女孩，而我還是確信那主要是他個人的缺陷感。不過，以年輕女孩做為目標的**策略性理由**，只在於她們是容易下手的獵物，就像在飲水坑旁設法挑出最弱那隻瞪羚的獅子。一個八歲或十二歲的小孩不會有辦法像十八歲的人一樣掙扎搏鬥。

可是在他開始殺戮之前，他不擔心他猥褻過的任何一個女孩會回去告訴她們的父母嗎？

「會啊，」他承認。「我猥褻過一個女孩，她告訴她媽媽，她媽媽就來跟我對質，然後⋯⋯她對此什麼都沒做。我們只是討論這件事，然後她就離開了。我本來預期她會去報警，但她沒那麼做。她決定不要舉報。」

現在考慮一下這段陳述，跟康卓十二三歲用刀在索羅山威脅別人，他的律師卻能幫他脫身的事件之間的關係。許多父母厭惡報警，就怕社區裡的每個人都知道他們的孩子被人猥褻了，而他們不想要這種污名，或者不想讓孩子必須在公開法庭上作證。康卓開始理解到「基本原則」，然後朝著對自己有利的方向加以利用。

「你認為在你人生中的那一刻——現在我們談的是童年早期——有任何方法能夠讓你避免越過那條線，犯下任何暴力犯罪嗎？」我問道。

「不，我相信對大多數的猥褻犯來說，這是存在我們基因裡的東西，你懂吧，家族遺傳下來的。我有一個家人在美國另一端的監獄裡。他也是猥褻犯。所以我真心相信，就像酗酒與毒癮之類的東西，這是一種政府單位真的需要仔細檢視的流行病，因為

他們做了很多研究，我認為這是我們的基因問題。」

乍聽之下，這非常具有分析性又高瞻遠矚，好像康卓對於某個他身為案例之一的問題有宏觀的看法。但當你追根究柢，這只是不為他的罪行承擔責任的另一種方式。這就像是酗酒；這就像是毒癮。這是遺傳：**我天生就會猥褻和殺人，對此我無能為力，因此要由政府單位做研究搞清楚狀況**。

謬論。一個醉鬼並不能只因為他喝醉了，就免除毆打妻子或者開車衝撞路人的罪責。康卓也許有強烈衝動要為了個人滿足而強姦殺人，但他並不是非這麼做不可，也沒有任何人非得如此。他太關注於「最安全」的作案方式與掩蓋自己的罪行，所以這些行為並不是「無可抗拒的」。這是每個個體所做的決定。

康卓的女兒寇特妮接受訪談時，她也反駁了這個前提。寇特妮推論：如果這種行為是來自基因遺傳，她應該像她父親一樣有殺人的衝動，然而她從未有過絲毫傷人的欲望。她也說她父親的行為是一種選擇，而不是藉口。

我接著問康卓：「你會說你有上癮性的人格嗎？」

「是啊，非常容易上癮，比較是『機會稍縱即逝』，你懂的。」

「比較是非現在不可？就算在這裡也是嗎？在哪方面是這樣？」

他一看出他能僥倖避掉什麼，還有我會挑戰他什麼，他通常就會修正他的說詞。

「我不知道。這其實不是上癮性，也許只是一種強迫性人格，你懂的。監獄裡沒別的事好做。你必須自己打發時間，而且你必須讓時間過得有意義。而大多數人是靠著強迫性清理我們的牢

房、參與課程或者運動，或者，你知道⋯⋯」

「你做些什麼？」

「呃，我常常清理我的牢房。就像所有其他受刑人一樣，我喜歡讓我的牢房保持真正清潔。」

首先，他並不只是像所有其他受刑人一樣，儘管他這麼想。他是一個猥褻及謀殺兒童的凶手，這讓他處於監獄地位的最底層。其次，在入獄以後，他不再能夠掌控他的人生。他不再能夠實現他的幻想讓他備感挫折。而要掌握某種程度的控制，其中一種辦法就是做些強迫性的行為，像是一再清潔他的牢房──這是他和其他囚犯唯一能有任何控制可言的領域。

我也認為這可能是個突破口，可以得知他犯案時的想法。「你是否認為，你在人生中的那一刻感覺自己對發生的事情失去控制，你知道的──在親密關係上，在求職上──而這（犯罪）會是一條路，那個時候你可以做一件事而且大權在握，可以當老大？」

他咬了餌，把他的行為賴到別人的影響上。「那是其中一部分。我發現我生命中有很多人試圖要控制我。我的每個女友總是想要我改變，我母親要我改變，我父親要我改變，我所有的朋友都認為我應該改變。你知道，我是一個酒鬼、一個毒癮者，而我就是在虐待我周圍的每個人。」

再一次，藉由承認他在虐待周圍的每個人，他似乎表現出某種洞見，負起了某種責任。但其實，這全都是別人的作為害的。他沒有去想，如果事實是他認識的每個人都想要他改變，那是否意謂著其中有某種智慧，他反而視之為外在控制。他逃避這種壓

迫的辦法，就是濫用毒品與酒精，這也會有推波助瀾、在他犯罪之前降低個人抑制能力的效果。這也指出他的自戀，還有對他以外的其他人都缺乏同理心。不僅如此，他還是個憤怒的醉鬼。他對這個世界有一大堆憋著的怒氣，所以他不會對他的受害者展現出任何同理心或憐憫，也不會對他的罪行負起責任，因為他覺得他其實才是真正的受害者。

丹尼斯·雷德告訴我，他的BTK時期之所以開始，是因為他失去工作。「這全都是因為我被西斯納（Cessna）公司解僱了。我和我太太沒有任何性方面的問題，也沒有經濟問題。這全都是因為失業。這似乎不公平。我真的愛那份工作。」

我發現這段陳述分析起來相當有趣。一方面，被解僱不可能導致一個講道理的人恐嚇、折磨與謀殺一家四口，事後還想誇耀這件事。這只是個藉口，用來緩和他該負責的感覺。另一方面，這直接反映出雷德的心理構成，而我的意思不僅僅是他對繩索與折磨女性的長期幻想，終於從思想演變成行動。這顯示出雷德的深刻自戀，認為有人對他做了不公平的事，更別提他的回應是對他的受害者及其遺族的惡意行徑，嚴重程度高了不知多少數量級。

丹尼斯·雷德和妻子育有兩個小孩，還有一份政府工作。他一度是個幼童軍組織領導人，還是他那裡的教堂委員會主席。不過他設想、計畫、素描在紙上，然後外出執行的綁縛與折磨幻想，卻是他生命中最重要的事物，遠超過其他一切。

雖然他們的謀殺幻想同樣墮落，我們卻在康卓和雷德的簽名特徵與作案手法上看到差異。康卓想要在最不花力氣、或者受害者抵抗最小的狀況下強姦殺人。對雷德來說，最極致的滿足卻是

來自看著他的受害者自知即將被殺害所帶來的虐待狂式樂趣。一旦他把他的女性受害者綁起來塞住嘴巴以後，他就沒有興趣像大多數虐待狂那樣施加肉體痛苦了。他反而喜歡洋洋得意地享受掌握生死的權力，還有受害者對自身死亡的預期。對雷德來說，受害者在他喪心病狂的想像戲劇中是主角。受害者之於康卓，只是個道具，在他用完之後就會被丟棄。我從雷德的背景中得知，就像康卓一樣，他是從動物開始，而我拿這個事實直接問他。「告訴我跟動物有關的事，丹尼斯，」我說道。

他的表情變得嚴峻。「我知道你這是要導引到哪裡去，」他說。他當然知道。他讀過我們的書，也知道這是殺人三元素的一部分。「不過我從來沒有殺害任何動物。我永遠不會那樣做。」我發現很有趣的是，他可以實際上誇口他對人類做了什麼，卻恥於承認他虐待小動物。

這番陳述實際上展現出來的，是一種所有連續殺人犯與暴力獵食者都有的普遍現象：其他人不重要，他們不是真的，他們沒有任何權利。這是達到最極致的社會病態者（sociopathy），而對於像喬瑟夫·康卓與丹尼斯·雷德這樣的殺手來說，這定義了他們跟世界之間的互動。

是時候讓康卓談利瑪·崔斯樂案了。

「嗯，我在學校裡認識了羅斯提，利瑪的繼父，」康卓開口說道。「然後有天晚上，我在酒吧裡遇到丹妮爾，羅斯提介紹她給我認識，我們就變成了朋友。你知道，羅斯提和我是老朋友了。我在地方上的冶煉廠工作，又再度碰到羅斯提——他從內華達州

做完某個工作回來，接著我們又開始一起混。」

現在，對於這段簡短的描述，你應該想到的第一件事情是，這聽起來多麼地尋常、就事論事，而且幾乎平淡無奇。然後，你記起康卓殺死了他這位「老朋友」的繼女，而你再度領悟到這個殘酷的現實：獵食者可能看起來、聽起來就像我們一樣，通常行為也是，**但他們並不像我們那樣思考。他們的邏輯推演過程完全不同。**

如果康卓先前的說詞描述的是一種平淡無奇的生活，他接下來示範了對他還有他的社交圈來說，實際上是什麼構成了日常生活：

「唔，那時候，我們吸很多毒品，喝很多酒，去很多派對。我們主要用的藥物是古柯鹼。羅斯提失去他的工作、或者丹妮爾把他踢出家門之類的事發生了，而他靠失業津貼過活，租了房子，又付不出租金，這時他問我會不會介意他搬來跟我住，而我說：『當然，你可以搬來跟我住。』那時我在和前妻茱莉約會，所以我從不在家。然後有一天我們聊了起來，他就告訴我他們和利瑪建立的那個通關密語。」

「那個通關密語是什麼？」

「是**獨角獸**，而有一天我看到她沿著街道走來，我去了一家店，然後在我回來的時候，她還在街上。我停下車——那只是一陣衝動——我停下車讓她上來。」那不是一陣衝動；一陣衝動是瞬息即逝、突如其來的。這是一種總是與他同在的蠻橫力量。這是機會犯罪。

「然後你說了那個通關密語？」

「是啊，是啊。我說了那個通關密語，她就上了車。她坐進卡車和我在一起，然後我開往德國溪（Germany Creek）區域。」請注意他開始講到他的作案手法時，口氣有多麼地就事論事。

和殺人犯對話到了某一刻，總是會歸結到這裡：

「喬，那天發生了什麼事？到最後是什麼樣的壓力，或者是什麼推了你一把，讓你犯下罪行，而且對這個孩子下手？」

「這個嘛，我把目標放在利瑪身上是因為，首先她信任我，當時在我人生中，你知道的，我受到年輕女孩吸引。所以我決定對她下手，羅斯提又給了我通關密語。就像我說的，我要去商店，從店裡回來的路上我看到她還在街上，而我說了通關密語，她就跳進我的卡車。我把她帶到我家，叫她留在卡車裡，接著我進屋，打電話去上班的地方說我今天不會去。然後我開車帶她到德國溪，強暴謀殺她。」

「你是在車裡攻擊她，還是車外？」

「我帶她到我知道的一個舊泳池去，而她就站在那裡，看著河流，那是——那是一條湍急的河流，不過那裡有個池子，她看著那個池子，我就朝她頭部側面打過去，用的是，你知道，我的右拳把她打昏。然後我強暴她。我強暴她的時候她逐漸醒了過來，我就開始勒死她。」

「用你的雙手？」

「是啊。」

「她是面對著你，或者你從後面？」

「她面對著我。」

你可以從一個犯人如何徒手勒殺他的受害人，來分辨出他是

不是真的有意殺人，有沒有任何保留、道德上的猶豫或同理心。在此全都沒有。康卓和利瑪是面對面的。這是一個她信任的人，然而他盯著她的眼睛，毫無愧疚地勒殺她。我讓自己與受害者易地而處，而我想著我會看到的最後一幕，就是我以性命相托的這個人正在奪走這條生命，他甚至沒感覺到一絲絲悔意。

「面對她——這困難嗎？」我問道：「事後回顧，你覺得很困難嗎？」

看來一點都不會。「當時我很專注做事，你懂吧。我已經下定決心要殺她，早在她還不知道，在她坐進我卡車裡的時候就這麼想了。」

「你們之間沒有講話什麼的嗎？」我釐清這一點。「她真的不知道是被什麼擊倒地嗎？我的意思是，你讓她失去意識，然後你在她死後跟她性交？」

他糾正我他強暴利瑪時的細節。他敘述得直截了當且按部就班，就像在描述他怎麼花力氣換癟掉的輪胎。對，他打她打得夠重，足以讓她昏過去，然後在她失去意識的時候性侵她。他勒她脖子，而在她恢復意識掙扎著要吸氣的時候，他繼續性侵她。接著他把她拖到附近的溪流裡，把她的頭壓進水中。不過，當他再度把她的頭拉出水面的時候，她還活著，拚命想要呼吸。所以他拿了一顆跟他的手差不多大的石頭砸向她腦袋，直到她死去為止。

在我聆聽的時候，我刻意讓自己面不改色，但我的血液在沸騰，而我對自己說，**如果有誰該被判死刑，就是這個傢伙了**。

這段陳述讓我窒息——不只是喬瑟夫・康卓對這個年輕女孩所做的事情墮落又邪惡，也因為他對這個行為還有她的明顯態

度。儘管他並不是藉由看著他的受害者自知必死無疑、情緒飽受折磨來發洩，他很顯然對那些認識又信任他的人態度冷靜滿不在乎，以他自成一格的方式。他就像雷德一樣殘酷又自戀。

這個自白太露骨，無法在電視上播出，但我讓他進入了舒適圈，像麥高文重溫他的罪行那樣。他先前從來沒有這麼詳細描述過他做了什麼。警衛和製作團隊正在聽似乎並不重要，康卓表現出他真正是怎麼樣的人，他如何著手以便得到他想要的東西，不顧這樣做對他人造成的後果。

大多數獵食性殺手，特別是有虐待狂傾向的那些（他們的首要情緒滿足，來自施加身體以及／或者情緒痛苦，並且讓其他人無助地受苦），需要把他們的受害者非人化，才能夠把他們當成物品來看待。在他們認識受害者的時候，這會比較難，雖然對康卓來說顯然不是如此。他跟利瑪很熟；他是她繼父還有她母親的好友。他看著她長大，也知道她信任他。他喜歡她，而且對她並無不滿。他不可能在傳統意義上把她非人化。然而他能夠決定強姦謀殺她，還以看似有條有理的冷靜態度執行了。對我來說，這一點讓康卓很特別，而這就是為什麼我會想要了解他。

某些人格類型的獵食者也殺他們認識的人，還有親近他們的人，不過通常其中牽涉到一種跟喬瑟夫・康卓這個例子不同的心理動力，而且罪行會有一種不同的行為表現。一個殺死親近之人的罪犯，通常動機是自認為遭到背叛、想要復仇或者有憤怒的強烈感受，通常還有嫉妒與狂怒推波助瀾。我們在辛普森殺妻案裡看到這一點，在此案中他的前妻妮可和她的朋友羅納德被謀殺。在像這樣的情況裡，我們會預料看到「過度殺戮」的行為證據

——比起致死所需程度更嚴重得多的傷害、還有更多暴力。一種典型的過度殺戮行為模式，是在脖子或胸口有型態緊密的多重戳刺傷，還有臉部的嚴重損傷。這是個主要目標在於懲罰、還有狂怒火上加油的謀殺。羅納德只是在錯誤的時間地點出現。辛普森對他沒有任何計畫，只是要消除意料之外的威脅。妮可是那個被挑出來做暴力懲罰的人。

在利瑪‧崔斯樂謀殺案裡不是這樣。康卓對她沒有怒氣。他沒有理由想要懲罰她或者她的父母。他甚至從沒表示過對她有任何厭惡感。這只是某件他決定要做的事，實際上就是一時衝動，因為這件事很容易做到，而且會帶給他樂趣和滿足。他決定強姦她，而要強姦她最容易的方式就是讓她不反抗。他並不是靠她的掙扎或痛苦得到滿足。他一做到他決定要做的事，他就必須殺死她，好讓他可以逍遙法外。如果她死於勒斃，那很好。如果不是，下個選擇就是用石頭打她。這是很疏離而冷靜的，就像在屠宰場殺死母牛。

「你怎麼棄屍？」這是另一個對我來說總是有高度意義的問題。

「唔，我時間很趕。我沒有去外面挖個洞什麼的，像其他殺人犯那樣，我只是把她帶到一塊很大的斷裂老木頭那裡，那塊木頭靠著一片峭壁，然後我把她扔在那塊木頭後面，再拉出一團長在附近地區的羊齒植物，把植物丟到她身上，盡我所能偽裝那塊地區，然後就離開了。我把她所有的衣服都帶走，開車到長景－雷尼爾橋（Longview-Rainier bridge），把其中一些丟進河裡。」

這樣隨便地嘗試隱藏屍體，透露康卓可能處於藥物或酒精

的影響之下。我們從警方對他的某些朋友和熟人所做的訪談中得知，他說過謀殺不被抓到的關鍵，在於確保警方找不到屍體。這般匆促隨便地棄屍，很可能輕易就讓他被抓。他沒被抓純粹是運氣好。

他也這麼向我承認了。「我真的很驚訝，因為屍體腐敗的時候會很臭，你知道的。而那是個很受歡迎的游泳地點。我很驚訝沒有人發現她。」

這是我們大多數人會覺得完全難以理解的部分。哲學家漢娜・鄂蘭（Hannah Arendt）在她知名而有爭議性的作品《平凡的邪惡：艾希曼耶路撒冷大審紀實》（*Eichmann in Jerusalem*）中，寫到了納粹「邪惡的平庸性」。這裡就是這句話的完美例證，就在距離我數呎之遙的地方。我問康卓：「所以，在你殺完人回家以後，她母親有跟你聯絡嗎——來求助？」

「有啊。當時我回到女友家，她正在煮晚餐，而我有幾件要在她家附近做的雜事，而在大約——我不知道——大約晚上六點的時候，外面天黑了——我記得門上碰地一聲，那是丹妮爾，她問利瑪有沒有過來，我們說沒有，然後她開始哭，還用我的電話報警。所以，那時候我女友叫我跟丹妮爾去確認一下，你知道，去確認她沒事。然後我們直接去了另一戶人家，她問了他們，接著我們回到車上，去了羅斯提家。羅斯提家到處都是警察；他們把那個地方給拆了。他們認為他要為這個失蹤案負責。」

他的好友成了頭號嫌疑人，這對康卓來說不打緊，因為這把焦點從他身上轉開。更確切地說，警方可能從一開始就忽略了喬，因為他幫助了受害者的母親。

「他們有沒有往你身上查，約談你？」

「我不認為他們那時有跟我談過。麗莎‧史奈爾（Lisa Snell），我想她是叫這個名字——一個記者——去跟羅斯提談過，警方約談了羅斯提幾次，他甚至沒通過測謊……」

像這樣的例子，是我對測謊從來沒多少信心的理由之一。對於有犯罪史、有可能現在還涉及其他犯罪的犯嫌來說，測謊大半沒有效果。在他們扭曲的心靈裡，他們自認為罪行情有可原，或者自己有權這麼做。或者，就像這些年來許多連續獵食者曾經告訴過我的，如果你可以很流暢地對警方撒謊，那對一個盒子撒謊又有多難？

「……他們到頭來從沒發現她（的屍體）跟別的，而他們差不多就這樣淡出了。」

「你有沒有想過你會被抓？你感覺自己不會被抓嗎？」

「我感覺我不會被抓。」

「為什麼會這樣想？」

「因為他們的主要焦點在羅斯提，你懂的，而我就搭順風車。」

「你回去確認過屍體仍然藏著嗎？」

「沒有。」

「從來沒有？」

「沒有，你絕對不能回去。」

我們分析不明犯嫌的方法之一，在於是否有證據指出他們曾經回到一個或多個犯罪現場、或者棄屍地點。我們甚至不見得會監視一個犯罪現場，期望因此抓到犯罪者，但無論他回來或不回來——任何一種做法——都會給我們很多可以研究的行為。

殺人犯回到現場有兩個主要理由。一個會被歸類為簽名特徵，另一個則是作案手法——犯罪的精神面向與實際面向。第一個是重溫犯罪的刺激與情緒。我們曾看過一些犯罪者回到現場，在受害者屍體上或旁邊行淫。我們甚至看過真的戀屍癖回去跟他們最近殺死的受害者做愛。泰德・邦迪就是其中之一。顯然，康卓並不符合這個剖繪；他一殺死受害者就了事，接著無憂無慮地去做他自己的事了。

另一個理由是防衛性的：為了確保屍體保持適當的隱蔽狀態，不會被有關當局或不經意路過的人發現。康卓澄清他也沒做出這類行為。他認為回到犯罪現場或者棄屍地點，讓他更可能被發現。為什麼是這樣？是什麼讓他的想法有別於其他不想被抓的罪犯？

就在於這個事實：他跟他的受害者已有連結。不像其他以陌生人為目標的獵食者，康卓知道他處於潛在嫌疑人的圈子裡，而他在附近區域的行動可能被人觀察或仔細檢視。他對於他在謀殺利瑪以後「時間很趕」的事實感到很不自在，不過警方似乎聚焦於羅斯提，所以最好放著不管。

利瑪的屍體從來沒被找到，甚至在康卓同意合作找出屍體的準確位置之後也沒有發現，這是很不尋常的，不過肯定對他有利；相對來說，對她的家人造成了持續的痛苦。

我對他說：「儘管你說你有責任，她母親到現在仍抱持著她女兒還活著的希望。因為她從來沒找到她，他們希望她仍然在世。不過這……這沒有希望了。」

「對，沒有希望。她……她在我隱藏她的屍體時就死了。」

「如果你可以對那位母親說些話，你會告訴她什麼？」

「這有點困難，」他沒停下來想太久就說道：「我不知道我會對她說什麼。你要怎麼對某個⋯⋯你知道。真的沒什麼好說的。我的意思是，行動本身就為自己說話了。」

14 「中間還有別的受害者」
"There Were Victims in Between"

　　喬瑟夫・康卓因為兩個謀殺罪被定罪，一個在一九八五年，一個在一九九六年。從我對性獵食者所知的一切來看，他能夠潛伏等候十一年，在我聽來就不太像真的。

　　我喚起他像一隻短吻鱷長期潛伏在水下，直到他變得「飢餓」為止的畫面。我問他：「你真的能夠靠自己撐那麼久嗎？通常會有個幻想在維繫。我的意思是，你在腦袋裡一再重溫那宗罪行嗎？」

　　康卓依然就事論事地回答：「那是一部分。不過咱們把一件事情說清楚。在這些案件之間還有別的受害者。我是說，有些從來沒被告發的猥褻案，你懂吧。」

　　「我真的很高興你那麼說，」我回應道：「因為我在檢視這個案子的時候，我就說他不可能一撐就是十年，推論基礎在於案件的種類，我是說你起初犯下的跟後來的那一件。我曾經訪談過的對象──其中某些人可能會留紀念品，屬於受害者的東西，或者（留存）報紙上的文章，但那股衝動，在你有這種執迷的時候，你需要一個出口。所以有其他的案件，而且有許多沒被人告發過？」

　　「是啊，有一大堆沒被告發的案件。」

「受害者總是朋友，你的朋友嗎？」

「不，她們就只是像——像我說的，我那時候很愛參加派對，那裡總是有年輕女孩，你知道，十五歲、十四歲，有時候是十三歲。而且派對上會有些東西，她們就只是愛玩的女孩而已。」

「為什麼你不殺那些受害者？」

「可能是因為我還沒有把她們玩夠吧。」

「你想要對她們做什麼？」

「就繼續猥褻她們。」

「讓她們活上一段時間是幻想的一部分嗎？對你來說，怎麼樣會是擁有一個受害者的理想狀況？要完整演出整個幻想，從頭到尾，在地點、時間、任何方面，要怎麼樣？」

「我的幻想就只有謀殺——我的意思是強姦和謀殺我的受害者。那就是整個幻想了。我的謀殺，你知道，它們都像是整件事的最高潮。過去我猥褻這些人，我是說這些小孩什麼的；也許我沒有殺她們，是因為我喜歡她們，你知道。」

但接著他繼續說道：「對我來說，我不把這看成一個幻想。在我還自由的時候，我把這個看成，我就是，去做那件事——你知道我的意思——就是我生活的一部分。那是我生活方式的一部分。」

以熟識的女孩為目標，因為這樣犯罪比較容易又方便，這雖然是康卓特有的偏好，但在其他方面，他符合暴力獵食者的人格型態。我這麼說的意思是，他對感官刺激的飢渴會是持續性的。所以，如果到頭來讓他入獄的四次攻擊跟兩件謀殺，就是他僅有的暴力犯罪紀錄，他會是個極端的例外，我會想要理解這種例

外，並且放到獵食者類型學的脈絡裡。另一方面，如果在他被控告的那些罪行之間，有過不為人知與未偵破的攻擊事件，那就會確認我們對這種性獵食者已知的事情。總之，得到答案極端重要。

「我讀過警方報告，他們認為你可能要為七十件猥褻案及其他案子負責，甚至可能有別的凶殺案，」我說道。「你對此知道些什麼？」

「就只有我知道的。」

「所以那數字是誇大了，在你說大約七十件，你要為七十件其他案件負責的時候？」

「我無法回答這個。」

「你不想回答，或者你就是無法回答？」

「是啊，我不想回答這個。」因為那可能表示仍然必須面對死刑。這回答了我的問題。有些人一旦被抓到，就想要聲稱自己攻擊或殺害的人比實際上更多，以此來增加自己的名聲，康卓不是那種人——但有很多人是。對康卓來說，殺戮太過普通，他不在乎那種地位。所以如果他不直接回應，那是因為有更多可以說。

我問他是否曾經和某個女性有染，好讓他可以接近她年幼的女兒。很不幸的是，這種事情在某種類型的性獵食者中並非不常見。他否認了這一點，但我仍高度懷疑。然而我覺得在訪談中，從頭到尾瀰漫著一種感覺：他其實不認為他要為眼前的任何事負責。他持續犯罪，是因為警方無能，抓不到他。他逃過死刑，是因為受害者家屬想要跟他做交易。在他心裡，總是別人先開始一切。甚至連擁有崔斯樂家和利瑪之間的通關密語都是，他們就把密語給他了；他沒有去要。不過他一拿到，他就覺得他有使用跟

濫用的自由。

「在我的案子裡，他們讓我做交易，你知道的。他們在討論要讓我判死刑，檢察官在爭取死刑。所以他們去找家屬，而在這個案子終於結束的時候，你知道的，我就跟他們做了交易。而這樣做是一個家庭成員的決定；檢察官去找他們，他們談過這件事。我覺得這裡面沒有正義可言，你懂吧。他們永遠不該給我這個交易。」

看出我的意思了嗎？

「他們應該給我死刑的，」康卓繼續說道。「我相信我應該為這些罪行而死，你懂的。而且──我不知道──我就是覺得……我的受害者沒有得到任何正義。她們死了；我還活著。她們在墳墓裡不得安寧。其中一個甚至還沒被找到，而且，你知道的，我相信那些家屬──雖然他們嘗試要做對事情，設法要找到利瑪·崔斯樂的埋葬地點，他們在為丹妮爾的最佳利益著想──在我心裡，我不認為那是對的。這裡面沒有正義。他們讓他們的孩子失望了。」

在我心裡，我不認為那是對的。你能相信這傢伙竟然這麼說嗎？多年來，我訓練自己不要照著我的真實感受反應，要控制住它們，但有時候當你聽到這番不像樣的言論時，你很難保持冷靜。說到底，是他自己做了這種拯救他免於處死的交易。給MSNBC高層他們想要的那種反應，是非常容易的事，卻也非常沒有益處。

他繼續用他那種膚淺的道德思考說下去：「你知道，如果是我的孩子被殺了，我會想要那傢伙被判死刑。我絕對不會要求檢

察官跟他做交易。那會是我心裡最不可能想到的事。你懂的，我要殺了他，把他從這個星球上趕出去。」

我幾乎開口問康卓，那麼他為何不認下死罪，服膺他自己的正義感。不過我決定最好讓他繼續講。

在他哀嘆他得到的這個認罪協議，對他的受害者有多不公平以後，我問他：「所以（接受）這個認罪協議不是因為你試著要逃脫死刑？不是為了這個理由嗎？」

「沒有人向我提到認罪協議。我是自己想到這個主意的。」而他們竟然接受了，他覺得多麼駭人聽聞啊！

「你怕死嗎？」

「不，我不怕今天就死，你懂吧。」一旦處決不在選項之內，當然就不怕了，我暗忖。

「你關心的是……你不想讓你的子女作證？」我問這個問題的時候，心裡知道該認罪協議和他的子女沒有關係——或許只跟他自認為是個父親的形象有關。他並不盡然是模範父親。

「是啊，這真的很讓我困擾，因為他們是州檢察官的證人，而我愈去想這件事，我就不希望我的子女（必須作證）。他們那時候很年輕——十五歲、十四歲之類的，或者十六歲——我不想讓他們準備當州檢察官的證人，作證說那天早上發生什麼事，然後餘生裡都在想，**天啊，我的證詞可能害我爸變成死刑犯了**，諸如此類的事。你知道，我就是完全不想讓我的孩子跟這事有任何一點關係。」

雖然他甚至不知道他們確切的年齡。再加上檢察官收集證據、考慮要怎麼辦他的時候，他在郡看守所等得無聊極了。「我

就是在郡看守所待得很無聊了。我待了不知道多少個月——二十八個月，差不多是那樣吧——在單人牢房裡，因為他們不能把我和一般囚犯放在一起。所有的，獄卒跟整個群體，你知道的，想要殺我。所以，我只想要這整個折磨結束。」

儘管協議是要給他們他棄置利瑪屍體的地點細節，他卻找不到。「是啊，那好像過去十三、十四年了，而那條河，水位升高又回復十四次或十五次，位置都不一樣。我自己嘛，我被帶到那裡——直到我開始認出某些地標以前，我甚至不確定那裡是正確的地點。我替他們畫了那個地區的素描，畫了那個地方什麼樣子，而警官們，還有警探，去了住在德國溪那附近的人那裡，讓他們指出那個游泳用的洞在哪裡。所以我去那裡的時候，我開始認出一些地標什麼的，而我確定就是那個地方。」

他對於自己沒辦法找到屍體位置的歉意，似乎比強姦與謀殺本身還要大。

在我許多年來觀察連續殺人犯、跟他們互動的過程裡，我發現他們有很大比例都異常地執著於他們的母親——通常是負面的，像是肯培；有時候是正面的；或者兩者的混亂混合，就像麥高文。我想看看康卓對他母親的感受，是否比對他人生中其他人更多一些，還有她的影響是否實際上以某種方式衝擊到他。我向他問起他母親的死，這是發生在他謀殺卡拉·魯德那年差不多同時。

「是啊，我媽，那對我還有我繼父來說是個很大的損失，」他勉強承認：「在我媽去世以後，他完全不行了——我必須把他

送進一間養老院。」

「他的狀況走下坡？」

「是的，然後他弟弟來了，介入這件事，而我們決定最好把房子之類的東西處理掉，因為我再也不想住在那裡了，你知道。我跟他們住在一起，因為我父親有糖尿病，我母親又生病了，而她要我幫忙，所以……」

我想看看我是否能讓他觸動情緒；他肯定對他的罪行、或者他對友情與信任的背叛，並沒有太多情緒。「你真的愛你母親嗎？」

「噢，我愛她，是的。」

「所以那是個壓倒性的打擊？」

「沒錯，這是我人生中帶來相當大創傷的部分。是我發現她的，我打電話給一個朋友，她過來，然後……你懂吧，我不知道怎麼辦。我就說：『妳知道怎麼辦。妳打電話給警察局，叫他們過來？』她說：『不，我會處理整個情況。』所以她替我們處理了這件事，而他們打電話給驗屍官，警方知道她是絕症患者，第二天早上我進去（看她），她就死了。」

「根據我讀到的內容，她是個很好的女人。」

「是的，她是個美麗的女人。她有很多朋友。」

「那有打垮你，讓你情緒上陷入低潮嗎？」

「的確。這讓我情緒上陷入低潮。」我想也許我終於觸動他了，但他的話語跟他的聲調彼此衝突很大，以至於我可以看出他只是裝出有感覺的**樣子**，而不是真正有那些**情緒**。然後他突然間換檔了：「可是你知道，我是個善於求生的人。我需要繼續過我

的人生。而我沒有地方可以住。珍奈特和布區給我地方住。我拿到一筆結算費用（來自他母親的房產），而我當時有一大筆錢，他們又提議讓我跟他們同住，所以⋯⋯」

這個男人正在揭露他跟任何人都不具備有意義的情緒連結。這有助於解釋為什麼謀殺對他這麼容易。

「你很快就把那筆錢花完了？」我說道。

「沒錯，我買了兩輛車還有一些油漆設備。我在⋯⋯在那時候，你知道，我是在油漆住家之類的。」

「然後呢？」

「然後買了一大堆毒品跟酒。」

「毒品跟酒。我們現在會回到那隻短吻鱷。這聽起來像在說，現在是『餵食時間』。你怎麼想？是因為一堆突如其來的事件嗎？我的意思是說，其中有很多事情——沮喪，你很憤怒，而現在在這裡的，是跟你在一起的朋友們，還有他們的女兒。因為你在喝酒吸毒，你會說這是你當時犯下這個罪行的原因嗎？」

「我不會在這裡把一切怪罪到我吸毒喝酒上面。那只是某種我拿來當成消遣的事情。不過我想在內心深處，追根究柢，卡拉·魯德謀殺案比較像是復仇那樣的事情，而不像是實現我的幻想。那也是其中一部分，可是你知道，我只是在尋求報復。」

「跟我說說這個報復。」

「那時有一大堆跟我有關的電話，而珍奈特有一天出乎意料地把我趕出去，我因此開始怪罪那女孩（卡拉）。我心想，我為你們這些人做了這麼多，我買一輛車跟一大堆東西給你們，還做了一大堆事，妳卻把我踢出妳家。但我知道，從她（珍奈特）的

角度而言，我太失控了。我自己當時看不出來，因為我那時是酒
鬼、毒蟲之類的。我只是在享受好時光，不過她受夠了。她受夠
了那種行為，所以決定要把我踢出去，她也真這麼做了。接著這
變成報復性的事。有一天，我看到孩子們走在街道上，而早上的
例行公事是搭市內公車上學，我就提議載他們去學校。」

「那時候你已經決定抓她們了嗎？或者這只是先演練？」

「嗯，這後來變成事先演練了。我載孩子們去學校，然後尼
可拉斯就跑去和他的同學們玩耍什麼的，而女生們問我──你知
道，她們那天想翹課。所以我帶她們去河邊，去那間廢棄屋舍，
然後……對啊，這是個演練。大約一小時後，我帶她們回學校；
她們錯過了第一節和第二節課。不過沒有人說什麼，學校也沒打
電話給家長，她們只是缺課而已。」

這回他沒被抓到、也沒人要他負責，又都是別人的錯。

「之後過了幾天你才……」

「噢，我想不起來，也許一個月，一個半月吧。」

一個半月後他沒錢了，而且被踢出他朋友們的家。「那是大
約一個半月以後，」我確認道。「而且她跟你很親近，對吧？我
是說，她叫你喬叔叔。」

「是的，我認識卡拉好一陣子了。我們甚至一起玩牌什麼的。
我會讓她贏。」

「你會怎麼描述她這個小孩？」

「她非常有活力。她喜歡帶動物回家。不過她也非常不聽話，
在她相信某些事情的時候，你知道，在她深信某件事的時候她反
抗性很強。她會為她相信的事情挺身辯護。你在任何人身上看到

這點都會很欽佩的，你懂吧。」沒錯。卡拉代表跟康卓相反的一切。

「所以，這個罪行是一種報復，而且這樣傷害到她母親？」

「是啊，目的是這樣。」這裡又是另一個合理化。這與報復無關。無論他和珍奈特有沒有嫌隙，他都會犯下這個罪行。他已經向我們表現出這一點了。

我們全都會在某一刻感覺到以牙還牙的衝動，但我們大多數人能夠壓抑並且控制這些衝動。實際的報復性謀殺通常是一次性的，而不是連續犯罪。這些種類的謀殺有特定的指標，而且落入以下兩個範疇之一：懲罰某些讓凶手覺得被傷害或冒犯的個人，或者報復整個社會，像是認為被霸凌或不受尊重的校園槍擊案凶手。然而做為通則，雖然性獵食者傾向於對任何他眼中的蔑視或侮辱極端敏感——卻對別人的感受完全不放在心上——他們一般來說不把報復當成動機；他們不需要這種動機。他們已經被他們要命的執迷給束縛住了，就像我們在康卓案裡可以清楚看到的。

聲稱復仇是動機的連續殺人犯，通常表現出某種形式的情緒錯置。我在薩冷（Salem）的奧勒岡州立監獄，訪問過正在服無期徒刑的理查·勞倫斯·馬凱特（Richard Laurence Marquette），他曾經在一間波特蘭酒吧企圖搭訕一名女子失敗。從這個經驗裡，他認為所有女人都拒絕他，並且開始他的報復。他找上另一個女人，強姦她、勒殺她，然後在他的淋浴間裡肢解她的屍體。他被定罪並且當了十一年模範犯人以後，於一九七三年獲得假釋。我評估喬·麥高文案的時候，我心裡一直想著這個案子。

馬凱特假釋兩年後，他在一間夜總會釣上另一個女人。他邀請她到他的拖車屋去，距離酒吧大約一百碼。在受害者不知道的

情況下，他在那裡割下他的陰莖前端，然後強迫她性交。

「為什麼？」我問道。

他說，他想要相信並且感覺到受害者在導致他的痛苦，我把這詮釋為他用來證明自己犯罪有理的方式。性侵之後，他將她勒斃，然後把她的指甲用鉗子拔掉。在內心深處，我得一直叫自己放輕鬆，正常呼吸但吸氣要深，不論表情或是肢體語言都不要表現出任何負面態度。可是請相信我，這需要一番掙扎。

雖然我不相信康卓經歷過同樣的思考過程，不過我繼續跟康卓談這個想法，看看他會把話題往哪裡帶。「這會是什麼呢——把某樣東西，像是個所有物，一個親密的所有物帶離母親？」

「是啊。那天早上醒來的時候，我知道我要做什麼。我完全知道我想做什麼，還有諸如此類的事，所以我就開車去學校……」他再一次描述了他跟兩個女孩的會面。

但接下來，在他告訴我，他一醒來就知道他要幹什麼以後，他回到原來的說詞，他說道：「是啊，這發生的一切全都只是機緣巧合。在車裡，她問我能否帶她去那個養豬場等等，她想去那裡跟小豬玩。我只告訴她，如果妳想去的話到哪兒跟我會合，然後我就去買咖啡，接著我繞了一大圈。我當場決定，如果她們坐進我車裡，我就要把她們兩個都殺掉，因為卡拉和約蘭達形影不離，你知道的——一個去哪，另一個也會跟著。那天早上上我的車，就會是她們活著的最後一天。而卡拉是唯一一個去的人，她上了我的車。」

這時候，我理解他跟他的動機了。沒錯，他對卡拉的母親還有繼父很憤怒，因為他們把他掃地出門。沒錯，他是個習慣性的

酒精毒品濫用者。而且他和卡拉有些直接衝突，這也沒錯。但基本上，他喜歡猥褻、虐待與強姦年輕女孩，卡拉對他來說好下手，就像以前的利瑪。他的個人史顯示，在他令人遺憾的人生中，沒有一件事跟這種變態心理一樣重要或令人滿足，而對他來說最合理的做法，就是以他能上手的最容易、最直接的手段，來滿足這個心理。

他真的在那天醒來的時候，知道他要對珍奈特和布區執行報復嗎？或者他是在人行道上看到這兩個女孩，產生一股自發性的衝動？這不重要。因為喬瑟夫・康卓沒有那麼仔細把事情想清楚。不管是哪樣，他就只是實現他的欲望，不讓任何事情阻止他。

「約蘭達知道卡拉跟你走了，對吧？」

「是啊。」這件事從實際層面上，把這個犯罪的風險變得比康卓還跟卡拉一家有關聯時更高，不過她是孤身一人。

我問，一等到他跟卡拉開車走人以後，車裡的對話是什麼樣的。

「其實沒有多少交流。我只是把她載到那間房子，然後我們走了一點路。」

「但她很開心，對吧？她不知道她有危險。」

「是啊。不，她不知道她有……就像我說的，我是利用……受害者的信任，那是一件大事，你知道的。在你犯的那種罪的時候，別人必須信任你，你懂吧，你要把她們引誘過來……她根本不知道那會是她在這星球上活著的最後一天。她很餓，所以我出去，在我要犯下謀殺案那個地方的小店買早餐給她。我加了點油，然後帶她到外面那間荒廢的房子去，然後就在那裡，對，我

就在那裡殺了她。」

儘管我已經習慣了，這些傢伙平庸的邪惡仍舊令我震驚。事情還會變得更糟。

「首先發生什麼事？你對她說什麼？像是，叫她脫衣服？」

「不，她才下車就跑進那間屋子，你知道，就好像她在玩似的，我跟著她進去；我們來到樓上，然後我撿起一塊二乘四吋的石頭，而她的視線剛好從我身上移開，我就盡可能地用力擊打她的頭，像是我有根球棒似的。我用那塊石頭擊打她的頭兩次，她昏了過去。接著我強姦她，她中途醒過來，我最後勒死了她。」

「你為什麼想讓受害者不醒人事，而不是有意識？」

「這樣只是，只是會比較容易，你懂的。這樣對我就是比較容易。」

「你不想聽，你不想聽她們哭哭啼啼，因為你不想聽到那種東西——你知道，就是哭泣跟哀求？」

「那只是行為的一部分。」

「所以說真的，在那時候（受害者沒有意識），幾乎像是用一個沒有生命的身體手淫，不就差不多像那樣嗎？」

「我不知道。如果你去那裡……」

我很清楚我在往哪去。「她被性侵——是肛門，陰道，還是怎樣？」我已經在法醫報告裡知道答案了。

「唔，這裡有個爭議，因為我性侵她，可是法醫病理學家說我只有從肛門插入她，這不是真的。不過你知道，你不能跟證據爭辯，但我有侵入她的陰道。」

你不能跟證據爭辯，因為那是真的。他確實從肛門性侵她，

不過如同在另一案裡，他不想承認，因為這不符合他的自我形象，或者他希望其他人認定的他。

15 | 權力、控制、興奮感
Power, Control, Excitement

「喬，跟我形容你的感覺——在性侵、強暴和殺人的時候，那些感覺是什麼？」

每次進入訪談的最後一個階段時，我都想讓受訪者總結或者確認，在犯罪前、中、後他腦袋裡即時發生的事情，因為從一開始，研究目標就一直是讓犯罪者腦袋裡發生的狀況，連結到留在犯罪現場與棄屍地點的證據，罪行對犯罪者與受害者雙方的風險高度，還有他周遭的人可能觀察到的犯罪後行為。我特別想確認幻想所扮演的角色。如果我對康卓的理解正確，幻想的角色不重；說真的，是比像雷德那樣的人少得多，雷德是為了幻想而活。

「對我來說，這是權力、控制、興奮感，我猜是這樣。」

那肯定符合我的印象。「好——那你從來沒有在你自己的生活裡感覺到那個，或者感覺到你那時需要的某種東西嗎？」

「是啊。就像我先前說過的，這是報復；這是報復那類的事情。不過，以我的受害者來說，就只是我擁有能夠支配她們的權力，你知道的。你變得真的很亢奮，在你——至少我是這樣啦，我因為腎上腺素變得真的、真的很亢奮——在你犯下像那樣的謀殺案時。」這不是計畫中的事；那只是他必須做的某件事。這不是為了能夠在事後透過紀念品或者自己的記憶重溫這場攻擊；罪

行一做完就完成了，後續只是隱藏屍體的問題。和我碰到的大多數性獵食者不同，喬瑟夫·康卓似乎主要活在當下。

「在你犯下罪行的時候，你說你有這種腎上腺素飆升的感覺。不過在身體上和心理上，這對你來說感覺像什麼？我的意思是，這感覺好嗎？」

「讓我給你一個例子。我在藏匿卡拉·魯德的時候，我把她的屍體放在那輛福斯汽車下方，車子是平放在地上的，而當時我體內有這麼多腎上腺素，以至於我真的把車給抬起來，只靠我自己把它靠在那棵樹上。他們（警方）來了，他們必須用絞盤跟各種工具，才能把那個身體抬起來——我的意思是，把車體從她身上弄走。而我光靠自己就把那個東西抬起來了。我這麼說可沒有撒謊。當時在我體內流動的腎上腺素就是這麼多。這就像是嗑藥嗑到嗨。」

「所以，如果我在你犯罪後迎面遇見你，嗯，你看起來會是什麼樣？你會怎麼反應？」

「我會像我現在的樣子。」

「你不會變得很亢奮，猛冒汗嗎？」就像我檢視過的大部分性謀殺犯一樣。

「不，其實不會。我殺死受害者的時候不像那樣子。我說有多冷靜就有多冷靜。」

「所以如果我是個調查員，正在訪談你，你不會——就緊張程度來說，你懂的——不會刻意不看我，全身冒汗嗎？你認為你可以在訪談時讓自己保持冷靜？」

「我在卡拉·魯德謀殺案的時候就做到了。他們帶我進局裡

偵訊，然後他們放我走了。」

這番交談告訴我很多關於康卓的事。不像喬‧麥高文，他在殺死瓊安‧達列山卓的時候處於高度興奮而激動的狀態，而康卓就算描述給我聽，也都維持冷靜與自我控制。我敢說他在說話時，他的脈搏和血壓甚至沒有明顯升高。而既然我的檢視和他自己承認的話裡，他都能夠在他正常的一天犯下性侵與謀殺案，他仍然是個極端危險的人——就像麥高文，不過卻是因為相反的情緒理由。

「當我們在電話上和你交談的時候，你說你發現是計畫還有思考這件事讓你感到滿足。你能就此描述一下嗎？」

「好吧。這個計畫的部分也扮演了一個重大因素，因為，你知道的，那是興奮感的一部分。我猜這是幻想吧。我並沒有實際坐下來計畫這件事——我花時間去思考這件事，然後就差不多被我慢慢想清楚了。」

請注意，他是用現在式回答的。這種思維仍然是他日常存在的一部分。

「對於卡拉，在你殺死她以後，你做了什麼？你去了哪裡？」

「嗯，我把她包在一條毯子裡，然後放到我車子前座，載到索羅山區。我想帶她到別的地方去，但我不確定這樣要花多久時間——因為我在趕時間，所以我決定把她帶到索羅山頂，然後把她放在那裡。我這麼做了；我把她的屍體藏在福斯汽車下面。」

「你為什麼把她包在一條毯子裡？」

「因為我不想讓血跡或任何別的東西留在我車上，我不想讓任何證據進到我車裡。」

「有任何證物進到那裡嗎？你後來清理了你的車嗎？」

「沒有，我的車相當乾淨。我只是擦了一遍。」

「你把她放進去，放到那輛福斯汽車下面的時候，事後回顧，這樣做正確嗎？」

「對當時的我來說，確實是。我只是設法要擺脫屍體，你知道，藏在那裡跟藏在別的地方一樣好。如果我帶她去我本來計畫的地方，他們可能永遠找不到她。」

「所以你帶她到一個熟悉的地方，一個你覺得自在的地方？」罪犯們通常會被他們自己的舒適圈吸引。

「是啊，那裡對我來說很熟悉。」

「那麼，在任何一刻，因為會有人看到你，而你在攻擊殺害某個你認識的人，你會有必要建立某種不在場證明。你怎麼做？」

「我就去應徵工作。」

「你要怎麼掩飾時間範圍？」

「我設法確保我談話的對象知道那是怎麼回事。就好像我這麼說，『很抱歉我遲到了，你知道的』，或者設法對不同的人用不同的方式建立一個時間軸。不過這招沒用。」

「那你在事後去了哪裡？你有設法回家去嗎？」

「有啊。首先我拿了我的鞋子和上衣之類的東西，然後擺脫掉它們。」

「為什麼？」

「因為我不希望有任何足跡被辨識出跟我的鞋子相符。我拿著鞋子，把它們分別放到城鎮兩邊的垃圾桶裡，再把上衣丟在一間汽車工廠旁邊的巷子裡，丟進一個爛泥坑中。接著我回家換衣

服，沖澡，洗我的衣服，然後我有個親師⋯⋯不是，那不是親師會議；是我必須去接我兒子，帶他去學校。所以我去了茱莉家，就這麼去接他。」

雖然他把親師會議跟必須去接兒子的事情搞混了，在此吸引我的事情是，他的心理區隔化（compartmentalized）得這麼厲害，以至於在強姦殺害一個年輕女孩、設法銷毀所有證據以後，他就專注於和他自己孩子有關的細節上，毫無悔意或者反省。身為一個性獵食者，他知道他必須攻擊強暴年輕女孩。但做為一個父親，他知道他必須出席親師會議，讓他兒子準時去上學。在我們的下一段對話裡，他基本上承認了這種態度：

「你有沒有跟家屬講過話？」

「我想，我打過幾次電話。不過珍奈特打給我，指控我把她的小孩帶走了等等，而顯然我否認了。」

「再加上，這是個報復性殺戮，對吧，所以⋯⋯？」

「那時候我不在乎她怎麼想或者任何別的事情。我已經完成這個行動，事情就是那樣了，你知道的。我只是繼續做我的事。我對此沒再多想。」這一次，他甚至沒有費事去接上我關於報復的提示。他知道報復從來就不是他心裡最重要的事。

雖然對我們大多數人來說，這可能很難理解，然而許多這樣的人就跟康卓一樣，善於區隔化──強暴殺害一個青少女，卻準時趕上他兒子的親師會議。

約翰・韋恩・蓋西（John Wayne Gacy Jr.）是芝加哥一名成功、外向的建築承包商，和妻子及兩名繼女一起生活。他在公共事務上很活躍，參與民主黨的政治活動，甚至曾和第一夫人羅莎琳・

卡特（Rosalynn Carter）合影。更知名的是，他透過加入地方上的駝鹿俱樂部（Moose Club），以會員身分扮成小丑參加遊行、募款活動表演，也為地方醫院病童演出。然而，在他沒有參與這些多采多姿的活動時，他性侵謀殺了至少三十三名年輕男孩，這些受害者被他埋在他位於諾伍德公園（Norwood Park）的平房地板下的空間、還有後院裡，或者沉進德斯普蘭斯河（Des Plaines River）中。

「綠河殺手」（Green River Killer）蓋瑞・利奇威（Gary Ridgway），我大半FBI職涯都在追捕的不明犯嫌，是個已婚而且薪水不錯的受雇者。英國出生的連續殺人犯大衛・羅素・威廉斯（David Russell Williams）是加拿大軍隊的一名已婚上校。像這些獵食者，很容易有兩種截然不同的精神層面。

正是這一點，把犯罪的社會病態者和我們其他人區別開來。

「而你覺得你這一次不會被抓到？」我問康卓。「你覺得很自在？」

「我對此覺得相當自在。但他們找到她了。」

「這完全沒嚇到你？你後來有喝酒嗎？如果我看著你，我會看到你的行為有改變，反應不一樣嗎？」

「不會，我繼續過我的日子。我就像現在一樣冷靜。」

「真的？」

「是啊。」

「你在這個案子裡沒有立刻被控告。為什麼會這樣？」

「因為他們沒有屍體可以控告我，你知道的，謀殺，你必須，必須有屍體。」

「你有想過DNA嗎？你有沒有在任何時刻想到這個？」

「有啊，我有想到，不過我不擔心。」

「為什麼？」

「在我人生的那個時間點上，我就是什麼都不在乎了。我就是，對啊，我就是失控了，你知道。我會，我會一直做下去，你知道，直到他們逮到我為止。」這點我倒是相信。

「你認為化學去勢或者真正的去勢會造成差別嗎？」

「不。」在這個論點上我同意他，不過我接著往下問道：「為什麼？」

「這些人，他們腦袋裡不對勁。我想這是世代遺傳下來的基因型態。對我來說，在我還是小孩的時候，我就想過要做那種事，你知道，而我的整個人生裡，直到我被捕為止都在想。那就是我在想的事，你知道──跟年輕女孩做愛。而我不會停止的。」

對，康卓是被領養的，而有可能他說得對，他父母後悔領養他，但我在他的背景或他跟父母的關係裡，找不到任何東西指出他們做了或者沒做的任何事，對於他演變成一個性獵食者和殺手有重大影響。在先天對後天的方程式裡，康卓就是個證據，指出某些人生來如此，而且會帶著這些危險的傾向長大，除非有個劇烈而及時的介入措施。不過，坦白說，這麼做在大多數例子裡是否有用，既有資料還完全無法有定論。

「所以你很有自信，」我繼續說道。「在他們終於接近你，後來逮捕你的時候，對你來說很震撼嗎？」

「不，並不算震撼。我在一個朋友家裡，他們就來敲門了，說我因為干擾證人被捕，他們和我前妻談過了，他們本來叫我不要（跟她談到這個案子）。那是他們一直關著我的藉口。而我猜

有另外兩個女孩出面說我性侵她們、或者猥褻她們之類的，而他們把那些指控也加上去。」

「另外兩個小孩——你有猥褻另外那兩個人嗎？」

「有啊。」

「有啊？她們幾歲？」

「我不知道。我想她們很年輕。她們相當年輕。」

「要是你沒有被人指認出來，你會繼續做嗎？」

「會啊。」

「你會繼續殺人？」

「是啊。」

「你對此感到自在？」

「我對殺人真的覺得很自在。我的意思是，現在殺戮對我來說，就只是第二天性，你知道。我總是繼續做下去。對象可能不會是小孩；有可能是任何人，你知道，在我人生中的那個時期，任何讓我生氣的人，或者我認為，你知道的，對我不敬或者做了什麼的人。」

但正如我們先前已經確認的，他的殺戮其實跟報復或懲罰受害者或任何其他動機都沒什麼關係。這只是某種他想做的事情。

我已經問過他很多事，而他幾乎回答了我扔給他的每一個問題。但我還是有個縈繞不去的念頭——風險問題。對我來說，這是康卓的案件和思考過程中最有意思的部分之一。

「你的案子很不尋常，」我評論道。「你其實認識被害者，認識被害者家屬。我的意思是，你這邊的風險很高，而我還是不知

道、不理解為什麼你會找上你認識的人，不找徹底的陌生人。」

「就像我說的，這是關於信任；這是信任問題，而且對我來說更方便。我設法對陌生人做這件事，或者類似的某些事，你知道——她們總是會抵抗。你知道，她們設法脫身什麼的，而我就是不想處理那種……你知道的。我想要一切進展完美，也確實如此。我達成我本來就打算做的事。」

在你像我和我同事們一樣，做過那麼多次訪談以後，你大致上會事先知道犯人將要告訴你的某些事情。喬瑟夫‧康卓是個難搞的孩子，在有幾分功能失調的家庭裡長大。他藉著霸凌比他小、比他弱的孩子來發洩他的憤怒跟挫折。他發展出酒精和毒品上癮問題，這不是導致他暴力行為的因果性因素，不過他的癮頭讓他更衝動——他很衝動，但他計畫犯罪的時候並不粗心草率。

讓這個案子變得重要的主要因素，在於他的作案手法——一個最初愚弄了調查人員，讓他們轉移注意力的作案手法。康卓相信以他朋友們的子女做目標，比起去外面獵捕陌生人來得安全。他不用擔心控制問題，對於以陌生人為目標的犯罪者來說，這可是個重大的問題與挑戰。他已經贏得了他們的信任，而且他的目標受害者自願跟著他走。康卓對於什麼構成高風險犯罪，有完全不同的見解。

遍及整個光譜的不同位置，從最暴力的獵食者到完全不暴力、以建立犯罪事業為動機的獵食者，都應用過牽涉到信任的作案手法。艾德‧肯培告訴我們，當他在聖塔克魯茲停車載搭便車的女大生時，他會問她要往哪去，同時瞥一眼他的手錶又搖搖頭，就好像在暗中思考他是否有時間載她過去那裡，然後才終於

同意載她一程。這麼做的時候,他會在情緒上解除他潛在受害者的戒心,讓她放下警戒。

以同樣的方式,伯納‧馬多夫(Bernie Madoff)開始他的龐式騙局,當客戶投資近數十億美元時,他會告訴他們,他的避險基金已經認購額滿,他不需要任何新投資人了。因為他的利潤回報豐沛又有名聲在外,他們會堅持加入,然後他就會「很不情願地」為他們特別破例,但接著說投資交給他,之後別煩他,只管收取利潤就好,因為他太忙了,沒空理睬「小咖」投資人。

在兩個案子裡,創造信任感都是作案手法,而藉由具說服力地假裝他真的不想做他全心全意打算做的事,犯罪者就能夠瞄準無辜的受害者並加以剝削。

友人和警方都忽略了喬瑟夫‧康卓是個犯嫌,因為他裝出對失蹤孩童的同理心與關切,甚至參與搜索行列。我們以前曾經在陌生人誘拐案件中見識過這種行為,不明犯嫌會加入搜索,硬把自己擠進調查行動之中。我們甚至在半陌生人誘拐的情境下看過,就像我們在喬瑟夫‧麥高文案裡看到的。犯人常常會嘗試提供假情報,把調查方向從他身上引開。

總的來說,康卓的背景很典型,但他的受害人偏好——他朋友們的小孩——是某種我在此案發生前從未見過的狀況。

在此學到的教訓是:每個人都是潛在犯嫌,別讓外表或行為愚弄你。

請注意在罪行中,我們並列出來指涉為「簽名特徵」與「作案手法」的事物:在他描述決定怎麼執行他變態的精神病態行為時,他冷酷無情又善於分析。

　　而就像很多其他殺手和獵食者一樣，喬瑟夫・康卓只有在入獄**以後**，生活中沒有直接的興奮與刺激，才開始意識到他的傳承與靈性面──或者聲稱如此。暴力獵食者常常在獄中發掘靈性面，或者至少這麼聲稱。「我是個基督徒，你知道的，」丹尼斯・雷德告訴我。「一直都是。在我殺死歐泰羅家的人（一家五口，是他第一批已知的受害者）之後，我開始祈求神的幫助，好讓我可以對抗我體內的這種東西。我最大的恐懼，甚至大過被抓到的恐懼，神是否會容許我進入天堂，或者我會永遠遭到天譴。」我不懷疑他對來世的真摯信仰。事實上，我認為這相當值得玩味，因為我知道他抱持著這個信念：他殺死的女人來世會成為服侍他的性奴隸。在他做過那些事情以後，他甚至能夠認真考慮他會得到許可上天堂的念頭，這個事實就說明了他的惡性自戀。

　　「做為靈性的一部分，你知道的──更高的生命──你應該把事情一吐為快，對吧？」我問康卓。「你應該承認你所有的罪孽，你的任何罪孽，在你進入那種更高形式的生命以前？」

　　「在你──在你過去以前，把你自己做過的錯事清算完畢永遠都是好的。是啊，有一次有人告訴我這件事，你懂的，而且我還是相信這點。你必須，就像你說的，擺脫你的罪孽或者你做的錯事，否則你會無止盡地在靈界裡走個沒完，你知道的；你無法過渡到彼岸。你到頭來只會變成失落的靈魂。」

　　我真的很難相信，一個這樣隨隨便便、滿不在乎就強暴謀殺兒童的男人，可能關心自己變成失落的靈魂。

　　「你不想變成失落的靈魂？」

　　「不想。我認為我出生的時候就是失落的靈魂。」又來了，

其實沒有一件事情是他的錯。

「不過你可以──你可以改變事情的狀況吧？那是你現在的精神信仰嗎？」

「我不知道我能不能改變事情。那要由造物主決定。」

「有任何後悔的事嗎？」

「沒有。我有件感到抱歉的事情是，對於我的孩子們，我應該做個比較好的父親。但我沒有後悔的事，沒有。」

「沒有後悔的事，那回到一九八五年，對於你的第一個受害者呢？對那有任何後悔之處嗎？」

「沒有。」

「一九九六年呢？對那件事有任何後悔之處嗎？」

「沒有。」

「有任何事你本來會有不同的做法嗎？」

「有啊，我本來會把她（卡拉・魯德）帶到不同的地點。」

「這樣她就不會被發現了？」

「噢，概念是這樣沒錯。就是這個意思。」

「你認為你瘋了嗎？」

「是啊，我想我有些問題。」

「你知道，以前認識的人說你是個怪物。你怎麼想？你認為你是個怪物嗎？」

「在我來到監獄以前我是。現在我就是被收容監管了。」

「你在這裡有接受任何一種治療嗎？」

「沒有。」

「如果你想，你可以接受心理諮商嗎？」

「有啊。我每隔一陣子就見一位心理衛生諮商師，不過他就是……他們讓我吃某些藥，幫助我晚上入睡。但我其實從來沒有坐下來跟任何人討論我的案子，像我現在跟你坐下來這樣，你知道的。」

「你有想過要這樣做，或者你就是不感興趣？」

「不，我從來不想這樣做。從來不想，直到——直到現在。」

「為什麼你決定同意做這個訪談？」

「媒體界有很多人聯絡過我，要求我做訪問，而我總是拒絕他們。這次在我人生中，我覺得應該有個了結，不只是為了那些家庭，也是為了我自己，你知道的。這是我人生中的一大步，讓這件事情過去。」

由於我們訪談裡直白明確的暴力描述，紀錄片裡只能呈現一小部分，所以本書詳述的內容，在此是第一次公開披露。諷刺的是，在MSNBC高層看到訪談影帶時，他們對喬瑟夫・康卓的「表現」印象更深刻得多，覺得比我的表現更好。他們想要我更咄咄逼人——直接嗆他，並且對他做的恐怖事情表現得義憤填膺。我想他們要我當個超級警察。

無論我個人的感受如何，在所有面對暴力罪犯的監獄訪談裡，我的重點不是表達我個人的道德憤怒，這樣無法成就任何事，而是透過和受訪者建立連結，盡我所能學到最多。事實上，在我讀到琳達・史塔西（Linda Stasi）在《紐約郵報》對這個節目的評論時，我很驚訝她這樣評論我的其中一個反應：「通常處變不驚的道格拉斯，終於對康卓謀殺朋友的八歲小女兒覺得夠噁心

了，他對康卓說道：『但你殺了一個小女孩！』」這可能是我在類似情況下，最卸下心防的一次了。

雖然在鏡頭前扮演真實生活中的克林·伊斯威特很誘人，而且把康卓打得屁滾尿流肯定會帶來情緒上的滿足（實際上他們會因此把你關進監獄），但我設法解釋，除了我總是使用的方法以外，任何其他方法都會適得其反，而我在局裡的時候，我們就是採取這樣的有效做法。我的角色是讓這些人開口說話，找出現在與過去他們心裡在想什麼。對嗆或道德義憤無法達成這件事。最後，跟凶手講話必須放長線釣大魚，每一步都要深思熟慮——憤慨、怒火，這些情緒一直出現在背景裡，不過要是它們浮上表面，就會扯你後腿。

雖然節目評價令人心滿意足，卻顯然不是MSNBC期待的東西，這個系列節目沒有被正式製作。事實上，要恰當傳達潛入一個殺手心靈深處是什麼樣子，可能唯一的辦法就是像本書一樣，儘管Netflix的《破案神探》影集肯定傳達了這些心理對抗的情緒狀態與感受。

二〇一二年五月三日，喬瑟夫·羅伯特·康卓在瓦拉瓦拉的監獄裡過世，享年五十二歲。他簡短的訃聞陳述了他死於自然原因。死亡證明書列出的具體理由是C型肝炎導致的肝病末期。他埋在密西根州巴拉加郡（Baraga County）的松林印地安墓園（Pinery Indian Cemetery）。

地方報紙引述了卡拉的母親珍奈特的話，這場死亡「減輕了心頭沉重的負荷」。

康卓在我們的研究與經驗裡獨一無二，是唯一一個以他熟人

的小孩為目標的強姦謀殺累犯。這本身就增加了我們的知識庫與
理解力。這讓我們開了眼界，看到新觀念：任何人都可以是犯罪
嫌疑人，傳統的清白指標——與警方合作、參與搜查隊、提供不
在場證明、以及所有其他狀況——都必須在案件脈絡下，對照環
境證據來做評估。

康卓具有成癮行為特徵。他仰賴酒精與藥物。而在他的案
子裡，他的成癮行為外溢到猥褻、強暴和謀殺上。我從康卓的訪
談裡學到，當我們分析一連串案件——任何種類的案件——的時
候，犯人潛藏的心理需求可能是權力與控制，但這些需求是直接
連結到犯人這方缺乏衝動控制的那個部分。這與成癮人格有關。
然而，這並不表示他無法控制他的行為。在康卓的例子裡，透過
性攻擊表現的權力與控制衝動，與犯罪前的小心計畫、事後的小
心掩蓋和建立不在場證明一起攜手並進。酒精與藥物可能導致犯
罪者變得粗心又冒險，但他不想被抓到。「死亡願望」只留給他
的受害者，不是給他自己的。

這一切對一位調查員來說是什麼意思呢？首先，我們必須
仔細檢視我們自己的本能與偏見：沒有任何親近受害者又沒有明
顯動機的人會做出這種事，所以可以被排除在犯罪嫌疑人名單之
外。康卓有許多次被帶進警局問話。就像哈姆雷特對他最要好的
朋友說的：「何瑞修啊，天地之間有太多事物，不是所謂的哲學
可以想像的。[1]」

其次，如果透過調查手段已經決定某個在某方面接近受害

1 譯注：此處譯文引自《哈姆雷》，彭鏡禧譯注，聯經出版，2001，頁51。

者、或者與受害者有連結的人，看起來有成癮人格而且／或者衝動控制能力可疑，那個人應該被放在嫌疑人名單前幾名的位置。

第三，康卓向我們再度肯定了一個隨便就能施加暴力的人格——一個能夠把電話從牆上扯下，在一陣暴怒中破壞家中物品，或者導致一位同居人申請禁制令的人——從定義上來說，就能夠行使高度或者強烈的暴力。因為正如我們所說的：「行為反映人格。」

而這種覺察可能會拯救一條性命。

PART
3

死亡天使
ANGEL OF DEATH

16 扮演上帝
Playing God

　　有很多人驚訝地發現，最成功、殺戮人數最多的連續殺人犯，不是在夜間跟蹤受害者的開膛手傑克及其同類，甚至也不是像泰德·邦迪那種人，專門魅惑、吸引年輕漂亮的女性，然後誘拐、攻擊並殺害她們。實際上，很諷刺的是，他們是最神聖的助人職業裡的一員，面對不疑有他的受害人或其親屬，他們甚至不會費事隱藏自己的身分或臉孔。而在許多例子裡，甚至要過好多年有關當局才會領悟到有人犯下罪行，所以案子變成了冷案。

　　唐納·哈維（Donald Harvey），一個來自俄亥俄州、溫文儒雅的男人，隨時面帶微笑，性情陽光開朗，舉止討人喜歡，卻可能是美國史上殺人數量最高的連續殺人犯。在一九七〇到一九八七年間，他可能殺死了多達八十七個人，全程旁人都視而不見，就像喬瑟夫·康卓的情況。不過他跟康卓不同，就像康卓也跟喬瑟夫·麥高文不一樣。他偏愛的受害者：醫院裡無法抵抗或反擊的年長男女。等到他被捕並且送上法庭的時候，他已經驕傲地擁抱死亡天使這個綽號了。

　　他是我為了MSNBC的節目試播集而正面對質的第二位殺手。

　　在哈維終於被捕並且被訊問的時候，我受邀觀察訊問過程，並且對於如何讓他自白提供現場諮詢。然而結果是，哈維對質問

他的FBI探員無拘束地大談特談。訊問者對於他的動機有興趣，因為這有助於拼湊出一個條理清楚、便於審判的案件。我不只是對他的動機有興趣，也對於他在每次犯案前、中、後的實際行為有興趣。哈維是如何以及為什麼變成這樣的人？他如何學到這樣有效率地殺人，而他之所以作案這麼久無人察覺，其中有什麼因素影響？他是與生俱來就有殺人的衝動，還是由於家庭功能失調教養下的結果，需要某種轉移的報復或懲罰？本來可以做些什麼來阻止他，以及現在能做些什麼來防止這樣的罪行再次發生？這是我希望從訪談裡得到的東西。

如果唐納·哈維是一次性的那種獵食者，他會顯得有趣而古怪，但從調查的角度來看不必然重要。不幸的是，在《犯罪分類手冊》中自成一個領域的一種謀殺：醫藥謀殺裡，他是主要的宣傳者。

每個連續殺人犯都以獨具一格的方式顯得恐怖嚇人。不過在某種程度上，唐納·哈維所做的事情特別令人鄙夷，因為就像康卓一樣，他利用信任。但和康卓不同的是，他扭曲了我們最珍視的價值之一：療癒和安慰病人的使命。

這些人可能不是驚悚電影會拿來做為拍攝主題的那種罪犯類型。我們可能不認為唐納·哈維這類人跟泰德·邦迪、查爾斯·曼森或約翰·韋恩·蓋西一樣危險。這會是個錯誤。我們大多數人很幸運，永遠不會碰到那種類型。但就因為哈維及其同類沒有潛伏在暗處，等著撲向毫無疑心過著日常生活的受害者，並不表示他們沒那麼危險。他們的受害者通常跟比較傳統的連續殺人犯下手的對象是一樣的：年老而無法抵抗的人。我們認為年輕美麗

的女人是這些男人的目標，但脆弱易受傷害的特質，比起其他一切都更可能導致某人成為受害者。這就是為什麼兒童、年長者、娼妓、癮君子、遊民或其他邊緣族群，會是連續殺人犯的主要目標。

個別來說，就像我們已經提過的，哈維這類型的獵食者可能是「生產力」更高得多的連續殺人犯。幾乎我們所有人都會在某一刻發現自己置身於健康照護環境裡，若不是自己求診，就是陪伴一名家庭成員。

對我們大多數人來說，醫院從一開始就是相當嚇人的地方。即使在「例行性」程序的情況下，我們也無法確定結果。如果我們到了自覺無法信任在醫療口罩或護理師名牌下的男男女女的地步，那醫院就會變成夢魘或恐怖片的題材了。

我回想起住院的時候，我從沒想過在痛苦或挫折中對護理師說的惱怒言詞，可能導致那個人決定要殺我。或者是我在一九八三年十二月獵捕「綠河殺手」時，因為罹患病毒性腦炎而陷入昏迷狀態住在西雅圖的瑞典醫院（Swedish Hospital），如果有某個護理師或護工扮演上帝，決定「結束我的痛苦」呢？任何人都可能是下一個受害者。

既然警方與警探們甚至並沒有普遍覺察到、或者留意這類型的罪犯，對我來說，像這樣的訪談裡最重要的行為學考量是：**我們要怎麼認出並識別這種殺手？**

唐納・哈維，一九五二年四月十五日生於俄亥俄州巴特勒郡（Butler County），在雷和歌蒂・哈維（Ray and Goldie Harvey）的

三個小孩中排行老大。他出生後不久，他父母即搬到肯塔基州的布恩維爾（Booneville），阿帕拉契山脈坎伯蘭山區（Cumberland Mountains）東面的一個偏遠農村社區。雷和歌蒂是菸農。他們嚴守教規，成為當地浸禮會教堂的固定教友。據說唐納是個相貌好看的好孩子，有著一頭黑色捲髮和大大的棕眼，不給任何人添麻煩。他的小學校長回憶說，他很快樂、喜愛社交、穿著打扮得體，而且很受其他孩子的歡迎。昔日的一些同學記得他有點獨來獨往，喜歡討好老師們。

據說，他在布恩維爾高中是個好學生，大多時候拿到A和B的成績，卻變得厭煩念書，而在畢業前輟學了。他上了某些函授課程，同時在一家賣網球與高爾夫球球具的店鋪工作，十六歲的時候拿到普通教育發展（GED）同等學力證書。整體而言，是個相當平凡的故事。

然而，這個看似一般的童年掩蓋了幾個元素，個別或者整體來看，可能對哈維的未來有重大的影響。在唐納六個月大的時候，他父親抱著他睡著了，寶寶因此摔落在地。他看起來沒有受到重傷。他五歲的時候，曾經從一輛卡車的側踏板上摔下來，撞到了頭。他並沒有失去意識，但腦後有個五吋長的割傷。而在他整個童年時期，根據好幾個報告指出，唐納的父母彼此之間有著激烈、有時甚至是虐待性質的關係，雖然歌蒂聲稱她兒子是在一個充滿愛的家庭裡長大。

這些創傷，是否影響了後來唐納‧哈維的情緒形塑過程？法醫界一直在爭論腦損傷與異常對於暴力犯罪的影響。有幾名殺人犯接受了腦造影研究、或者在死後接受檢驗時，被發現有不同種

類的腦損傷。相信許多異常行為是受到獨特生理因素影響的決定論陣營支持者，指出這些腦損傷就是罪犯為什麼會那樣行動的原因。站在「自由意志」陣營的人則認為，這些腦損傷可能比較是症狀而不是原因——也就是說，腦損傷是這些人小時候展現出衝動、冒險的行為因此受傷所導致的結果。

在唐納・哈維的例子裡，並沒有這些意外產生任何影響的證據，不過他童年時期的其他事件讓人有理由擔憂。因為連續獵食性犯罪者通常來自功能失調的家庭，或者包含虐待在內的背景，在我為訪問做準備的時候，我尤其有興趣找出幾乎肯定對哈維的心理發展有某些影響的事件。根據維吉尼亞州瑞德福大學（Radford University）心理學系編撰的一份詳盡報告，哈維從大約四歲開始，被他母親的同母異父兄弟韋恩（Wayne）性虐待，韋恩逼迫他口交，還把他當成手淫的輔助工具。可能在一年之後，年幼的唐納也受制於另一個較年長鄰居的性要求。兩個人都能夠跟他維持這種關係，直到他二十歲為止。

兒童很容易受到威脅與操縱，使其不告訴任何人這種虐待情事。不過，心理上夠強悍的兒童來到某個特定年齡以後，他們就會抵抗或者告訴別人。而哈維到了年紀足以向這些性要求說不的時間點，卻沒有這麼做。那時候，他已經想通他可以操縱他的舅舅和那個鄰居，勒索他們兩個以獲得他想要的東西。他後來發現鄰居給他錢的時候，他很喜歡。到最後，大約在他拿到他的普通教育發展證書的十六歲年紀，他有了第一次合意性接觸。隔年，他和另一個男人開始了一段斷斷續續的關係，持續了大約十五年。

哈維厭倦了他的故鄉，搬到俄亥俄州的辛辛那提，在當地工

廠找到一份工作。不過工廠的工作碰上景氣蕭條，他被資遣了。幾天後，他母親來電，要求他去拜訪他祖父，他祖父人在馬利蒙特醫院（Marymount Hospital），肯塔基州倫敦市（London）的一間天主教機構，距離布恩維爾不遠。既然失業了，哈維便同意前往。

哈維花了很多時間待在醫院裡，很快就融入那些擔任護理師和行政人員的修女之間。這種在專業環境下魅惑他人、與人為友的能力，是一種他會一再施展的特性。他看似那種急於取悅他人的年輕男子，總是把每個人的最佳利益放在心上。其中一名修女問他是否樂意在醫院工作。他需要工作，而且並不特別想回去工廠，所以他高興地接受了。他沒有任何醫院或健康照護的經驗，不過他成了一名護工，負責清潔病患和他們的病床、換便盆、在醫院裡運送病患去做測試、插導尿管、發放藥物，此外還有其他的責任。哈維很享受這份工作，醫院員工們喜歡他，而且很欣賞他樂意工作的態度。

一九七〇年五月三十日，醫院的晚班時段，這名十八歲的護工進房去查看羅根‧伊凡斯（Logan Evans），一名八十八歲的中風患者。照顧他的修女告訴哈維，他剛才拔掉了他的靜脈導管，需要清潔乾淨，再重新把管子插回去。

當哈維拉開被子，他看到伊凡斯排泄在自己手上了。而在他靠過去的時候，患者把弄髒的床單抹到他臉上。哈維勃然大怒，不由自主地用藍色塑膠布包裹的枕頭悶死了伊凡斯。「這像是最後一根稻草，」他後來回憶道。「我就這麼失控了。我進去幫這個男人，他卻想把那種東西抹在我臉上。」

在哈維持續把枕頭壓在伊凡斯口鼻上的時候，他用聽診器聽

著伊凡斯逐漸消逝的心跳，直到它完全停止。然後他把塑膠布丟掉，清潔了屍體，換掉被單，替伊凡斯穿上新的醫院病人服，並且洗了個澡。他出去通知值班護理師，伊凡斯先生顯然死掉了。

死去的患者被送到一間葬儀社，而且就如同哈維所說：「從來沒有人質疑這件事。」

不管這件謀殺案的詳細情況如何，從執法的角度來看，這是可能發生的事裡最糟糕的，因為這可能替一個連續殺人犯的生涯鋪了路。一旦新手犯罪者領悟到他逃過制裁，他的個人權力感就增強了，並且開始創造出他自己的神話體系——也就是說，他比警方還有他周圍的其他人都來得聰明。

丹尼斯·雷德和大衛·伯考維茲肯定是這種情況。雖然他們不盡然是鶴立雞群的聰明人，卻把他們犯下一連串謀殺還能逍遙法外的事實，看成是他們個人智慧與執法單位愚蠢的證據。跟凡夫俗子一樣，連續獵食者可能錯把運氣當成個人能力。然而我們必須承認，一個不明犯嫌有多快被鎖定身分、或者一個罪犯多快被抓到，運氣通常扮演了關鍵的角色。

伯考維茲犯下好幾宗謀殺案卻逍遙法外之後，他開始相信自己是個專家級殺手。他得到媒體全面報導，還有百人警力致力於找到他。對於這一切，他的推論是，他一定相當在行。他寫了一封不怎麼連貫的信給紐約警局主辦此案的警探，隊長約瑟夫·波瑞利（Joseph Borelli），他後來成為探長。他在信裡稱自己是「山姆之子」，像個王公貴族一樣，對著「皇后區的人民們」發言，還署名「你們的謀殺犯／怪物先生」。

伯考維茲不了解的是，運氣可能保護了他，也有可能會用

盡，如同發生的事實：一張違規停車罰單把他的名字跟最後一個犯罪現場連結起來。

在某些方面，伯考維茲和哈維表現出同樣的動機模式。雖然伯考維茲是異性戀，哈維是同性戀，他們兩人在性方面都停滯在他們的人格成形期。哈維小時候被他認識而且理應能夠信任的人猥褻。伯考維茲的初次性經驗是他在軍隊服役時遇到的妓女，並因此染上性病。以他們的生活經驗與個人技巧為基礎，這兩個人會有不同的殺戮方式──伯考維茲用的是火力強大的手槍，哈維則是用健康照護設備與藥物──但都是因為怨恨與低自尊而殺人。

伯考維茲訪談中最有趣的洞見之一，是他如何總是想著這些謀殺案，以至於在沒有方便下手的受害者的夜晚，他會回到他曾經成功獵殺的地點手淫，然後重溫他從犯罪本身衍生出的權力感與性能量。

相反地，唐納‧哈維有幾乎源源不絕、便於下手的受害者為他所用，而且完全不必去狩獵。比起像伯考維茲這樣的人，哈維實際上相當聰明，他領悟到透過細心觀察他的周遭環境，還有利用系統運作方式──在這個例子裡，就是醫院的例行公事──來對抗系統本身，他差不多就可以為所欲為了。他向我誇口說，他可以迅速評估任何醫院的安全弱點。舉例來說，他認為如果管理部門更常輪調他的值班時間，或者定期指派他到醫院的不同部門去，殺人就會變得比較困難。他被指派到單一個病房區，跟同一批員工和病患在一起，給他信心與舒適感，在無人察覺的狀況下做他的惡毒勾當。

沒過多久，就有人替他確認了這種領悟沒有錯。

　　第二天，他在詹姆斯・泰瑞（James Tyree）身上用了型號不符的導尿管。哈維聲稱這是意外，但泰瑞叫喊著要他拿掉管子，哈維就用掌根壓制他，直到這名病患嘔血而死。

　　三週之後，哈維在一個名叫伊莉莎白・懷雅特（Elizabeth Wyatt）的年長女士房裡，她告訴他，她在祈求死亡能讓她從苦難中解脫，還希望就這麼靠個人意志死去。哈維出手幫忙，關掉了她的氧氣供應。幾個小時後，一名護理師發現她死了。

　　次月，他把尤金・麥坤（Eugene McQueen）翻成趴著的姿勢，好讓這個有呼吸問題的病人無法呼吸。他溺斃在自己的體液之中，其後哈維遵循一名護理師的指示替他沐浴。麥坤被宣告死亡以後，非但無人調查這起死亡事件，還有好幾個工作人員調侃哈維替病人洗澡，卻不知道他已經死掉了。

　　哈維在第一次作案殺死羅根・伊凡斯之後不到兩個月，他進房去替班・吉伯特（Ben Gilbert）插導尿管。不過病人用金屬尿盆敲昏了他。神智不清或者精神狀態不穩定的吉伯特，認為哈維是個來搶他的竊賊。在哈維恢復意識以後，他決定復仇。那天晚上，他拿了個口徑較大的導尿管，二十Fr[1]，這是用在女性身上的。他接著彎曲了一根鐵絲衣架，透過導尿管塞進去，刺破了膀胱和腸子，這使得吉伯特因為內出血而休克，陷入昏迷。哈維移除鐵絲和導尿管，把這些東西扔了之後，重新放入十八Fr的導尿管，並且報告說他進去的時候發現病人沒有反應。吉伯特在四天後死於急性感染。這是我們可以明確認定出於預謀的第一件謀殺。

1　譯注：Fr是導管尺寸度量單位French的縮寫。

　　雖然這似乎不太可能，但看來沒有人對任何一樁死亡事件多做推測，或者把哈維在特定病房出現連結起來。每次他逃過追究，他的優越感與機智應變能力就更為強化。

　　在他十九歲生日之前，哈維已經在馬利蒙特謀殺了至少十五名病患。

　　每次他都利用病患與系統的脆弱之處來為自己創造優勢。他把一個故障的氧氣瓶用在哈威・威廉斯（Harvey Williams）和莫德・尼可斯（Maude Nichols）身上。他後來說，威廉斯的死是意外，不過他殺死尼可斯女士，是因為她被帶進來的時候身上長了褥瘡，由於感染得太嚴重，甚至長了蛆，工作人員不太願意給她適當的照顧。另外，他沒有打開威廉・包林（William Bowling）的氧氣瓶，因為這個患者必須極度拚命掙扎才能呼吸。他後來死於嚴重心臟病發。維歐拉・里德・懷恩（Viola Reed Wyan）得了白血病，而哈維覺得她聞起來很臭。他決定結束她的苦難，方式就跟殺害羅根・伊凡斯的一樣──用包在塑膠布裡的枕頭悶殺。但有人進來了，他必須停止。所以後來他為她接上一個故障的氧氣瓶，等著她死去。

　　這些死亡案沒有一件被調查過，乍看是什麼樣就被當成那樣，哈維因而能夠繼續增加受害者。很明顯，哈維認為自己是個低成就者。在一個醫生和護理師得到所有地位與尊敬的地方，他是個護工。他要證明他比他們更擅長這個「遊戲」。事實上，他將會開始嘲弄這一點。

　　他有幾次企圖悶死苦於腎衰竭的賽拉斯・巴特納（Silas Butner），但每次他都被打斷。哈維再度用上故障的氧氣瓶。同樣地，

他認定肺炎和腸阻塞已經讓山姆・卡羅爾（Sam Carroll）夠痛苦了，而約翰・康姆斯（John Combs）忍耐他的心臟衰竭也夠久了。他用一個故障氧氣瓶讓這兩個人殞命。他還悶死了瑪姬・羅林斯（Maggie Rawlings），她是來治療手臂上的燒傷。他把一個塑膠袋放在她的臉跟枕頭之間，這樣如果有人在她死後檢查，都不會發現她氣管裡有任何纖維。

他也使用止痛藥。他殺死瑪格麗特・哈里森（Margaret Harrison），是給她過量的地美露（Demerol）、嗎啡和可待因，這本來全都是要給另一個病人的。他殺死因為鬱血性心臟衰竭入院的米爾頓・布萊恩特・沙瑟（Milton Bryant Sasser），用的是從護理站藥櫃偷來的過量嗎啡。當他企圖把皮下注射器沖進馬桶的時候，它卡住了，導致水管堵塞。不過，沒有人把這件事跟沙瑟的死連結起來。

就好像他在醫院第一年留下的這一連串死亡還不夠似的，哈維還另外開始學習更多屍體會有何表現的知識。那一年，哈維和維農・米登（Vernon Midden），一名已婚有小孩的殯葬業者展開了一段關係。對於屍體還有死亡方式留下的物質證據，米登教了他很多。哈維特別感興趣的是如何隱藏或掩蓋悶殺與窒息的跡象。

這是他在不久後的未來會用上的資訊。

一九七一年三月末，他從馬利蒙特醫院離職，可能是因為害怕他的罪行數量或許會害他曝光。也有可能他就只是沮喪，因為那年春天他放火燒了他的公寓住處某個閒置單位裡的浴室，想要靠窒息自殺。不過他在自殺的時候，沒有殺害別人那麼熟練。他

因為損毀財產被捕，付了五十美元罰款。

隨後不久，他因為盜竊罪被捕，在酒醉狀態下，他對逮捕他的員警脫口說出他在馬利蒙特殺了十五個人。警方拿這些陳述來質問他，並且設法查證他的說詞，不過沒有證據，醫院裡也沒有人相信他跟這些死亡事件有任何關係。他認下一個減輕刑度的輕微盜竊罪，付了另一小筆罰金。

在這段時間裡，根據瑞德福大學的報告，哈維有了他第一次的異性性行為，對象是一個名叫露絲‧安‧霍吉斯（Ruth Ann Hodges）的女性，他在應徵肯塔基州法蘭克福市的一份工作時，和她的家人住了一陣子。他回憶在一個喝醉的晚上裸體跟她躺在一起，卻否認記得任何其他事。九個月之後，露絲生下一個兒子，像父親一樣命名哈維。多年來，他有時接受、有時候拒絕承認他是父親。

一九七一年六月，哈維加入美國空軍，期間他跟一個叫吉姆（Jim）的男人有過短暫戀情，他後來承認他有股衝動想殺死吉姆。他之所以被嚇阻，看來是害怕在軍隊這樣受到高度控管的環境下被抓到。

不過他在軍隊裡撐不久。他再一次嘗試自殺，這次是服用過量的奈奎爾（NyQuil）感冒糖漿。這導致部隊得知他被逮捕過，還有他顯然對肯塔基警方胡言亂語自己在醫院裡殺了人。空軍不想要這種事情再次發生，所以他在一九七二年三月被退伍。

在持續的憂鬱以及和他的家人爭吵之後，他再度企圖自殺，這次是鎮靜劑乙氯維諾（Placidyl）和精神安定劑安寧（Equanil）過量。他被帶到醫院去，他們替他洗胃，然後把他送到肯塔基州萊

辛頓（Lexington）退伍軍人醫療中心的精神病房，他在那裡經常被約束行動，因為他無法控制自己。他曾多次接受電擊治療，這種療法對慢性憂鬱症極為有效。但在唐納·哈維的例子裡，效果甚微。在他獲釋出院以後，他的父母通知他，他們不再歡迎他待在家裡。

一九七二年接下來的幾個月，哈維在萊辛頓的樞機主教丘復健醫院（Cardinal Hill Rehabilitation Hospital）兼職病患服務員，同時持續在附近的退伍軍人醫院接受門診治療。他在好撒瑪利亞人醫院（Good Samaritan Hospital）做第二份工作。期間，他和男性有過兩段關係，他和兩個人都曾斷斷續續同居過。

不過，這段時間最重要的面向是，哈維在任何一間醫院裡都沒有嘗試殺死任何人。這可能是因為他試圖克制他扮演上帝的衝動與強迫驅力。或者也可能是他在這裡受到的監督比在馬利蒙特更嚴密，害怕可能會被逮到。醫院環境是他的舒適圈，而如果他無法在那裡針對他偏好的受害者犯罪，在其他地方會讓他更加卻步。

但很快地情況出現變化了。

17 夜間工作
Working Nights

　　一九七五年九月，哈維搬回辛辛那提，得到一份當地退伍軍人醫療中心的夜班工作。他的職責範圍很廣，要去任何需要他的地方幫忙——做病患服務員、心臟導管技師、雜工領班兼停屍間助手。有這樣多樣化的責任，他實際上在醫院的所有地區，都能毫無限制、不受監督地暢行無阻。他特別喜歡在停屍間工作，而且設法學習他能學的所有東西。

　　在這個崗位上，哈維對神祕學興趣大為活躍。他著迷於魔術與神學相關的事物已經很多年了，不過直到現在，他的興趣才找到一個適當的歸屬。他想要加入一個致力於神祕學與黑魔法的團體。但這裡有個問題：這個團體只接受異性戀伴侶做為新加入者，他卻是單身男同志。所以為了進行入會儀式，哈維和另一個男人跟已加入團體的男性之妻或女性伴侶配對。

　　對於撒旦崇拜、神祕學、巫術、黑魔法——或者我們可能會歸為同類的任何其他東西——與暴力犯罪之間的關係，多年來有許多討論。一九八〇與九〇年代有過一段時間，幾乎每個電視脫口秀都在談這個話題，而警局實際上還聘用了顧問，指導他們辨識撒旦儀式謀殺的凶殺案。雖然媒體大眾還有許多執法單位都確信儀式性犯罪到處發生，然而FBI透徹檢視過每個邪教介入的主

張，卻沒有找到哪怕是一個合理的例子。我的朋友兼受到高度敬重的同僚、前特別探員肯尼斯・蘭寧（Kenneth Lanning），約莫此時寫了一本劃時代的專著，標題是《給調查員的「儀式性」虐童指控案指南》（*Investigator's Guide to Allegations of "Ritual" Child Abuse*），在書中他基本上破解了這整個現象。肯尼斯將這些主張比作關於外星人綁架的相關敘述，寫道：「在我所知的案件中，並沒有發現任何組織嚴密的撒旦邪教的證據。」

但事實是，一個像唐納・哈維這樣活躍的連續殺人犯對神祕學有深切興趣，還加入了致力於此的團體，這怎麼說得過去？

基本的答案是，哈維的殺戮動機並不是來自於神祕學，這些罪行也沒有任何儀式性或者類似宗教的元素在內。他變得對神祕學感興趣的理由，可能跟他殺戮的理由是一樣的——對自己感到不滿，又渴望權力——不過並不是撒旦崇拜或者黑魔法讓他殺人。我們稱之為症狀，而不是起因。所以留給我們的就是一個不健全人格，此人也嘗試透過神祕學來取得權力，或者替他的生活添加另一些令人滿意的向度，但卻跟他為何殺戮完全沒有關係。而在他相對來說很短暫的無謀殺休眠期，也就是他在空軍與萊辛頓的時期之後，哈維很快就故態復萌。

接下來十年，唐納・哈維在退伍軍人醫院裡又殺死了至少十五名病患，拓展了他的知識、手法與獨創性。他仍然會切斷氧氣供應，不過他也偏愛窒息、砷、氰化物，還有把老派的老鼠藥放進某個病患的甜點裡。氰化物有合法的醫療用途，包括迅速降血壓、擴張血管，以及測試糖尿病患者血液中的酮濃度。哈維發現，氰化物在被引入靜脈滴注或者直接注入患者臀部的時候，效果也

一樣好。他慢慢地從醫院庫存裡挪用少量，到最後他已經在家裡積存了大約三十磅的氰化物！他也研讀醫學期刊，以便精進他對於如何掩蓋個人罪行的理解。然而，對他最有利的在於和其他連續殺人犯不同，他的謀殺全都被認定為自然死亡。

他跟一個男人約會了一陣子，不過他們經常起爭執。在一次特別激烈的爭吵之後，哈維把砷偷偷放進那男人的冰淇淋裡。這次他並不盡然在嘗試謀殺別人，他只是讓他的伴侶覺得噁心不舒服。但這件事的重大意義在於，這是哈維第一次設法在醫院環境以外傷害別人。

任何時候發生這種類型的事，在哈維的行為和他對整體社會造成的風險中，都代表了危險的升級與關鍵的臨界點。實際上，每個連續殺人犯都會從我們所說的「他的首要舒適圈」開始動手。這可能是靠近他家、他工作場所或他熟知的公園的區域，或者任何讓他覺得舒適自信的地方。在接到一個連續殺人或強姦案的時候，我們總是特別注意連續罪行中第一件發生的地點，因為這會告訴我們很多關於他的事情。

即使有個凶手像我們側寫開膛手傑克那樣瘋狂和不穩定，在我們研究倫敦東區地圖並且依序標出他的犯罪現場時，我們都可以明確分辨出首要與次要舒適圈。哈維的首要舒適圈，很明顯是醫院病房。沒有人打擾他或者特別注意他的行為。從經驗中，他得知他可以在這種環境下自由運作。

一旦他做好準備要在舒適圈外嘗試謀殺，他在他做為連續殺人犯的演變中就有了重大進展。他評估過新的風險因素，並且做出結論：他準備好要接受這些風險。謀殺不只是他發現自己在某

個特定情境下會做的事了。現在殺戮是定義他的東西,而不僅是死亡事件的背景。隨著哈維的舒適圈拓展,他的潛在被害者不再有任何安全的空間。

同一年,一九八〇年,他和另一個男人卡爾‧郝威勒(Carl Hoeweler)開始了一段同居關係。不過,當哈維發現卡爾習慣每週一在當地公園裡勾搭其他男人以後,他就開始在週日放少量砷到卡爾食物裡,好讓他無法進行他的週一大冒險。

卡爾和一個鄰居關係友好,哈維覺得這個鄰居對這段關係造成威脅,還企圖拆散他們。於是他設法用丙烯酸毒殺她,而這招不管用,他又嘗試讓她感染愛滋病毒,那是他從醫院裡拿到的。不過這些方法都證明無效,所以他在她的飲料裡加入他從醫院偷回的B型肝炎血清。感染嚴重到她必須住院治療,她在醫院裡得到了妥善的診治,但還是沒有人把她的病情連結到有不法行為,或者連結到唐納‧哈維。

另一個鄰居海倫‧梅茨格(Helen Metzger),也被哈維認為是對他和卡爾關係的威脅。他在給她的某些剩菜上面、還有她冰箱的一罐美乃滋裡都灑了砷。幾週後,他給她一個摻了更多砷的派餅,造成她發展出癱瘓症狀,需要氣管切開術來幫助呼吸。但氣切之後,她開始出血並失去意識,再也沒有醒來。醫院把她的死歸咎於基連巴瑞症候群(Guillain-Barré syndrome),一種可能影響肺部的癱瘓症狀。

哈維自願在他那位親愛的鄰居葬禮上擔任扶棺人,後來聲稱他並沒有打算給梅茨格太太致命劑量的砷,只給了足以讓她生病的量。這正是梅茨格家族成員在葬禮後,聚集在她家公寓時發生

的事情。他們之中某些人吃了那瓶遭到污染的美乃滋，變得很不舒服。幸運的是他們全都恢復了健康。他們的病情在紀錄上被算成是意外食物中毒。

哈維跟卡爾的關係，把他的謀殺欲望激發到一個新的高度。他和卡爾的父母起了爭執，所以他開始在他們的食物裡用砷下毒。卡爾的父親，亨利‧郝威勒，中風之後被送到普羅維登斯醫院（Providence Hospital），哈維在幾天後去探望他，又往他的甜點布丁裡多加了一些砷。那天晚上，亨利死於腎衰竭與中風後遺症。次年，哈維一直斷斷續續毒害卡爾的母親瑪格麗特，但沒能殺死她。

不過，他確實意外殺死了卡爾的姊夫霍華德‧維特（Howard Vetter）。他用又名木精的甲醇清除自黏標籤，並且把甲醇存放在一個伏特加酒瓶裡。卡爾要麼不知情，要麼就是搞混了瓶子，他倒了好幾杯給霍華德。甲醇有極高的毒性，霍華德幾乎馬上就病倒了。最後心臟病發去世。

到了一九八四年一月，卡爾受夠了哈維飄忽不定的行為與情緒變化，要求他搬出去。這種拒絕讓哈維憤怒不已，以至於他在接下來兩年裡數度嘗試毒死卡爾，但沒有一次成功。他確實毒殺了另一個前男友，詹姆斯‧佩魯索（James Peluso），詹姆斯有心臟病，曾經要求過哈維，如果他到了無法自理的程度就「幫他解脫」。哈維在他的黛綺莉雞尾酒裡加了砷，也放了一點在他的布丁裡。他被送到退伍軍人醫院，也死在那裡。因為他的心臟病史，醫院並沒有解剖驗屍。

砷也進入了鄰居愛德華‧威爾森（Edward Wilson）服用的次水

楊酸鉍（Pepto-Bismol）溶液中。愛德華和卡爾為了水電費帳單吵了一架，雖然哈維自己跟卡爾也有問題，他還是想要保護卡爾。愛德華在五天後中毒而死。

　　大約同時，總是勤奮的哈維被晉升為醫院的停屍間主管，他也加入了國家社會黨（National Socialist Party），這是一個新納粹邊緣團體。他聲稱他並不同情納粹的目標，而是在做內部偵查工作，企圖把他們扳倒。在我得知此事的時候，我質問他聲稱的動機。跟一個使命邪惡又充滿恨意的組織有牽連，在我看來，跟哈維對神祕學的著迷是一樣的。不論是哪一方面，我覺得這全都關乎權力，還有他從施展權力之中得到的性能量──即使沒人知道。

　　一九八五年七月十八日，罪業終於開始追上唐納‧哈維。在他離開醫院的時候，安全警衛覺得他舉止可疑，直接質問他。他們要求搜查他攜帶的健身用品袋。在袋子裡，他們發現了一把點三八口徑的手槍，這完全牴觸退伍軍人醫院的政策；也發現幾支皮下注射器、外科手套與剪刀，以及一些吸毒用品，包括一個古柯鹼湯匙。然後還有幾份醫學文件、神祕學相關書籍和一本查爾斯‧索布萊（Charles Sobhraj）的傳記，他是一個印越混血連續殺人犯，一九七〇年代在整個南亞把西方觀光客當成獵物。醫院職員接著搜查哈維的置物櫃，發現裡頭有一小塊以石蠟包埋的肝組織樣本，隨時可以切片做顯微鏡檢查。哈維聲稱槍是別人故意放進他包包裡的，可能是卡爾‧郝威勒幹的。

　　由於調查過程中有些錯誤與不當行為，有關當局要起訴哈維可能會很困難。此外，他們看來也不想引起任何負面宣傳，於是同意讓他悄悄離職，並且為攜帶武器進入聯邦專屬用地支付五十

美元罰款。這起事件沒有留下任何犯罪紀錄，也沒有人嘗試搞清楚哈維有沒有犯下任何罪行。

七個月後，一九八六年二月，他找到另一個醫院職位——這次是在辛辛那提的丹尼爾德雷克紀念醫院（Daniel Drake Memorial Hospital）兼職病患服務員。從後續的調查能夠確定，沒有人過問哈維過去的那些工作，或者他為何離職。不管你對這個人有什麼別的看法，他肯定是持續不懈，致力於他的「專業」。

他在德雷克第一次的殺戮對象，是個半昏迷狀態的男人，名叫納森尼爾·華森（Nathaniel Watson），哈維用垃圾袋悶死了他。他先前數次企圖殺死華森，但每次都被打斷——這是他以前經驗過、現在也有所準備的狀況。這次他的動機有很奇特的分裂：華森處於植物人狀態，要透過鼻胃管進食，他不認為華森應該忍受這種狀態導致的尊嚴喪失，而且他聽說患者是個被定罪的強姦犯——這個說法沒有根據——所以活該死掉。不到一小時後，一名護理師發現華森死了。

四天後他殺死了另一個病人，里昂·尼爾森（Leon Nelson），用的是同樣的手法。

他毒殺了另外兩個人之後，收到一份員工評估，在十個領域中有六個他的評價是「良好」，另外四個則是「可接受」。

在接下來十個月裡，唐納·哈維至少又送了二十一名病患「上路」。他最喜歡的方法變成了用砷與氰化物毒殺，雖然他也用Detachol，這是一種用在腸造口袋上的黏膠清除劑，他透過鼻胃管把這種清除劑餵給一男一女兩名病患。

這段時間，哈維有他自己的問題。他和卡爾的關係終於徹底

了結，他也因為憂鬱症開始去看一位治療師。他變得更加執迷於神祕學儀式，並且再度嘗試自殺，這次是讓他的車衝出一條山路外。他活下來了，但帶著頭部傷勢離開，回到醫院裡工作，也邁向最後的毀滅。

約翰‧包威爾（John Powell），四十四歲，因為沒戴安全帽騎車出了車禍，昏迷了好幾個月。他展現出一些細微的恢復跡象，但整體來說在走下坡，他的復原希望並不大。因此他突然去世的時候，醫師並不特別訝異。按照漢彌爾頓郡（Hamilton County）驗屍官辦公室的政策，所有機動車輛死亡事件都要接受解剖驗屍，所以他們下令進行驗屍，看看是否能確定確實死因。

李‧勒曼（Lee Lehman）醫師進行了驗屍，他既是司法精神科醫師，也是生化學專家。他一打開體腔，就注意到一股洩露真相的臭味，有些人曾將這種氣味比擬作苦杏仁味。勒曼醫師馬上把這種氣味跟氰化物連結在一起，而謀殺成為他對於死因的首選。

「我不知道苦杏仁聞起來像什麼樣，但我知道氰化物聞起來什麼樣，」勒曼醫師這麼告訴《辛辛那提詢問報》（Cincinnati Enquirer）的霍華德‧威金森（Howard Wilkinson）。

他完成解剖，準備好組織樣本，送到另外三個實驗室去證實他的懷疑。

而回來的三份實驗室報告，全都證實有氰化物。

勒曼通知了辛辛那提警察局，對於約翰‧包威爾之死的刑事調查就此展開。警探們按照邏輯聚焦在包威爾的親友，還有他曾接觸過的其他人，先從他妻子開始，她被帶到局裡訊問。這是標

準程序——或許她丈夫處於植物人狀態，帳單又愈堆愈高，讓她想結束這整個磨難。不過，他們找不到任何動機或證據指出她或者家中任何人會想讓他死去，或者對他有任何惡意。

合乎邏輯的下個步驟，是檢視有管道接觸包威爾或進入他病房的醫院工作人員。沒多久，他們就把目標瞄準唐納·哈維。其他醫院雇員自願接受測謊，所以哈維也自告奮勇，但他先買了一本談如何打敗測謊儀的書。

在排定測謊的日子，他請了病假，所以後來被帶到警局問話。在警探詹姆斯·勞森（James Lawson）和羅納德·坎登（Ronald Camden）的訊問中，哈維終於承認曾經把氰化物放進包威爾的鼻胃管中，因為他為包威爾感到遺憾，不想看他受苦。

警方取得哈維公寓的搜索票，他們在那裡找到許多罐氰化物和砷、談毒藥與神祕學的書，還有一本詳盡的日記，描述了包威爾謀殺案。一九八七年四月六日，因為約翰·包威爾之死，哈維被控犯下一級加重謀殺罪。他以心神喪失為由訴請無罪，被要求支付二十萬美元的保釋金。威廉·「比爾」·華倫（William "Bill" Whalen），一位後來轉為私人執業的漢彌爾頓郡前地方檢察官，被法庭指定來為哈維辯護。

在次月進行的受審能力聽證會中，檢查過哈維的一位精神科醫師與一位心理師發表了意見。兩人的結論都是，雖然被告有憂鬱症病史，病因可能源於童年經驗，但他能分辨是非對錯，並沒有精神錯亂，也沒有任何心智缺陷。同樣重要的是，哈維告訴華倫，儘管他最初做出無罪訴求，他並不想採用心神喪失辯護。華倫那時決定，他會以較輕的刑期為目標，立論基礎在於事實上這

是慈悲謀殺，包威爾不太可能從昏迷中醒來，而不論對錯，哈維的認知都是他幫了這家人一個忙。

不過，在比爾‧華倫接到一通來自WCPO電視台（當時CBS於辛辛那提的分支）新聞主播派特‧米納辛（Pat Minarcin）的電話以後，他的任務變得更加複雜。米納辛和另一位記者在節目中推測哈維是否有可能要為德雷克醫院裡的其他死亡事件負責，隨後他開始接到護理師跟其他醫院員工打來的電話——其中許多人匿名——講到他們認為哈維可能導致的可疑死亡。

米納辛和這些消息來源見面，並且進行了他自己的調查，找出醫院裡的死亡人數與哈維當班時間的關聯。不過他不想把這件事公諸於眾，擔心給他消息的雇員因此處境艱難。權衡過後，他決定聯絡華倫，告訴他WCPO正在考慮播出一個故事，概述可能跟哈維有關的醫院死亡事件模式。

「我直接到看守所去找唐納談，」華倫後來告訴《詢問報》。「我直接問他：『唐納，你有殺死別人嗎？』」

哈維承認有。華倫問有多少人。

哈維說他無法告訴他。

華倫感到憤怒。「你必須對我誠實！」他這麼要求。

「你不了解，」哈維說著，解釋起他不是在迴避問題。「我只能告訴你一個估計值。」他猜可能大約有七十人。

「當我聽他說到估計值這個詞的時候，我就知道我麻煩大了，」華倫在一個報紙訪問裡回憶道。這位辯護律師突然間發現自己陷入一個道德兩難的困境。他有責任要盡可能善用他廣受認可的法律能力，幫他的客戶辯護。與此同時，哈維毫無節制的罪

行令他徹底反感，他也知道應該讓哈維永遠不能再自由傷害別人了。到最後，他決定他的主要任務是讓唐納‧哈維不至於坐上俄亥俄州的電椅。

華倫聯絡了約瑟夫‧迪特斯（Joseph Deters），他以前在漢彌爾頓郡檢察官辦公室裡的同事。華倫和迪特斯兩人對坐在一張桌子前，聽唐納‧哈維描述他做了什麼。他告訴迪特斯有其他案子，並且向政府提出一個協議：如果郡檢察官亞瑟‧奈伊（Arthur M. Ney Jr.）不求處死刑，哈維就會認罪。按照俄亥俄法律，需要犯下兩件謀殺案才能夠對被告求處死刑，而哈維早在好幾年前，就在官方紀錄之外跨過這道門檻了。

華倫知道當局將很難透過調查證實所有的死亡事件，因為沒有目擊證人，而且大多數案件並沒有進行解剖或者其他死後檢驗。這樣會讓許多親屬和倖存者陷入真相不明的混沌狀態，不知道他們心愛的人究竟是死於自然原因抑或謀殺。兩位律師都知道，這種最新發展也可能替許多不當致死民事訴訟鋪平了道路。

迪特斯確信調查人員可以找到足夠證據，在哈維未自白的情況下證明另一宗謀殺案，並且找鄰近各州的醫學與科學專家來檢驗哈維疑似涉及的案子。

為了持續施壓讓他接受協商，華倫給奈伊一個截止日期，並且保持他跟派特‧米納辛的聯盟關係，以便維持他的立場。

華倫和奈伊協調的結果是，哈維會承認犯下二十八件謀殺案，提供完整的自白，並且會接受連續三個無期徒刑。在當時的假釋法之下，這表示哈維一直到九十五歲左右才有可能夠格被釋放。迪特斯告訴我們，自白持續了十二小時，內容極其詳盡，因

為哈維很有條理地慢慢講述他的每一次殺戮。自白如此驚人，以至於那些聽過的人都懷疑他怎麼可能做到他說的每件事，或許他只是在吹噓。但是為了查證，根據哈維的說詞，有關當局挖出十二具含有可追溯藥毒藥的遺體。如同迪特斯的評論：「他告訴我們的每件事實都查驗過。」

到最後，華倫開始相信哈維殺死了六十八個人。

談妥了俄亥俄州的認罪協議以後，華倫去找肯塔基州勞雷爾郡（Laurel County）的地方檢察官湯瑪斯・漢迪（Thomas Handy），做了類似的安排，對馬利蒙特醫院發生的九件謀殺案提出自白。巡迴法官路易斯・哈潑（Lewis Hopper）宣判的無期徒刑會與俄亥俄州同時執行。

即使在俄亥俄州宣判後、與肯塔基州的刑期合併執行期間，哈維仍不斷地「想起」其他的謀殺案。依照他與漢彌爾頓郡的認罪協議，如果他不完全配合持續進行的調查，檢方則可能會針對新發現的案件提告，這有可能會導致死刑。

「我被描繪成冷血的謀殺犯，但我不這樣看待自己，」哈維這麼告訴《萊辛頓論壇先驅領袖報》（*Lexington Herald-Leader*）。「我認為我是非常溫暖而充滿愛的人。」

18 | 一個凶手的養成過程
The Making of a Killer

　　我對於和唐納‧哈維進行訪談很感興趣的原因之一是，實際上在他被捕的時候，有人要我當這個案子的顧問。既然退伍軍人醫院是聯邦機構，FBI對於在那裡犯下的謀殺案就有管轄權，而他們調查了哈維的受僱場所和他所有的人事紀錄。

　　我在匡提科接到主辦此案的特別探員來電──照局裡的行話，叫做特別探員主管（special agent in charge，簡稱SAC）──他屬於辛辛那提地方辦公室，請我就訊問唐納‧哈維最有效的審訊策略提供現場諮詢。於是，我在同一天飛往辛辛那提。我抵達地方辦公室的時候，會見了特別探員主管，以及另外兩名被指派參與此案的探員，他們提供了哈維的背景以及案件細節，就跟我們先前陳述的差不多。以往，在談到誰會去或者應該派誰去進行訊問的時候，他們會要求我根據個性或行為舉止，來遴選我認為最適合這個任務的探員。有時我會建議特別探員主管（當時這個角色永遠都是男性）自己上場，因為犯嫌會尊重這種權威。有時我會被要求進行訊問，但我寧可當教練就好，況且，如果我參與了訊問過程，我就會把大部分的時間都消磨在法庭裡作證，而那不是我的使命。

　　檢閱資料之後，我再度和探員們會面，並且建議採取非對

抗性的軟性訊問手法。不管他們的個人感受如何,他們都應該讓情況看似他們心懷同情,他們知道他的每個受害者反正都會死,而他只是結束這些人的痛苦。我希望這種方法可以讓他一直講下去,並在過程中揭露他每次殺人的真正意圖。我指導探員們表現出同理心,並且提供他能挽救顏面的情境,暗示這些罪行應該被指涉為「安樂」死,不要使用像是謀殺和凶殺這樣的字眼。

被指派偵辦此案的探員都跟哈維差不多年紀。我建議在FBI的地方辦公室訊問哈維,因為這意謂著權力:FBI擁有權力,而哈維不再握有權力。

進行訊問的房間有個雙面鏡,我和其他人可以觀察這場審訊,並且向負責訪談的探員們提出建言。

由於哈維當時沒有犯罪紀錄,FBI仍在調查他,所以我們沒有太多事情可以問。不過,我們得知遭到指認逮捕似乎讓哈維鬆了一口氣,而他看起來對這整件事相當冷淡。我告訴探員們,他很有可能會口無遮攔地談起他的參與。當時還不知道他殺害的病人數量,所以我建議的那種挽救顏面之說還有效果。

哈維被帶進偵訊室裡,看起來很友善,他臉上有種「你逮到我了」的狡猾表情。探員們先詢問他關於個人背景的深入問題,然後才導向關於罪行的事。

而我很快就認清了,我們不必用上任何細膩的訪談技巧,因為哈維很想講。這幾乎就像是他人在台上,說著一齣戲裡的獨白。

這是探員們對哈維進行多次審訊中的第一場。我本想從行為學的角度訪談哈維,但這些案子過於複雜,當時沒時間這麼做。我想或許有一天,我可能會有這個機會。

　　唐納·哈維，囚犯編號A-199449，很快就適應了在盧卡斯維爾（Lucasville）南俄亥俄監獄裡的生活。他是個合作的囚犯，沒有紀律處分紀錄，甚至同意參與拍攝一家健康照護保全公司的訓練影片，內容是關於如何防止像他這樣的人進入醫院工作。

　　盧卡斯維爾的監獄並不像我參觀過的許多其他監獄那樣，有一股哥德式的壓抑氣氛。這座監獄的位置靠近肯塔基州州境，看起來更像個現代磚造工廠複合建築，可能被當成製藥廠，有個中央警衛塔樓，要是在不同的背景下，可能被誤認為空中交通控制塔台。不過，那種相對來說溫和的外觀，不該愚弄到你。這座監獄是州內某些最暴力罪犯的容身處，也是俄亥俄州的死囚監獄。

　　當我們為了訪談會面的時候，我告訴他，雖然我們從未見過面，但在FBI準備他們的會面與審訊時，我曾經擔任過顧問。我一直在相鄰的房間裡注視著審訊過程，看我是否能幫助探員從他身上取得任何資訊，但我得承認，結果哈維自己就樂意合作。

　　以此事還有其他先前的行為模式為基礎，我期待他會對我說大約百分之九十到九十五的實話。至於我感興趣的部分，是那另外百分之五到十。

　　這個房間大約是十八乘三十呎，照明良好。我們握手時，哈維用大大的微笑迎向我。我回敬了他的微笑，而且在握他的手時沒有施加太多壓力。

　　「所以你在牆後面？」哈維用他輕聲細語的南方口音問我，臉上帶著一個俏皮的微笑。他仍然是個看起來很無害、表情愉悅的男人，剃著平頭，留著小鬍子，戴著塑膠框眼鏡──跟被捕時

那個英俊的捲髮男子相比，他比較柔和圓潤，也比較老了。

知道他參與了那支訓練影片，我強調如果他同樣樂意提供他的背景——他的童年、學校生活與人格成形期的經驗——並且提供建議幫助其他誤入歧途之人，他會做出很大的貢獻。

在整個初步溝通過程裡，他持續表現出有魅力又樂於助人的態度，就好像他想融入和我一起待在那裡的整個拍攝小組之中。他要求的第一件事是會見製作人，翠莎·索雷爾斯·道爾（Trisha Sorrells Doyle），她為訪談與拍攝做了所有安排。翠莎是艾美獎得主，曾經為許多重要的電視節目工作過，其中包括《六十分鐘》、《ABC黃金時間新聞》（ABC News Primetime）與《20/20》，還是哥倫比亞法學院畢業生。她也非常迷人。

「噢，我就在這裡。嗨，」她說。

「嗨，」哈維回應道。「妳是我碰過最厲害的跟蹤狂。我答應這場訪問，是因為妳追蹤了我四個月。」

我同意她很厲害，翠莎也跟著附和，感謝他的讚美，還開玩笑地問他是否會把這番話傳給她老闆。哈維接著告訴我，我應該把她招募到FBI。雖然他是男同志，我的印象卻是他在跟一個漂亮女人打情罵俏，好讓我們看看他是個多麼普通正常的男人。

獄警告訴我，哈維想要確定他的服裝是乾淨而且燙過的，好讓他盡可能上相。事實上，從他出庭時的舊照片來看，他對自己的外表和打扮非常一絲不苟，以至於很難分辨誰是律師、誰是被告。我們的訪談結束後，他用花卉圖案的信紙寫了一封信給翠莎。

唐納·哈維讓我好奇的事情是，大多數的連續殺人犯都持續狩獵，其中某些人幾乎每晚都出去。狩獵是幻想的一個關鍵成

分，而且通常就跟罪行本身一樣令人滿足。我曾經把連續獵食者比擬成非洲塞倫蓋蒂平原（Serengeti Plain）上的獅子，眺望著飲水坑旁的一大群瞪羚。獅子以某種方式，從數百隻或數千隻動物中鎖定單單一隻。他已經訓練自己去察覺到缺陷、脆弱之處，也就是任何讓那個個體比其他同類更有可能或者更適合成為受害者的事物。這是獵人根本精神構成的一部分。

不過，哈維更像是動物園裡的獅子。他不必狩獵他的獵物；獵物是每天被「端上來」給他。所以對他來說的刺激是什麼？他的滿足是什麼？有什麼能替代狩獵本身？或者在他心裡，在醫院的限制範圍內還是有狩獵可言？

把先天對後天的問題用在這裡，我們必須要問，哈維是符合「後天造就」還是「天生如此」的範疇。如同我們注意到的，似乎有某種生物上的傾向，然而我們對於神經科學所知的還不夠多，不足以了解這一點。這是基因遺傳嗎？有可能。但是，當我們研究一名暴力獵食者的背景時，通常會發現一個沒有這種傾向的手足。或者，我們會找到某個有相同傾向、表現方式卻截然相反的人。

有個有趣的例子是西奧多‧卡辛斯基（Theodore Kaczynski）──大學炸彈客（Unabomber）──和他的弟弟大衛（David）。兩個年輕人都聰明絕頂，都在原始環境中獨居過一段時間，也都有改善社會的願景。然而，泰德成了致命的連續炸彈客，大衛則成為社會工作者與佛教徒；當大衛和妻子意識到公開發表的「大學炸彈客宣言」聽起來很像泰德，像到讓人心神不寧，他深切感受到倫理規範驅使他要告發他的哥哥。對於他的合作，大衛唯一的

要求是別讓他哥哥被判死刑，這充分說明了出身相同背景的兄弟倆到頭來有多麼地不同。泰德準備好要謀殺無辜的人。大衛則無法贊同處決有罪的人。

蓋瑞‧吉爾莫，先前我們提過的猶他州多重謀殺犯，他是美國最高法院於一九七六年解除死刑執行禁令以後被處決的第一人，也是諾曼‧梅勒贏得普立茲獎的史詩巨作《劊子手之歌》的主角；他有個弟弟名叫米凱爾（Mikal），是一位傑出的記者、作家兼樂評人。

我們的研究指出，內建的神經學因素、還有糟糕的童年與少年時期，通常最有助於導致反社會人格。有可能少了這個或那個影響，有暴力傾向的獵食者就永遠不會出現，如同我們的非正式實驗控制組，像是大衛或米凱爾這樣守法的手足所指出的。但這並不是我們可以用兩種方式進行的實驗室實驗。以神經心理學與犯罪學現下的發展而言，我們能提供的頂多就只有理論。

讓我們也注意這點：每個人在糟糕背景下的調整方式都不一樣。對喬瑟夫‧麥高文來說，愛控制的霸道母親拒絕他的結婚意圖，似乎就足以讓他抓狂。喬瑟夫‧康卓知道自己是被領養的孩子以後便心煩意亂，但更有可能的是，缺乏良好判斷力與衝動控制能力，在他的發展上扮演了更為重大的角色。

唐納‧哈維實際上和他母親共享了同一種童年創傷，他母親十二歲時遭到性侵，結果出現了局部癱瘓症狀，可能是功能性而非器質性的。她在還是青少女的時候就嫁給唐納的父親，他當時二十九歲了。哈維相信她把丈夫看成一種父親形象，這聽起來並不是太牽強。

　　對於唐納，不管他的生理傾向為何，人格成形期在他的心理發展上似乎扮演著關鍵性的角色。一旦我們超越閒聊階段，我提出的第一個話題就是他在別人手中所遭受的虐待，據我所知，是從他四歲時開始的。

　　哈維以他溫和、就事論事的態度，證實這是他記憶中的第一次性虐待——是他舅舅下的手，而當時舅舅也才九歲。唐納告訴我，他大約五歲半的時候，一個「鄰居男人也開始對我亂來」。他舅舅告訴他，這是男生都會做的事情，而那個鄰居說如果唐納告訴任何人，他會槍殺他母親和父親，然後這個小男孩就得去孤兒院了。哈維也聲稱，他的舅舅後來熱衷於「狂野的性愛」，會揍他的第一任與第二任妻子。哈維不太記得第一個舅媽，因為當時他還很年輕，不過他曾經沉溺於跟他舅舅還有他第二任妻子之間的「三人行」，而他舅舅就是這樣才「能夠提起興致」。

　　現在我要說，我從不寬恕或原諒暴力或傷害性的行為，一個充滿虐待的童年，並不能做為成人期暴力傾向可接受的合理解釋。但如果我們考量哈維人生早期這兩段不請自來的關係，更別提看到一個男人毆打他的妻子，不難看出他可能在成長過程中，對於他眼中（他沒看錯）比他更有權力的人以及允許他受到這些創傷的權威人物，有些重大的負面感受。

　　當然，我不知道這兩名兒童猥褻犯是否影響到唐納的性傾向，但我傾向於表示懷疑。科學界確信，男同性戀在個人身上是內建的，可能是出生前就決定了。但有趣的是唐納如何跟這兩名兒童連續強姦犯「扯平」。他告訴我，到了十八、十九歲的時候，他沒有告發他們，或者對他們施展報復行動，而是決定在兩段關

係裡成為平等的對象。他會要求得到自己的尊嚴。事實上，他說他十七、十八歲的時候跟舅舅還有他的第二任妻子同住了一年，那是他到馬利蒙特工作以前。

哈維並未表現出我們在連續殺人犯身上經常看到的童年行為，這並沒有讓我太驚訝，因為儘管他的殺戮總量駭人，他卻不像大多數的連續殺人犯那樣。即使他的童年受到創傷，但他並沒有尿床。他沒有放火。而除了兩起事件外，他並不會傷害或者對小動物做出殘忍的事。其中一起，是他母親叫他把一隻小雞放回鄰家的農場，而唐納卻扭斷了小雞的脖子。

我訪談理查‧史派克（一九六六年，他在芝加哥姦殺八名同住一間公寓的護校學生）的時候，他告訴我，他在牢房裡馴養了一隻麻雀當寵物。當獄方告訴他，他不能留著那隻鳥時，他當著眾人的面捏死他手中那隻鳥，然後把牠丟進開著的電扇裡。這全都關乎於權力與控制。在此，我看到類似的情緒場景發生在哈維身上。

小雞事件之後，唐納約莫十六歲時，他帶著鄰居的兩頭母牛到森林裡去，割斷了牠們的喉嚨。他說他這麼做不是因為他想傷害那些母牛，而是想讓他的鄰居蒙受經濟損失。請回想一下，唐納在一個農業社區長大，在那裡，用他選擇的方法宰殺雞和牛是日常生活中的一部分。他宰殺這三隻動物的理由，才是不正常的。

我問哈維，他對於先天對後天的問題有何意見。他的答案跟康卓相反，而且把目標直接轉回我身上。

「所以，你基本上是在（問）：有人天生就是個壞胚子嗎？唔，沒有──就想想環境條件吧。他們本來可以有個好的⋯⋯我

是說，誰說你不是連環殺手呢？我的意思是，你著迷於和他們說話，還有諸如此類的事情。你可能就像漢尼拔·萊克特，我們不知道啊。」

湯瑪斯·哈里斯確實曾經造訪我在FBI的單位，在他撰寫《紅龍》（Red Dragon）和《沉默的羔羊》以前，和我的同事還有我詳盡地談過。不過，就算為了論證之便接受哈維的前提，我們之間的主要區別在於，儘管我如此「著迷」，但我並沒有謀殺任何人。而連續殺人犯之中有很高的比例想當警察、或者曾企圖進入警界失敗，指出這不過是他們對於個人權力與支配地位的渴望，而不是受到更高的召喚要服務人群與維護和平。

「你在說的事情，」我回道。「就是我給過的回應；我不相信有人是就這樣出去殺人的壞胚子。我想是有異乎尋常的事情發生，但這取決於個人——你會如何回應你人生中的種種壓力。你可以退縮，你可以應付它，你可能成功，或者你可能對外發洩，攻擊別人。」

很奇特的是，哈維再度接話：「我父母兩邊的家族都很虔誠。我爸媽會上教堂，基本上每個禮拜天都去。」

「你也是，」我說道，同時想起喬·康卓在獄中變得「很重視靈性面」，還有丹尼斯·雷德被捕時是堪薩斯州公園市（Park City）基督路德教會（Christ Lutheran Church）剛卸任的主席。

哈維再度顯露出某種相當意有所指的洞見。他承認他年輕時定期上教堂，但他說這是因為鄰家婦女們會在結束後提供好吃的食物，比他在家裡吃得更好，而他會為這些女人做些小雜務，她們則會給他糖果餅乾跟肉汁，他很愛這個。「我在非常小的時候

就學到如何操縱，」他這麼說，而這種天賦影響了他人生中的每一個面向，包括學校生活在內，他在那裡刻意變成老師們的寵兒。

他爽快地承認了那些謀殺案，但在我問他第一起案件——羅根·伊凡斯——的時候，他已經準備好他的心理藉口了：「根據跟我談過的精神科醫師等人的說法，我不會再忍受下去了。我的意思是，我已經受夠了，而在他把糞便塗到我臉上的時候，那就是極限了。」

「你認為事情就是這樣嗎，因為精神科醫師這樣告訴你？」

「這讓我開始了下不了車的雲霄飛車之旅。」

在桌子對面的殺手們與我的所有對質之中，這可能是最常浮現的主題。總是有某個外在理由讓殺戮開始。因此，幾乎所有連續殺人犯都相信他們的罪行是情有可原的，或者至少可以解釋。他們自視為真正的受害者——他們極端自戀的另一種表現。要是一位監獄精神科醫師剛好把藉口交給他——唔，這樣就更好啦。

而哈維學得這麼好的操縱從未停止。他告訴我，兩名男同志護工如何引薦他給肯塔基州倫敦市的一名禮儀師，此人是已婚、有三個小孩的雙性戀。根據哈維的說法，這個男人喜歡在棺材還有裝滿冰塊的浴缸裡做愛。他也是讓哈維接觸到神祕學的人。

我問哈維是否參與了棺材與浴缸裡的性愛。

「我有在冰塊裡做；對我來說很冷。我的意思是說，我覺得很後悔。我洗過冷水澡還有做過類似的事情，而他有各種的……他很熱衷於我猜你會說是惡魔崇拜的事情，某一種特定類型的。他喜歡洗血浴。他偷走屍體的某個部位，他總是從在車禍中死亡或者類似事件裡的死者身上偷取。」

就算是對哈維這樣的人來說，這都聽起來相當令人發毛。所以，為什麼他繼續跟這個怪胎在一起？

「他向我示範怎麼使用塑膠袋。他向我示範怎麼樣用不同的東西，還有怎麼樣⋯⋯你懂的，就是如果他們做了解剖，鑑識可以找到纖維什麼的。還有枕頭會留下什麼樣的印記──某種特定印記，跟你把袋子往下按住、或者放在昏迷病患的口鼻上時不一樣。」

這個高中輟學生還時時刻刻在學習。

當哈維提起惡魔崇拜時，我順口帶到「鄧肯」（Duncan），我曾經在他的檔案裡讀到這個名字。

我們許多人小時候都有想像出來的朋友。但我曾經遇過不少連續獵食者在成年後也還有同樣的想像朋友，或者至少宣稱他們有。這些「朋友」有好幾種不同的形式。檢察官最熟悉的，是那些據說是由多重人格障礙（multiple personality disorder）導致的「朋友」。

在真實生活中，多重人格障礙──現稱為解離性身分障礙（dissociative identity disorder）──是極為罕見的現象，一般出現在曾經受到嚴重虐待的幼童身上，而他們「遁逃」到其他比較強悍而且／或者跟真實人格疏離的其他人格裡。這些案例是非常真實且令人心碎的。

最知名的成人解離性身分障礙實例可能是克莉絲汀·克莉絲·賽斯摩爾（Christine "Chris" Sizemore），一九五〇年代出版的書籍與電影《三面夏娃》（The Three Faces of Eve）就描述了她的人生。一九八〇年代，賽斯摩爾來到匡提科的犯罪心理學課程演講，幫

助我們了解真實的解離性身分障礙是怎麼回事。她告訴我們，在某些時刻她有多達二十個不同的人格，而且感覺從出生以來他們都跟她在一起。她提出了一個性質敏感而令人信服的說明。

但更常見的狀況是，執法人員遇到某人聲稱自己患有解離性身分障礙都是在被捕之後。雖然犯嫌／被告可能從未對周遭的人透露他有超過一個人格，但如果對他不利的證據確鑿，又沒有其他方式可以解釋他的行為，他或者他的辯護律師就會提出解離性身分障礙辯護。換句話說，雖然他的「身體」可能犯下了謀殺案，卻是在那具軀體裡運作的那個人格有動機與犯罪意圖（mens rea）。法律上來說，犯意與行為是造成犯罪的必要元素。

一九八五年，賴利‧吉恩‧貝爾（Larry Gene Bell）在南卡羅萊納州的哥倫比亞市誘拐了十七歲的夏麗‧費依‧史密斯（Shari Faye Smith），他讓她寫下一封令人心碎的「最後的遺願和遺囑」給她痛苦的父母與姊姊之後，便將她殺害。當他在FBI的剖繪與警方通力合作下被指認並逮捕時，我在訊問他的時候做了一番嘗試，想看看我們能否讓他認罪。我打出了解離性身分障礙這張牌，不久之後，他便勉強承認，雖然「好的」賴利‧吉恩‧貝爾可能永遠做不出這種事，但「壞的」賴利‧吉恩‧貝爾就可能這樣做。我並不太在乎後來好的賴瑞‧吉恩‧貝爾怎麼樣了，但在壞的賴瑞‧吉恩‧貝爾於一九九六年十月四日被電椅處決時，我不得不感到欣慰。

虐待狂殺手肯尼斯‧比安奇和他的表親小安傑羅‧布歐諾（Angelo Buono Jr.）在一九七七到七八年間加州的「山坡勒殺者」案，謀殺了至少十名年輕女子，而比安奇在一九八三年的審判

中，設法提出心神喪失抗辯，說他具有第二個惡意的人格。他說服好幾位法院指派的精神科醫師相信他說的是真話。我在匡提科的同事和我向賓州大學聲望卓著的精神科醫師馬丁·歐尼（Martin Orne）博士諮詢過，他在催眠與記憶扭曲方面從事開創性的工作。在比安奇的審判中，歐尼博士作證說，真正的解離性身分障礙患者往往具有三個或三個以上不同的人格。第二天，比安奇突然間就發展出另一個叫比利的人格，他先前從未提過。

眼前的這一點帶我們回到唐納·哈維身上。某些時候，他聲稱受到名叫鄧肯的撒旦惡靈驅策，所以他在進行某些殺戮前會諮詢鄧肯的意見。他會擺好蠟燭代表可能的受害人，如果燭火搖曳，就是鄧肯指示該殺這個人。

首先，如同我指出的，我的FBI同事肯·蘭寧有效地證明了做為動機的撒旦儀式謀殺其實並不存在；如果關於鄧肯的故事是真的，這會是極端不尋常的，值得在犯罪編年史上記上一筆。不過，除此之外，從法醫科學的觀點來看，這番說詞就是兜不攏。這些謀殺之中，若不是大多數，至少也有許多件是機會犯罪，而其中一些徹頭徹尾是自發性的，所以要說哈維提供一連串潛在受害者給鄧肯裁示，這完全說不通。我的直覺是，鄧肯和肯尼斯·比安奇的「比利」，還有大衛·伯考維茲聲稱寄居在他鄰居山姆·卡爾（Sam Carr）家那隻黑色拉布拉多狗體內、逼他殺害紐約市年輕情侶的三千歲惡魔一樣，是假的。

當我在阿提卡（Attica）監獄訪談伯考維茲時，他曾設法對我灌輸那隻狗的故事。「嘿，大衛，別鬼扯了，」我說道。「那隻狗根本毫無關係。」事實上，在他被捕之前，這故事甚至根本還沒

成型。他笑出來，點點頭，然後承認我是對的。

在我的職業生涯中，我還頗常見識到這種找個替身來當代罪羔羊的特性。

O・J・辛普森在他的書裡──原本書名是《如果我做了》(*If I Did It*)，後來在高德曼家族以他們的民事訴訟為基礎贏得版權以後，以《我做了》(*I Did It*)之名出版──描述他的前妻妮可・布朗和她朋友隆納・高德曼的謀殺案，猶如他實際上犯下了這些罪案。從我在執法單位與行為分析工作四十多年的觀點來看，這本在辛普森從謀殺案中無罪開釋多年後寫成的書，只是又一次展現他對道德標準的輕蔑，還有他對妮可的權力欲與殘存的憤怒。換句話說：就是一個社會病態自戀者的行為。

但他也把一個替身帶進他的重述內容裡。在描述一九九四年六月十二日晚上發生了什麼事情以後，辛普森寫道，他的朋友查理──這本書出版以前，整個調查中從未出現過的名字──告訴他說：「你不會相信妮可家發生什麼事，」意思是她跟男人廝混。佛洛伊德派精神科醫師會說查理是O・J的本我，人格中情緒性、衝動性的部分。我和執法界的同事就稱之為犯罪意圖。使用某個想像物不只是讓犯罪者與暴力行為拉開距離，還能讓他把受害者、還有他對她做的事情都非人格化。

哈維沒有查理，但他確實有鄧肯。

「所以說，鄧肯，這個世界之外的人物……」我開始對哈維說話。

「你最好小心鄧肯。他可能會逮到你，」他淘氣地咧嘴笑著回答。

我們澄清了鄧肯是出現在唐納二十出頭的時候，所以他不可能為早期的謀殺案負責。「所以，你不能怪鄧肯？」

「唔，鄧肯一直在，或許這輩子都跟我在一起。」

「你這麼認為？」

他再度露出微笑，看起來像是在玩弄我。能夠操縱一個前聯邦探員的想法，顯然非常有吸引力。「你沒有想像的朋友嗎？」他問道。「那麼你要怎麼玩牛仔與印第安人？你想當個警察嗎？好了，你當過聯邦探員，對吧？」他似乎在暗示我們長大後會成為我們孩提時想像的任何人。這並不是太古怪的論點，雖說我小時候想當個獸醫，而我從沒考慮過FBI探員的職涯。哈維是在設法暗示他的想像朋友鄧肯在他成人早期以前就出現了，還驅動了他的「職涯」選擇嗎？

我把他帶回肯塔基州倫敦市的那一晚，當時他喝得爛醉，自白了他的前十五次殺戮。我問他，是不是真的沒有人相信他。

「沒有人相信我，」他肯定這一點。「他們說我有非常活躍的想像力。他們打發我去看精神科醫師，問我是不是想自殺，我是不是醉了，我是不是抽了大麻。不；我第一次喝了烈酒，而我掏心掏肺。所以我真的很值得信任。」

對於像我這樣的人來說，此事的反諷之處在於，我總是對犯人告訴精神科醫師或者其他治療師的話心存懷疑，因為他們若是說服治療師相信他們已經治癒、沒有傷害性、已經洗心革面、看見光明等等，肯定會因此有些斬獲。而我對於刑事司法環境中太容易相信這些人的治療師抱持著批判態度。在此，我們有個相反的處境。某個本來應該被定罪的人，執法人員和治療師本來應

該相信他在說實話，反而做出結論，認為他有「非常活躍的想像力」。他們因為不相信他而縱虎歸山，讓他繼續殺戮。

此事如果真的帶來任何教訓，那個教訓會是什麼呢？

正常人發現很難掌握這個現實：獵食者真的想法不一樣。我們傾向於透過來自個人經驗與人生價值的觀點去評估他們，然後試著搞清楚「出錯」的到底是什麼。換言之，那個異常的零件是什麼——一旦被辨識出來並且「修好」以後，就能讓他們再度「正常思考」嗎？唔，在許多例子裡是有個異常零件，若不是決定了行為，就是影響了行為。但等到某個人照著他的獵食衝動採取行動的時候，那個零件通常已經太徹底融合到他整個人格之中，以至於你就是無法像是換掉一個有缺陷的機械零件那樣，把它拿出來替換掉。這就是為什麼改過遷善的概念對暴力犯來說這麼成問題。

損害一旦造成，通常就不可能修復了。

19 「我一點都沒有變」
"I Haven't Changed a Bit"

　　以唐納·哈維如此令人不安的紀錄，他的案子裡或許還有另一個元素引起擋不住的擔憂——也就是說，他能夠在一個理應安全的機構背景下，不知不覺殺人這麼多年。他如何這麼多年來都成功地辦到？沒有任何內建在系統裡的防護措施與安全手段，甚至是某種形式的模式辨識機制嗎？答案是，他了解系統；事實上他對系統的了解，比管理系統的人還要多。

　　他解釋說，透過觀察他周遭的人，並且注意他們的習慣與例行公事——誰很細心周到、誰很懶惰而且不會做後續追蹤——他可以對他在計畫並進行的事情感到安心。「你有像我這樣的人，坐待觀察一切。好，那些像我這樣的人——他們在這個世界上無憂無慮。不過那些人有時候是你必須注意的類型。」

　　在任何一間病房裡，他甚至可以說出哪一邊的走廊有護理師（registered nurse，簡稱RN）看顧，哪一邊是由護士（licensed practical nurse，簡稱LPN）照看，而且他知道他有可能被要求幫忙護士那一邊。

　　換句話說，他把自己轉變成一個剖繪員。

　　「你進入醫院工作的時候，你看著這些人：去他們最喜歡的酒吧或類似的地方，看他們用哪種制服，他們如何行動，他們如

何放鬆。他們進去，把自己的東西放下。你可以抓了就跑，看看那天穿的是哪種制服。他們有多種制服嗎？——那樣很棒！那表示你可以弄到多種制服，就這麼穿著。他們可能發給你五六種不同的顏色。我可以長驅直入任何我想去的醫院。只要給我一天的時間。」我想他指的是，在許多醫院裡，每個職位都有不同顏色還有／或者不同形式的制服，所以只要知道該拿哪件制服，他可以從一個身分變換到另一個。

「我確定你可以，」我評論道。

「『你今天好嗎？』你知道的——噠噠噠，這裡是哪裡？或者：『噢，我今天還沒見到誰誰誰。』然後他們說：『噢，對啊，所以你是……？』他們不知道你在講誰——瓊斯小姐、史密斯小姐，隨便誰都可以。」

「因為你很熟悉？」

「你必須能夠說服一隻垃圾場的狗從垃圾桶裡鑽出來。」

「在醫院工作的時候，你在舒適圈裡。」幾乎每個獵食者都在自己的舒適圈裡工作。舒適圈可以是一個地理區域——離家或者他熟悉的某個地方很近。這可以是人際關係區域，像是喬瑟夫·康卓覺得對付他朋友們的女兒很自在。或者可以是特定的環境，像是哈維所在的醫院，他知道他會在那裡找到無限供應的無助受害者。

還有更多殺手與哈維系出同門的事實，揭露了像哈維這種殺手的存在，以及照護機構的弱點。在哈維肆虐時期之前與之後，都有過這樣的例子：健康照護系統內的殺手，以那些仰賴他們、

對他們付出信任的人為目標。而可能握有最多醫療謀殺紀錄的人不是一名護士或護工，而是一位醫師——例如英國曼徹斯特的哈洛德・「弗列德」・希普曼醫師。他在另一個面向上也值得注意。希普曼在動機方面超乎我們先前談過的案例，還有個事實是，他大多數的罪行發生在醫院環境之外。

哈洛德・弗列德瑞克・希普曼（Harold Frederick Shipman），一九四六年一月十四日出生於諾丁漢（Nottingham）的一個勞工階級家庭，是個受到專橫母親偏愛、排行中間的孩子，從小母親就灌輸他一種優越感。他十來歲的時候，母親罹患了肺癌，而他在參與照顧她的過程中，開始對醫學產生興趣。母親去世時，他哀痛欲絕，兩年後他進入里茲大學（Leeds University）接受醫學教育。他和妻子普琳羅斯（Primrose）結婚時，他十九歲，她則是十七歲而且懷有五個月身孕，那是他們的第一個孩子。

在醫學院與實習階段之後，他以家庭科醫師的身分加入了西約克郡（West Yorkshire）托德摩登（Todmorden）的亞伯蘭歐姆拉德醫學中心（Abraham Ormerod Medical Centre），他在這裡做得很順利，直到他對止痛藥配西汀（Pethidine）成癮；因為這個癮頭，他偽造處方箋被逮。他進入一個戒毒計畫，為他的偽造行為支付罰款之後，加入了位於海德鎮（Hyde）的東尼布魯克醫學中心（Donneybrook Medical Centre）。他待了將近二十年，在這段時間裡，他建立起勤奮敬業的名聲，受到病患們的歡迎與信任。一九九三年，他在市場街二十一號開了一間私人診所。

一名當地的殯葬人員注意到，希普曼醫師的病患死亡數量似乎不太尋常，而且他們死時似乎都衣著完整，要不是坐著就是躺

著。他問過醫師，醫師向他保證沒什麼好擔心的。他的一位同僚，蘇珊‧布思（Susan Booth）醫師，注意到一種類似的模式，向當地的驗屍官辦公室提出警告，驗屍官辦公室接著通知了警方。警方於是乎進行了一次祕密調查，但沒有任何特別的發現。

希普曼似乎專注於年紀較大或者年邁的女性患者，而且習慣做家訪，他的患者們都很感激這一點。

對於醫療謀殺犯來說，總是有一個案子把他們拖垮，若不是因為草率倉促，特別是法律上要求解剖的情況，就是某個人看出某件事情兜不攏，而且不肯放棄追獵。

前海德鎮鎮長凱薩琳‧葛朗迪（Kathleen Grundy），是個生氣蓬勃又充滿活力的八十一歲女性，在希普曼醫師造訪她之後不久，就被人發現陳屍家中。她的女兒安琪拉‧伍卓夫（Angela Woodruff）對於母親的猝逝感到震驚不已，她問希普曼在將遺體送到殯儀館以前是否應該先驗屍，但醫師表示沒有必要。他把她的死因歸結為「年邁」，並簽署了死亡證明。

安琪拉是一位律師，負責處理母親的財務。她驚訝地發現凱薩琳留下一份遺囑，日期比她知道的那一份更晚近，而且這份遺囑把她大半的遺產都留給了希普曼醫師。安琪拉就是從這時候開始懷疑他是個謀殺犯。她聯絡當地警方，把她的想法分享給偵查警司伯納德‧帕斯托斯（Bernard Postles），他也達成了相同的結論。他申請了一份法院命令，掘出葛朗迪太太的屍體。驗屍結果發現大量的二乙醯嗎啡（diamorphine），這是一種用來控制癌末患者疼痛的強效藥物，施用時間與希普曼醫師造訪的時間一致。

一份對希普曼家的搜索令，揭露了許多病患的醫療紀錄、一

些零星珠寶，還有打出葛朗迪太太那份驚人遺囑的打字機。

警方回溯了希普曼所有年邁患者的死亡紀錄，然後聚焦在那些死於家中以及未被火化的名單，這樣就能夠檢驗屍體。不意外的是，希普曼鼓勵許多哀慟的病患家屬選擇火化，以銷毀他的罪證。

仔細檢驗病患紀錄與時間戳記之間的相互關聯後發現，希普曼竄改了許多受害者的病歷，好讓他們的病況更加吻合表面上的死因，這一點解釋了最初的調查為何缺乏決定性的證據。然而，這次調查的結果，再加上對幾名可能受害者的開棺驗屍，希普曼被控犯下十五起謀殺案。

一九九九年十月五日，審判在蘭開夏郡（Lancashire）普雷斯頓皇室法院（Preston Crown Court）展開。不出所料，辯方企圖聲稱希普曼醫師可能造成的任何死亡，都是因為他同情這些人極端的痛苦。這聽起來是不是很熟悉？

檢方反駁說，希普曼愛上了掌控生死的權力，而沒有一個疑似受害者罹患絕症。

在醫學證據顯示大多數情況下受害者是死於嗎啡中毒以後，檢方透過指紋與筆跡分析證明凱薩琳・葛朗迪甚至從沒碰過那份遺囑。

二〇〇〇年一月三十一日，經過六天的審議，陪審團認定哈洛德・希普曼犯有全部十五項謀殺罪與一項偽造罪。他被判的刑期在英國稱之為「完全終生刑期」（whole life tariff），實際上排除了任何假釋的可能性。

在審判與宣判之後，高等法院法官珍奈特・史密斯（Janet

Smith）主持了為期兩年的臨床稽核，被稱為「希普曼調查」，調查結論是，在超過二十四年的時間裡，希普曼可能要為至少兩百三十六起病患謀殺案負責。這讓他輕而易舉就成了英國歷史上殺人最多的連續殺人犯。他的受害者中有大約百分之八十是女性。希普曼傲慢地繼續聲稱他完全無辜，同時，史密斯法官則說明她的委員會調查了更多沒有決定性證據的死亡事件。

在西約克郡（West Yorkshire）韋克菲爾德監獄（HM Prison Wakefield）的一次清晨點名，希普曼被人發現已經死去，在他的牢房裡上吊，只差一天就是他的五十八歲生日。他用的是綁在窗口鐵條上的床單。

像希普曼和哈維這樣的殺人凶手能夠適當地利用正規體系，然而機會本身並不足以讓人犯罪之後逍遙法外。但是他──在這種形態的犯罪中，或許有時候是「她」──一定也知道怎麼樣在這些系統裡表現良好。

「永遠要與人為善──那是最大的關鍵，」哈維告訴我。「要友善，可是不能友善到讓人起疑的地步。永遠要與人為善，因為其他人也會對你好，大多數時候是這樣。」就類似泰德·邦迪那樣的性獵食者，儘管心懷謀殺意圖，外在表現卻魅力迷人。

如同我們在其他連續獵食者身上注意到的，你可以把身體關起來，但心靈仍然自由自在，可以一再重溫那些犯罪，回到犯罪者得到最大犯罪滿足感的時刻。我問哈維，晚上他獨自一人時會想哪種事情。有任何特定的謀殺案特別貼近他的心，會讓他在靈魂的午夜時分想起來嗎？他的答案很令人訝異。

「我現在在蓋一棟房子──一棟小木屋。我拿到一份雜誌，

然後我建造了兩個、三個——我的意思是，現在蓋了四間臥房了，但我只有三間浴室。」

「你在心裡做這件事？」

「是啊，是啊。有時候我會寫下一些東西。是啊，我們（他和鄧肯？）蓋房子，也許下一年事情又不一樣了——蓋間教堂或者類似的東西。」

大多數被囚禁的重刑犯如果講出這番話，我會認為這種回應根本胡扯。但出自一個像唐納·哈維這樣隨隨便便就殺人的人，其實很合理。舉例來說，他不像丹尼斯·雷德——花了大半醒著的時間在幻想綁縛、折磨並殺害一整個家庭，甚至用素描畫出他許多想法的分鏡圖——哈維做的是自己的日常事務。如果他的日常事務包括殺死某人，這件事肯定會讓他感覺比較好，但他似乎不是用同樣的方式持續想著這些行為。如同他才剛告訴我的，他對他周遭的環境與同事做了充分詳盡的研究，讓他能夠自在地做他在做的事，所以，當殺人的機會出現時，他就會把握。

然而，我不願意接受他從未思索或者幻想過這件事。我嘗試了另一個路線。如果蓋房子是他現在的幻想，那麼殺死無助的人是他長大過程中、還是他進醫院工作以後占主導地位的幻想？

他堅持犯罪比那還要更「實際」。「不，我的意思是，一點都不像那樣。這就像是卡爾跟所有我確實遇見過的人——我不讓這件事情過去。我就像這樣：『如果你不想跟我在一起，掰掰；就讓後門砸到你吧。』」

那個「掰掰」到底是意謂著「認識你真好」還是「對人生說再見吧」，他刻意保持模糊。不過，他的犯罪生涯已經釐清了這

一點：任何讓他心煩的人，都可能輕易變成一個死亡統計數字。

他說，他在監獄裡也抱持著同樣的態度——對每個人都很好，說「早安」，然後做他自己的工作：運送送洗的髒衣服和打掃辦公室。我指出他處於保護性拘留，而不是跟一般囚犯關在一起，但他說那是有關當局的選擇，不是他的選擇；他跟一般囚犯在一起沒有問題的。

以他自己的方式，哈維就跟喬瑟夫·康卓一樣想法實際；康卓認清了博得一個他已經認識的受害者信任比較容易，而且他認為如果警方找不到屍體，他就可以逍遙法外。從在停屍間工作還有協助驗屍的經驗裡，哈維不僅知道每種藥物或疾病留下的影響與殘餘證據，也知道根據表面的死因為何，屍檢會按照某個特定的程序進行，這程序甚至不太可能聚焦在謀殺的真正原因。

「看，一種（殺戮）方式是，你讓一個有心臟病的病人——你抽取脊髓液，然後抽取足夠多的脊髓液，導致他心臟病發。有位女士，她在接受肺炎治療。我導致她痰堵塞，所以基本上她是被悶死的。」

如果患者有心臟病，看似死於心臟病發，病理學家就沒有理由檢查脊髓液。而罹患肺炎的女性看似死於肺炎，就沒什麼可疑之處。除此之外，哈維還知道除非有特別跡象，大多數的醫院內死亡都不會進行解剖檢驗。

我問哈維：「事後回顧，對於讓你現在變成這樣的病患包威爾，有沒有任何事情你會希望做了不同的選擇？」

「唔，」他的回應就好像答案很明顯似的：「我絕對不會給他氰化物；我會把鼻胃管清得更乾淨些。我的意思是，你無法回溯

過去，對自己做事後批評。我再也不會事後批評自己了。」

　　而且，當然了，最糟糕的死亡其實不是他的錯。因為哈維直接把拉直的衣架塞進他導尿管裡，結果死於腹膜炎的那個人——「那是醫院方面的維安太差了，」竟然在他用金屬尿盆打了唐納的頭以後，還讓唐納照顧他。

　　這個反應並不算不尋常。一個強姦犯一度告訴我，他看到一個女人穿著短裙，坐在餐廳的吧台椅上，看起來沒穿內褲的時候，她是在找機會被人強姦，而他只是從命而已。

　　我對哈維指出，他在做的事情被稱為投射（projection）。他承認「我以前做的事情是錯的」，卻合理化這件事，說他當時十八歲，沒有人告訴他如何處理像這樣的處境。到最後，他願意跟醫院分擔責任：「不，他們並不需要為死亡的部分負責；他們要為他的安全負責，因為他們把他綁起來，然後叫我照顧他。我沒有把他綁起來；他已經被綁起來了。」

　　記得他如何同意參與一部醫院安全影片，做為一種公共服務，用來防止像他一樣的人犯了罪卻逍遙法外嗎？當我問他，如果他在九十歲前就獲得假釋，他想要做什麼的時候，他回答：「這個嘛，既然你喜歡跟連續殺人犯還有謀殺犯談話，我想我會跟你合作，因為我們可以組成相當好的團隊。他們（剖繪員）想不到的，我可以想得到，補足其餘部分。」

　　不管我怎麼嘗試，這個人我就是無法在情緒上觸及到他——到達那個他會崩潰、讓我看見他真實脆弱面的那一點。他的防禦機制構造，似乎就是光從所有事物表面掠過。

　　泰德・邦迪被捕並且被判犯下數起謀殺罪之後，經常靠著學

術類的活動來獲得快感：他們要求他幫忙，讓他們理解他深沉、黑暗的犯罪心理。邦迪可能是你所能見到的、最接近某一類連環殺手的原型：英俊、聰慧、迷人、能言善道、足智多謀。他在一九七〇年代從華盛頓州到佛羅里達，凶殘殺害了至少三十名年輕婦女。已故犯罪作家暨前警官安・茹爾（Ann Rule）在西雅圖的一間強暴危機處理中心和他一起工作時，從沒懷疑過他不為人知的祕密。事實上，她相信他真的在那裡的熱線工作上幫助他人，也拯救了生命。

我的調查支援小組成員比爾・哈格邁爾（Bill Hagmaier）南下到邦迪的最後住所，史塔克（Starke）的佛羅里達州立監獄死囚區，去和他談話。對他來說，和FBI談話可能是對自我的最後一劑強心針。儘管他擁有天生的優勢，邦迪卻有個困擾重重的童年，而且像大多數被抓到的連續獵食者一樣，很快就把他的罪行歸咎於外在因素——在他的例子裡，是暴力性質的色情讀物。雖然色情刊物可能給他一些想法，還助長他的色欲，但若不是謀殺衝動已然存在，也不至於把他變成一個殺手。

我們從哈格邁爾的訪談裡學到的事情之中，有兩件事引起我的注意。第一，對邦迪來說，狠毒地性侵謀殺他選擇的受害者，年輕漂亮的女人，並不是這些罪行中最重要或最令人滿足的元素。在他描述中真正讓他獲得快感的事情，是狩獵跟捕捉的刺激，然後是掌握另一個人類生死的至高權力，就像丹尼斯・雷德一樣。他說當他從華盛頓州的瑟瑪米什湖（Lake Sammamish）誘拐兩個女人，珍妮絲・歐特（Janice Ott）和丹尼絲・納斯倫德（Denise Naslund）的時候，他在自己覺得安全的限度下讓她們盡可能活久

一點，然後逼其中一人看他殺死另一個人。這讓他享受到最虐待狂式的愉悅。他告訴哈格邁爾，他殺掉這麼多年輕漂亮女人的理由，就是他想這麼做，他把這種事幾乎當成一種讓他完全占有受害者的神祕經驗來享受。在這方面，他幾乎就像雷德，雷德大約相同時間也在作案。

邦迪訪談裡另一件讓我印象深刻的事情，是他極端自信他能逃離任何進退兩難的處境。這表現在實際逃脫上，一如他在每個犯罪現場所做到的，還有在科羅拉多州亞斯本（Aspen）的皮特金郡（Pitkin County）法院看守所逃脫，當時他從猶他州被引渡過去接受謀殺審判，暫時被關在那裡。他在八天後被捕，六個月後再度逃亡，就在他的謀殺審判開始前不久。他也被一位在佛羅里達州塔拉哈西（Tallahassee）開車到處繞的巡官攔下來過，但那位警官回巡邏車查汽車牌照的時候，邦迪立刻兔脫。

不過，那不是他唯一的脫逃策略。在他終於真的被抓住的時候，他認為他提議「幫忙釐清」未結的謀殺案，卻不真正承認有罪，就可以替自己討價還價，得到較輕的刑期。他覺得透過和想訪問他的學術界人士交談，他就會讓自己變得太「寶貴」而殺不得，並且因此得到特殊待遇。當他終於現身受審時，他傲慢地要求容許他充當自己的主要辯護律師，麥可‧米納瓦（Michael Minerva）這位受到高度敬重的公設辯護律師只是「輔助」他。

接近最後尾聲的時刻，他仔細考量過他終究免不了死刑的命運，他變得急切地想做他所能做的任何事，以便推遲他的死刑執行。他曾經央求比爾‧哈格邁爾與羅伯特‧卡佩爾（Robert Keppel）博士——這位來自華盛頓州的犯罪調查人員，他的偵查生涯

即源自早期的「泰德謀殺案」——去跟有關當局交涉，以保住他一命。最後，四十二歲的邦迪自吹自擂的足智多謀讓他自己失望了。他在一九八九年一月二十四日上了電椅。比爾直到前一天都還和他在一起，對他表現了一些人性的仁慈溫情，這是邦迪自己拒絕對許多其他人展現的感情。

雖然不是同類型的連續殺人犯，唐納·哈維展現出同一種扭曲的自豪感。像我這種人要求訪談的事實，顯然讓他覺得自己很重要。

我問他，如果他母親過世了，他會有什麼感覺。

「她年紀沒有比我大太多，所以很難說誰會先走。」

「我的意思是，這會是真的很可怕的事情。」

「當然，而且失去雙親之一或者親戚是很可怕的。」

那麼，在他父親死時他有什麼感覺？

「我當時是個年輕人。」

他的家庭範圍有多大？

「那是你在外面的家庭。這是我的監獄家庭。」

他也沒有對那些謀殺案表現出任何悔意：「直到我真的被捕以前，我從不把那看成謀殺。我總是看成慈悲之舉，你懂的。今天他們有臨終照護跟幫助自殺了。」

「他們是有選擇的，」我指出這一點。

他同意這件事，不過反駁說他們大多數人都不在能做決定的狀態，又沒有任何近親可以替他們做決定。然而有趣的是，他沒有把他做的事情用安樂死或幫助自殺來形容，他反而評論道：「我是法官、陪審團兼劊子手。」劊子手並不是我們在常態下會跟慈

悲殺人連結在一起的字眼。

「但這些案子並不盡然是慈悲殺人，」我說。

「不，並不全都是那樣。」

「而我們正好知道方法再度有所不同，你提過有一次用枕頭套。其他方法還有什麼？」我知道他所有的方法，但我想看看他是否會區分他出於「慈悲」殺死的受害者，和那些他為了其他私人原因殺死的人。

「我使用嗎啡，」他開口說道。「我使用嗎啡，是因為肯塔基州嗎啡控管得沒那麼嚴，尤其在一九七〇年代的小型醫院。他們把嗎啡放在冰箱裡。我用過氰化物。我用過砷。我用過黏膠清除劑。唔，也用過塑膠袋。」

「你曾經實驗過，或者只是什麼能用就拿來用？」

「我想要用最快致死的方法。而我確實拔掉了幾個呼吸器。我用過一種黏膠清除劑，因為那樣會導致痰堵塞，然後他們會死於肺炎。我在靜脈注射裡用過氰化物——我把藥物注射進去。氰化物在黑人身上不會顯露出來，不過在白人身上就看得出來。如果你把它用在……你不會用注射的，你把氰化物放在靜脈注射——不，我把它用在他們的餵食管裡——就是這個害我被抓到。我太匆忙了。」

請注意這一切對他來說，多麼不帶感情又按部就班。

我想繼續追問他把自己視為正義分配者的看法。「那麼這個叫做納森尼爾·華森的人呢？」

「他是個強姦犯。」

「你認為他是個強姦犯。」

「不，他就是。他以前待過郡看守所。」

我看過那個案子。「有沒有這回事有點可疑，事實上——」

「噢，」哈維打岔。「他曾經因為六名女性的強姦案被訊問過，然後他中風了。每次他看著一個白人女性，他都會勃起。他看著黑人女性或男性的時候——不會。甚至他看著醫生的時候，如果他是白人，他就勃起，所以我殺了他。我的意思是，他狀況很不好；他真的狀況很差。」

並沒有可信證據指出華森是強姦犯，但哈維緊抓著這個信念，因為這讓他這場謀殺有個方便的藉口。

「所以，你覺得殺掉他沒問題？」我問道。

然後他就換了個方向，描述華森的昏迷軀體不自然收縮，還有慢性褥瘡，得要有兩個人才搬得動他。哈維把他比擬成凱倫·安·昆蘭（Karen Ann Quinlan），這名年輕的賓州女性在一九七五年吃了好幾種藥物混合酒精之後失去意識，處於無法恢復的昏迷狀態，同時她虔誠的家人設法要讓她移除呼吸器，回到她「自然的狀態」。甚至在一位上訴法官支持昆蘭家的立場，昆蘭小姐被移除呼吸器以後，光靠餵食管支持，她還多活了幾乎十年。這是讓死亡權議題受到全國矚目的案子。哈維聲稱他不想讓華森承受這樣的命運。

所以，這是一舉兩得——哈維殺他因為他是個強姦犯而且／或者他是個毫無希望的中風受害者。我提起此事，強調了這個對比：哈維對自己的環境與同事做出高度合乎邏輯、有條理的分析，同時卻又對他為何持續殺害無助之人有徹底混淆不清、自圓其說的推論。

逐漸變得清楚的事情是，哈維對其他人有深切的矛盾心態與不成熟的傾向。這就好像他在前青春期的層次上以行動發洩，幻想著——而且在他的例子裡，是以行動對付——在任何時刻惹惱他的任何人，就算他大致上跟那個人有著還過得去或者中性的關係。

當我問起他企圖下毒、讓對方感染 HIV 跟 B 型肝炎的鄰居時，這一點被強調出來。

「她超愛男同志，」他回應道。「那就是她擁有的一切——她所有的朋友都是男同志。她覺得跟他們在一起很安全。她是個好廚子，而且她大多時候其實還滿好的。」

所以，他為什麼企圖殺她？因為他認為她在編故事，說唐納背著卡爾跟別的女人上床。看來她怨恨卡爾花更多時間和唐納在一起，而不是跟她。儘管事實是「她大多時候其實還滿好的」，在我提起她的時候，哈維唯一真實的反應是，用砷來殺她會更好更有效率。

另一方面，他並不想殺卡爾。哈維確定他給卡爾的砷只足夠讓「他的陰莖好好待在他的褲子裡，別去公園搞七捻三」。

然而過了一陣子之後，這不足以制止卡爾了。

「到最後，在性方面他變得很糟糕——他照樣出去，就算他拉肚子而且嘔吐，他還是出去。」

我又多討論了幾件他在醫院之外的殺戮。

至於鄰居海倫・梅茨格，「她是一位很好的女士。卡爾從她那裡偷了大約十萬美元，她要去找警察，而我不能承受讓她去找警察，因為我曾經被訊問過，我不想搞砸我在退伍軍人醫院裡的

事情。」

在慈悲殺人的主題上，他說最糟糕的事情發生在他被安排到腫瘤科病房的時候，因為有這麼多瀕臨死亡卻沒有家人的病患，所以他基本上指派自己去了結他們的慘況。他認為，要是他留在一般護理病房裡，他就不會有事，這當然完全不符合他已經向我揭露的自我肖像。

哈維單純、好相處的假面，跟邦迪那樣的足智多謀與犯罪想像力是結合在一起的。

在納森尼爾・華森之死引起懷疑的時候，他有個詳盡的逃亡計畫——詳盡到聽起來比較像懸疑小說或驚悚電影，而不是某種可以在現實生活中執行的事情。

哈維告訴我，他在地方上的男同志酒吧巡梭了三四個晚上，尋找看起來像他的男人。當他發現一個合適的人選時，他會說他在一間醫院裡工作，很擔心愛滋病，所以做愛之前，對方必須同意讓他驗血。一旦他得到血液樣本，他不會拿去驗HIV，而是找出血型並且做交叉試驗。

當時他住在一輛靠天然氣提供暖氣的拖車裡。他認識一個禮儀師，這個人說他可以拿到炸藥，因為炸藥有時候被用在挖掘有大石頭的墳場墓穴。哈維的想法是殺死一個很像他的人，把他的屍體擺在拖車裡，然後讓情況看起來像是發生了一場瓦斯爆炸。

我問哈維打算去哪裡。我說，我猜最有可能是墨西哥。奇怪的是，他不願對我透露這一點，好像這麼多年以後，他心裡還有個逃亡計畫，而這件事情是其中一部分。

無論如何，這個計畫沒有任何進展。他找到一個他認為夠像

他的男人，結果這個人的血型不對。他指出，他後來領悟到只有血型一樣還不夠——DNA分析會讓這個陰謀被揭穿。但想來到那時，哈維早已逃之夭夭了。

不過，在此有趣的是幻想滲透進這個逃亡計畫的程度，如同他現在正在幻想蓋房子。我的印象是，他需要這些夢想來讓自己保持平衡的情緒狀態，猶如邦迪對自己操縱與規避的天分所具備的那股信心。換句話說，總是有某個地方讓哈維可以逃進去，如果不是在真實生活裡，至少在他心裡。這跟其他連續獵食者活躍的幻想生活是一致的。

幻想性質的思維，瀰漫在唐納・哈維心理的許多面向上。在我問他為什麼這麼憂鬱，以至於數度嘗試自殺，他用一句話撇清：「我的意思是，如果我想那麼做，我就會用恰當的方式來做。」

我開始相信，讓每件事維持在簡單表淺層次，是他性格裡固有的需求。回到他翹班的那天，他是以此避免出席他和醫院其他員工應該接受的測謊，但他聲稱他不記得那個特定的日子，卻提出這個看法：「我知道社會病態者如果想通過就能通過。」

「你自認為是社會病態者嗎？」我問道。

「呃，大多數人是這麼看待我的，」他回應。「你怎麼想？」

那個友善、幾乎顯得喜氣洋洋的微笑回來了。「我就只是唐納・哈維。我一點都沒有變。我已經改過自新了。我很好。我準備好重回街頭了。」

或許沒有別的事情，比這更清楚地顯示出哈維沒有能力、或者沒有意願認真面對自己的心理與動機。要不然就是他已經這麼做了，認為我們其他人太遲鈍，跟不上他。

　　隨著訪談進入尾聲，哈維基本上承認到這個地步：「我不仔細看事情，懂嗎？有三十五年我是個自由人；我認為我所做的事情是對的，而對於我照料的病人，我喜歡這麼想，我讓他們輕鬆離開人世，你懂吧。他們沒有給我許可——沒有。但其中某些病人，沒有人可以代替他們給予許可，像我會立一個生前遺囑，以防萬一我的情況變糟。我們有很好的醫院，但我只是要說，如果我得變成植物人，我就不想活了。」

　　「你會讓別人以你的方式對待你嗎？」

　　「如果他們想來，就來吧。」然後他補充：「唔，別被抓到，該死，別被抓到了，因為，你懂的，你會住的那些小牢房跟浴室沒那麼棒。」

　　他的話語結果成了預言。二○一七年三月二十八日下午，哈維在托雷多監獄（Toledo Correctional Institution）的牢房裡被人發現，他被打到不醒人事。傷口是非武器造成的鈍器創傷，而攻擊者據信是另一名囚犯。獄方發言人表示，凶手和受害者本來都關在保護性監禁單位裡。兩天後，哈維死在托雷多的慈愛健康聖文森醫療中心（Mercy Health-St. Vincent Medical Center），死前一直未能恢復意識。他享年六十四歲——距離他第一個可能的假釋日期還短了大約三十年。

20 | 墮落天使
Fallen Angel

　　退一步看我跟唐納‧哈維的對話，可以發現，一個人很容易對他講到那些殺戮的疏離方式、以及這些方式是怎麼定義他的心理狀態感到不屑一顧。在唐納‧哈維陳述說他「很好」而且「是非常溫暖而充滿愛的人」的時候，他不只是表現得輕浮無禮而已。雖然我們肯定不是那樣看待他，但他卻引起深刻的道德與哲學問題，就類似紐倫堡大審中的納粹被告引起的問題，特別是那些集中營指揮官、公務員以及參與運作，讓他們那個系統化的機械流程帶來墮落與死亡的人。在他們自己的邏輯系統裡──一個由精神病態者設計，由國家官僚體系「正常化」的系統──這些下屬所做的事情不只是可以接受，還是建設性的。他們若非真的相信他們在做的事，就是把所有道德問題留給更高權威去思考。

　　同樣地，哈維必定建構了他自己的邏輯系統，在其中他所做的事情是可以接受的，而且有益他人──不是慈悲殺人，就是身為復仇天使。而僱用他的機構要麼對他所做的事情視而不見，要麼不願意承認伴隨著他的病患與輪值班次出現的死亡模式。不幸的是，這不算不尋常。公共機構傾向於不想被扯進問題裡，或者因為探究得太深而在法律上受到掣肘。把問題傳給程序上的下一個人或地方，實在容易得多。到底有幾百名、還是幾千名兒童

受到性虐待，就只因為天主教教會人士認為比起當面對質並處理犯罪神父的罪行，把他們重新分發到其他地理位置或教區比較容易，而且比較不會危害到整個機構？

雖然很難看出哈維實際的智力水準，但他卻相當機智，而且在知識層面上對犯罪很熟練。在情緒層次上，他正好相反——這種結合讓他成為一個特別危險又成功的殺手。

不幸的是，他遠遠稱不上獨一無二。

一九八七年，他在辛辛那提判決前的聽審上說：「外頭有好幾個唐納·哈維。」

結果他是對的——不論是回溯過去或展望未來，他都說對了。

在《犯罪分類手冊》第一版中，醫院殺人案被列為個人動機謀殺的一個子集合。到了第三版，我們將醫院殺人案從個人動機這個部分移出，並且因為這種謀殺的相對頻繁程度，給予它一個獨立範疇：醫療謀殺（Medical Murders）。

唐納·哈維所做的事情，現在的次分類是偽慈悲謀殺（Pseudo-Mercy Homicide）。

一個名叫查爾斯·愛德蒙·庫倫（Charles Edmund Cullen）的人，直接追隨哈維的腳步。除了庫倫是離婚有小孩的異性戀這個事實外，他的案子替哈維案提供了一個相似得不可思議的平行對比，而且生動地展現出我們做罪犯訪談的價值。因著我們對唐納·哈維的了解，我們也了解查爾斯·庫倫和他的同類。

庫倫是個謙遜的男子，就像唐納·哈維一樣，也有個充滿創傷的童年。一九六〇年出生於紐澤西州西奧倫治（West Orange）的庫倫，是八個小孩當中的老么。他的父親，一名五十八歲的巴

士司機，在他還是嬰兒的時候就去世了。他曾數度企圖自殺，但是並沒有等到成年才這麼做，第一次嘗試是在九歲，他吞下含有化學物質的家用清潔劑。他母親在他十七歲時因車禍喪生，當時是他姊姊開車。庫倫自願加入軍隊——在他的例子裡是加入海軍——卻出現精神不穩定的跡象又企圖自殺，最終因為醫療因素退役。而且像哈維一樣，庫倫讓自己混進一連串的醫院裡，研究他們的日常慣例與程序，然後利用他們的系統疏失。

實際上，查爾斯・庫倫只有一個重大特質跟唐納・哈維不同，就是他沒有哈維的表面魅力。庫倫是個退縮的孤僻人士，大多數人一認識他就覺得他很怪。

庫倫十六年來，曾於紐澤西州與賓州的九間醫療院所擔任護士，在這段期間，他殺死至少三十名病患。而實際數量可能有十倍之多；但包括庫倫自己在內，沒有人確定這點。

就像哈維，庫倫自稱是慈悲天使，讓他們擺脫苦難。此外，有很多庫倫照顧的病患並不是處於病程末期，或者極有可能康復，哈維案也是如此。庫倫展現出像哈維一樣某種混淆的合理化思考，而且似乎無法深入探究自己的動機。他責怪醫院讓他接近那些他最終殺死的病人。他愛用的凶器是胰島素、腎上腺素與心臟病藥物毛地黃（digoxin）。

庫倫曾數度引起懷疑，這方面的次數比哈維更多，而且每次都讓醫院和執法當局有機會結束他的致命職涯。有好幾次，其他護理師注意到並且回報他值班時異常的死亡率；在好幾個不同的場合，庫倫也因為工作表現不合格遭到革職。在賓州伯利恆（Bethlehem）的聖路克醫院（St. Luke's Hospital）——據我的計算，

是庫倫工作的第七家醫院——有大量甚少使用的藥物消失,不過這些藥會被自動填補回去。當類似數量的藥物再次消失時,也會被例行補充,而這一切似乎都沒有啟人疑竇。庫倫後來說,這些竊盜案裡到處都是他的指紋。

然而,每次有關當局都錯失了大好機會,只能以沒有足夠證據或者情況太過模稜兩可作結。有部分原因是全國護士短缺,這讓他得以繼續從事原本已經不保的工作。況且院方並不想承認他們的病房裡可能發生了某些事,使得死亡率超出常態。就連類似的暗示都有可能打開潘朵拉的盒子,讓不確定性、種種指控與財務風險都跑出來。

「賓州調查人員怎麼覺得沒有足夠證據可以證明是我幹的、也沒吊銷我的執照,我不知道,」庫倫後來對警探們如此評論道。「在所有那些晚上,每次這種事發生的時候,我都是唯一在場的人。」

庫倫最後事跡敗露是在二〇〇三年,紐澤西州桑莫維爾（Somerville）的桑莫塞醫療中心（Somerset Medical Center）,他在那裡的加護病房工作了大約一年。到了春末,醫院的電腦系統紀錄顯示庫倫調出了不由他負責的病患資料,其他員工也觀察到他頻繁出入非指派他照顧的病房。另外,許多藥品被保存在上鎖的櫃子裡,由一種稱為Pyxis的自動化給藥系統控制,要有電腦存取碼才能打開。而紀錄顯示庫倫拿走了不是開給他任何一位病人的處方藥。通常他會很快地取消指令,設法掩蓋他的行動軌跡,接著在幾分鐘後下指令要求同樣的處方。

大約同一時間,史蒂芬・馬卡斯（Steven Marcus）醫師,紐澤

西毒物資訊與教育系統（New Jersey Poison Information and Education System）執行主任，提醒醫院的管理部門注意有四宗死亡案例很可疑，而且可能指出有一名員工蓄意殺害病患。醫院官方代表設法減緩馬卡斯醫師的擔憂，但他堅持立場，告訴他們，他打算把這個案子回報給州立的衛生和高齡服務部（Department of Health and Senior Services），而且他已經錄下這段對話了。這引起了他們的注意，但容許庫倫繼續待在加護病房，直到展開調查。與此同時，可疑的死亡仍繼續發生。

直到一名患者在十月死於低血糖——這指出有可能是胰島素過量——管理部門最終通知了執法當局。當警方著手進行調查時，他們發現了一長串錯誤與疏忽，包括庫倫在八月造成一次未致命胰島素過量。那時有人開始檢視他被紐澤西州與賓州多家醫院僱用又開除的冗長紀錄。桑莫塞醫療中心接著採取了許多人認為最容易脫身的做法——開除庫倫，因為他在他的應徵表格上撒謊。期間，警方的調查仍持續進行。

庫倫於二〇〇三年十二月十二日，在一家餐廳用餐時被捕。他被控犯下一起謀殺罪與一起殺人未遂罪。兩天後，他同意接受桑莫塞郡警探提摩西・布隆（Timothy Braun）和丹尼爾・包德溫（Daniel Baldwin）的訊問。就像唐納・哈維，在長達七小時的審訊過程裡，庫倫承認他殺害了約莫四十名醫院病患。

審訊超過六小時後，布隆問道：「查爾斯，這一切浮現的問題是『為什麼』？你能解釋一下，這麼多年來你導致的所有死亡背後是『為什麼』嗎？」

「我的意圖是減少我整個職涯中看到的人身上的痛苦，」他

回應道，呼應著哈維的說法。他接著說，他曾經考慮離開護理業，因為只要他還待在這一行，「我知道如果我被擺在這些情境裡，我就會感覺到……結束苦難的這種需求。」然而他必須留在這一行，因為他有財務責任，他不想成為一個「抵賴扶養費的父親」，而且他知道自己不可能找到另一個職業像護士收入這麼好。

他勉強承認，「（我）對我所做的事情有罪惡感，儘管我是在設法減少人們承受的痛苦。我會有很長的時間什麼都不做，但接著我會發現自己故態復萌，覺得要被壓垮了，覺得我好像無法再看人們受傷、死去，而且不被當成人類看待。有時候，我可能感覺我唯一能做的事情就是去嘗試了結他們的苦難，我並不相信我有那種權利，但無論如何我還是做了。」

我們在一九七〇和八〇年代開始研究連續殺人犯的時候，我們領悟到他們大多數人在罪行之間會有所謂的「冷卻期」，不管那段期間是幾天、幾週，甚或幾年。但接著內在壓力會再度累積起來，然後他們就會回去犯罪。

幾乎每個連續獵食者內心都會有兩種彼此交戰的元素：一種妄自尊大、自命不凡、自以為有特權的感覺，再加上深藏在心中的缺陷感與無力感，還有自覺沒有得到人生中應有突破的感受。儘管哈維和庫倫都不是傳統意義上的獵食者，但我們可以在兩人身上清楚看到這些特徵。他們受到抑制的無力感與權利剝奪感持續累積，直到他們必須藉著對這些不幸的受難者扮演上帝，展示他們的力量為止——而在他們扭曲的心中，這就是展現他們的善良與仁慈。殺戮平息了他們對權力與全能感的需求，同時滿足了他們潛意識或者半意識的需要：反擊拒絕給他們應有待遇的社會。

　　二〇〇六年三月二日，庫倫被判處連續十一個無期徒刑，他要過三百九十七年才能申請假釋。他現在關在特倫頓的紐澤西州立監獄，喬瑟夫‧麥高文也在這個機構裡。

　　執法單位對於像哈維這樣的犯罪非常有興趣。不幸的是，通常直到犯罪者犯下某種明目張膽或粗心大意的錯誤時，我們才會開始介入。而在我們終於得以檢視這樣的犯罪者時，我們就能理解他們人生早期的混亂與功能失調，是如何創造出某種形式的報復懲罰需求。唐納‧哈維不會容許任何人再有機會對他不敬。

　　研究像哈維、庫倫或希普曼這樣的醫療謀殺者，讓我們考慮到某些調查因素。不過這種案件確實需要具備高度的覺察力，不僅是執法單位，也包括未經訓練以尋找或辨識非法活動（像是藥物或設備竊盜、謀殺之類的暴力犯罪）的一般人。在任何類型的健康照護環境中，死亡人數或非預期的醫療併發症在統計上若有不尋常的增加，應該總是引起疑慮，並由管理部門授權進行調查，或由執法單位介入，探究事件本身是否跟特定個人當值或出現的樓層有任何關聯。

　　如同我們在《犯罪分類手冊》裡提到的：「《美國護理期刊》（*American Journal of Nursing*）的一篇文章引用的九起偽慈悲謀殺案中，嫌疑人的出現與大量可疑死亡之間的相關性被認為足以建立有實際可能的原因，並由大陪審團提起公訴。」

　　另一種值得考慮的情況會是，同一名患者或者多名患者被施予心肺復甦術的頻率高得不尋常。一個特別重要的指標：相同的人出現在許多這樣的場景中，或者發生數起緊急代碼呼叫。

　　如果嫌疑人經常更換工作，這理當是個啟人疑竇的因素。

不幸的是，如同我們看到的，管理人員有時候覺得讓一名員工離開，比起追蹤對他或她的任何可能線索要來得容易許多。

我們都接受醫學並不是一門精確科學，因此會發生無法預料的後果。不過，這類犯罪最重要的調查重點是模式辨識。對於我們最脆弱之一的群體安全來說，風險就是太高了，容不得我們在這方面失敗。

因為我對唐納・哈維的訪談揭露了一件事，那就是他毫無悔意，而且樂於得手後逍遙法外。

PART
4

「沒有人逼我做任何事」
"NO ONE MADE ME
DO ANYTHING"

21 | 超級摩托車謀殺案
The Superbike Murders

　　二〇〇四年年末，我到南卡羅萊納州的一間大學演講。其後，斯帕坦堡郡（Spartanburg County）警長辦公室的調查警司艾倫‧伍德（Allen Wood）來找我。他告訴我，他們在切斯尼（Chesnee）鎮有椿一年未破的案子，其中有四個人被射殺身亡。

　　「你能做些什麼來幫助我們嗎？」伍德問道。

　　「如果你給我資訊，我會看看是否有足夠的精神病理學證據，讓我可以做點什麼，」我這麼回應，心裡很懷疑我是否能幫上忙，因為司空見慣的搶劫案通常產生不了太多行為上的證據。

　　在我回家以後，伍德打電話來做後續說明，然後寄給我犯罪現場的資料與照片、驗屍報告以及其他報告。

　　二〇〇三年十一月六日，下午三點之後，一名顧客兼店主的朋友，諾爾‧李（Noel Lee），來到切斯尼郊區的「超級摩托車」賽車運動摩托車行兼修理鋪；切斯尼是個小型農業社區，位於南卡羅萊納州的西北部。然而映入他眼簾的卻是有三具屍體的血腥場景。他撥打九一一：

　　「您的緊急事件在哪裡？」

　　「是在，呃，超級摩托車賽車運動行。看樣子這裡的每個人都被射殺了！每個人都躺在血泊裡。他媽媽被殺了，技工也被殺

287

了……」

警方抵達以後，受害者被指認出來，是店主史考特・龐德（Scott Ponder），三十歲；服務經理布萊安・盧卡斯（Brian Lucas），二十九歲；技工克里斯・薛伯特（Chris Sherbert），二十六歲；以及貝佛莉・蓋（Beverly Guy），五十二歲，她是龐德的母親，也是這家店的兼職簿記員。四人全都死於多重槍傷，現場散布著十八個彈殼，分屬兩種不同材質，有鎳也有黃銅。

在調查人員看來，有一名或多名槍手進入這片地產，到後面的修理工作區射殺了薛伯特，然後進入展示間，在那裡射殺了蓋。盧卡斯倒在前門門口，龐德則死在停車場，看來他們看到蓋被殺以後，設法逃跑求救。現場沒有指紋或者DNA證據。

從定義上來說，這會被歸類為大屠殺（mass murder）。不過，最重要的指標在於沒有發生的事情：「沒有」東西被拿走，雖然有數千美元現金擺在一個公事包裡，準備要拿去銀行存起來，還有許多昂貴又容易移動的摩托車。所以這個案子在我心裡從犯罪集團謀殺（criminal-enterprise homicide），變成了某種工作場合的暴力事件。而從證據重建這起事件，確實像是技工先被射殺，從腦後、而且是從上方射擊，當時他正在一台摩托車上工作。他可能甚至沒察覺到槍手進入了修理工作區。槍手接著迅速地朝前方走，他在那裡遇到從洗手間出來的蓋，立刻就射殺了她。

李告訴郡警，他進入店鋪的時候看到一個年輕男子跟一個女人走開。在聽說這場屠殺之後出面的凱利・西斯克（Kelly Sisk）則表示，案發前半小時他和他的四歲兒子在店裡，為了付錢買一台卡丁車給他兒子。他注意到史考特・龐德在協助一名顧客看一台

黑色川崎 Katana 600。有兩件事情讓西斯克特別有印象。那個顧客穿了一件黑色的哥倫比亞刷毛夾克，儘管天氣相當暖和，而他看起來對摩托車不是很有經驗。當警探們抵達時，一輛黑色川崎 Katana 600 就擺在店面，準備要被運送出去。有一張開立的銷售單，上面卻沒有名字。西斯克描述了那名顧客，警方根據敘述繪製了一份素描，並且發布出去。據悉，西斯克是槍擊案前最後一個離開店鋪的顧客。

警長辦公室追蹤了好幾條線索和理論。這有可能是某個心懷怨恨的員工、或者不滿的顧客，甚或是某個競爭者僱人來消滅市場上一個成功的公司。李看到的年輕男子是槍手，而女人是負責把風的嗎？李自己也受到懷疑，因為他在謀殺案後單獨出現。

貝佛莉‧蓋本人極不可能是主要目標，而史考特‧龐德或者布萊安‧盧卡斯的背景沒有任何引人懷疑之處。有些謠言提到克里斯‧薛伯特跟禁藥有關，但沒查到任何積極證據。

然後，有個引人好奇又有毀滅性的證據出現了。警長辦公室打電話給龐德哀慟的遺孀梅麗莎（Melissa），告訴她在謀殺案發生後不久她生下的男嬰不是史考特的。她前一次到警長辦公室並且替嬰兒換尿布的時候，他們取得了 DNA 樣本，而樣本卻跟犯罪現場取得的史考特血液 DNA 不符。

梅麗莎震驚到難以置信，拒絕接受這件事。她和史考特彼此相愛。對她來說，唯一可能的解釋就是醫院給錯寶寶了，但這似乎完全不可能。她義憤填膺地要求做第二次檢驗。有關當局照做了。然而檢驗結果不但指出寶寶不是史考特的，還顯示這孩子是他的密友兼生意夥伴布萊安‧盧卡斯的小孩！

　　這是搞砸了的三角關係嗎？有謠傳說盧卡斯家有婚姻問題，在謀殺案發生前不久，有人看到布萊安在找他自己要住的房子。警探們懷疑梅麗莎，因為他們跟她講起史考特的死亡時，她不想聽具體細節。她後來解釋，她想要記得他在世時生氣蓬勃的樣子。

　　我不知道要怎麼看待關於史考特是不是生父的DNA證據，但在分析過寄送給我的材料以後，我不認為布萊安和梅麗莎之間如果真有任何糾葛，會跟這場罪行有任何關係。史考特和布萊安都被殺了，而且史考特和梅麗莎的背景裡並沒有任何事情指出他們有任何問題；每個認識梅麗莎的人都肯定她為史考特之死哀痛逾恆。所以說，你就是得克服太多邏輯問題，才能讓這個想像場景站得住腳。警長辦公室追蹤了毒品方面的可能性，卻什麼都沒找到，而且在我看來，現場也沒有任何東西指出這是有關毒品的殺人案。

　　謀殺案發生十八個月後，警局收到通知說，在犯罪現場採集的包含布萊安和史考特血液樣本的試管被貼錯標籤了。梅麗莎的寶寶父親確實是史考特，至少超級摩托車謀殺案中令人遺憾的一章落幕了。

　　競爭對手有可能布置這樁謀殺案嗎？並非不可能，但這很容易查證，根據我的經驗，這不是合法企業做事情的方式。甚至連組織犯罪都不太這樣做了。

　　我透過電話給伍德我的評估。他做了筆記，後來跟我分享了這些筆記。儘管有兩種彈殼，這卻是單獨犯案。我說，凶手是個心懷不滿的員工或顧客，非常可能是為了某種理由很生氣的顧客；如果是員工，很容易追蹤得到。連續槍擊的持續攻擊性指出

這不是做得過火的搶劫，而且攻擊的焦點是這整間公司，而不是特定個人。跟大多數獵食性、基於性的犯罪不同，不明犯嫌的年齡不會是決定性因素，因此不值得據此猜測，並且潛在消除任何犯罪嫌疑人。

他會對一個或者多個人說出他的不快，並且在某個重要關頭，他就是到了他的沸點。這個案子計畫精良而有效率。他事前練習過射擊，可能是在當地的一個靶場。他事先勘查過那個地點，以確保沒有其他顧客，而在凱利·西斯克離開以後，他知道現在方便動手了。

犯罪後，他會滿腦子想著調查與新聞報導，在警長辦公室有任何強力線索的時候，會表現出我以前所稱的「肛門夾緊的高度緊張反應」（high ass-pucker factor）。某些這樣的人實際上會挺身而出，想辦法介入調查之中，以便誤導警方或者表現出幫忙的樣子。有個例子是，某個人說他正好路過，他認為他看到一輛特定類別的車離開現場。這不只是誤導調查方向，如果有任何人剛好看到他，還可以「解釋」他為何出現。

在案發後這麼久沒有進行過逮捕行動，這名潛在的犯罪嫌疑人的行為會回歸常態。不過我相當確定，他告訴好幾個人某件事，或許是誇耀他的效率、還有他如何報復那些對他不好的人。

雖然他不再舉止「奇怪」，但我建議兩種先發制人的做法。一種是過濾一遍所有的顧客檔案，找一封抱怨信，或者看看有沒有任何事情很突出、或指向任何線索。第二種是找一個當地報社撰寫一篇報導，描述這個不明犯嫌犯罪後立即的行為會是什麼樣子，看看是否有人親眼目睹，或者聽別人說起這種事。

　　在訪問過我之後，記者珍奈特・史賓塞（Janet S. Spencer）在《斯帕坦堡先驅報》（*Spartanburg Herald-Journal*）和該報的線上新聞服務《加油上州》（*GoUpstate*）發表了一篇報導，標題是〈根據剖繪，殺手是憤怒的槍手〉（"Killer Profiled as Angry Gunman"），其中描述了我的評估。

　　「道格拉斯的理論是，龐德和盧卡斯在逃離的時候遭槍擊數次，這指出凶手對他們釋放出強烈的累積怒火，」史賓塞寫道。「他說搶劫不是動機。收銀機裡沒有現金不見。死者身上沒有遺失珠寶或個人物品。道格拉斯表示，這起犯罪甚至不符合跟毒品有關的大屠殺……

　　「『根據這些檔案，有證據指出，心懷不滿的顧客──先前要不是和受害者就是和店鋪本身做過交易，』道格拉斯說道。『而這個不明犯嫌可能存心報復好幾個月了。』」

　　這篇文章繼續描述犯罪前後的行為。「『他做過訓練。如果當地有射擊場的話，他可能會去，或者只是到樹林裡去做目標射擊練習。他在店裡射出那幾輪子彈打得很精準，』……他很有可能是個急性子的人，與人一言不合就會爆發爭吵。『在這個案子裡，他開槍而不是說話，』道格拉斯說道。這個凶手沒有悔意，而這就是為什麼他有辦法殺掉全部四個人。」

　　儘管有更多線索，調查人員也持續努力，這個案子仍懸宕未破。而凶手也仍逍遙法外。

22 | 卡拉和查理發生了什麼事？
What Happened to Kala and Charlie?

　　三十歲的卡拉・維多莉亞・布朗（Kala Victoria Brown）和三十二歲的查爾斯・大衛・卡佛（Charles David Carver）失蹤了，認識他們的人都為他們的安危惶惶不安。兩人最後一次被人看到，是在二〇一六年八月三十一日，他們正要離開在南卡羅萊納州西北部安德森市（Anderson）的同居公寓。他們已經約會好幾個月了，周圍的朋友知道這段關係很認真。然而，在那天之後，兩人都沒有發出任何文字訊息。

　　當時我對此一無所知。我在後續報導開始出現在報紙上的時候，得知了其中某些事。剩餘的部分，我是從後來變得卷帙浩繁的案件檔案裡知道的。

　　卡佛曾經和妮可・「妮基」・努涅斯・卡佛（Nichole "Nikki" Nunes Carver）結過婚，但他們正在辦離婚。

　　卡佛的母親瓊安・席夫列（Joanne Shiflet）說，她跟她兒子從來沒有一天不用某種方式彼此聯絡。她打電話給這對情侶的公寓住宅經理。經理進到公寓裡沒看到他們，只看到布朗的博美狗羅密歐沒有食物也沒有水了。布朗的母親芭比・紐森（Bobbie Newsome）堅持，卡拉絕不會那樣留下羅密歐不管。而到處都沒看到

卡佛的白色龐帝克。

上頭有他們照片的海報貼了出去，警方也加入搜索。某些謎樣的貼文出現在卡佛的臉書頁面上，說他們沒事，是出於個人意願離開的，但席夫列告訴調查人員，那些話聽起來不像她兒子說的，可能有人入侵了他的帳號。然而，還是沒有人真正聽到布朗或卡佛本人的消息。

十月十八日，斯帕坦堡郡警長辦公室的調查警司布蘭登・雷特曼（Brandon Letterman）碰到兩名警探從安德森市來訪。他們說，他們正在調查一件人口失蹤案，他們得到線報，卡拉被埋在一處佔地一百英畝的林地上。布朗的手機最後一次發出訊號，被伍德拉夫（Woodruff）的一座訊號塔接收到，就位在斯帕坦堡南方。而在接收到此訊號的訊號塔方圓兩哩之內，唯一符合這個線報描述的地產，屬於當地一名成功的四十五歲房地產經紀人所有，名叫托德・克里斯多佛・科爾黑普（Todd Christopher Kohlhepp），他住在斯帕坦堡西南方摩爾市的金斯利公園（Kingsley Park）土地分割區，有飛行員駕照，還擁有一輛BMW跑車。伍德拉夫是在更南方大約五六哩遠的地方。

警長辦公室派了一台直升機飛越科爾黑普的土地，尋找線索或證據，像是卡佛的車。不過濃密的林地沒有透露任何事。根據法院命令，雷特曼在兩週後取得了科爾黑普的手機紀錄，他發現，這名房地產經紀人的手機和布朗的手機在她失蹤時一直保持著密切聯繫。這就足以構成合理依據，申請搜索科爾黑普的兩處地產。

十一月三日，警長辦公室派出兩支隊伍──一支到科爾黑普

位於摩爾市的家，另一支則前往他在伍德拉夫的地產。

在樹林深處，伍德拉夫搜索隊發現一個十五乘三十呎、綠色的Conex貨櫃，距離最近的道路約四分之三哩。貨櫃用五個鎖鎖住了。這支隊伍以鐵鎚敲打了十五分鐘，設法要破壞這些鎖。

突然間有人說：「停手！」他認為裡頭有敲打聲。布蘭登‧萊特曼敲了回去。

隔著金屬壁面，他聽到一聲微弱的「救命！」

郡警們用在這片地產上的一個穀倉裡找到的電動工具，其中包括一把噴燈，切斷了鎖，打開貨櫃門時，他們拔槍衝了進去。

在黑暗的空間裡，他們找到了卡拉‧布朗，衣著完整，戴著眼鏡，但脖子被鐵鍊栓在牆上，手上還戴著手銬。「只有那女孩！只有那女孩！」帶頭的郡警確認過內部情況後回頭喊道。「妳還好嗎，親愛的？這些是破壞剪；這是醫護人員。我們會把妳從這裡救出去的，好嗎？」

在他們幫她弄斷鐵鍊的時候，其中一個郡警問道：「妳知道妳的同伴在哪裡嗎？」

「查理？」她說話時還是迷迷糊糊的。

「對。」

「他射殺了他。」

「他射殺了他？誰？」

「托德‧科爾黑普朝查理‧卡佛的胸口開了三槍。」

雷特曼的小組把訊息轉達給摩爾市的隊伍。在屋子裡，高級調查員湯姆‧克拉克（Tom Clark）在安德森市調查員夏琳‧艾索（Chatlynn Ezell）和高級調查員馬克‧蓋迪（Mark Gaddy）的陪同下，

和三百磅重、不修邊幅的托德‧科爾黑普對質。科爾黑普要求有律師在場，還要跟他母親說話。他被戴上手銬帶到斯帕坦堡拘留中心，而他的兩個要求都被批准。

與此同時，伍德拉夫的隊伍搜查他車庫上方的改建公寓，發現了鐵鍊跟腳鐐。「你不會太常見到這種東西，」其中一名郡警評論道。

郡警在科爾黑普的地產上發現卡佛的車，被弄成棕色以幫助掩藏，而已經被樹枝壓扁的車子上頭還覆蓋著一堆樹叢。他們也發現一個準備好的空墳墓。

在帶布朗到醫院檢查的救護車上，她對警探們透露，科爾黑普曾經告訴她，他要為「幾年前」某間摩托車店的多重謀殺案負責。實際上已經過了十三年。

更令人訝異的事情還在後頭，科爾黑普在長達四小時的自白一開始，就宣布：「我會替你們結掉幾個案子。」他指出超級摩托車謀殺案裡用的貝瑞塔手槍和彈藥類型，這是從未對大眾公布的細節。然後，他繼續描述他是怎麼殺死二十九歲的強尼‧喬‧柯希（Johnny Joe Coxie）以及二十六歲的梅根‧李‧麥克勞‧柯希（Meagan Leigh McCraw Coxie），於二〇一五年十二月失蹤的當地居民。科爾黑普說，他僱用這對夫婦清理他的某些出租物業，並且要他們在他位於伍德拉夫的住處停留以便拿補充用品。但是，當他們到那裡的時候，強尼抽出一把刀，他認為他們企圖搶劫他。幾天後，他帶著調查人員到他地產上的某個地點，他埋葬他們的地方。他說他立刻射殺了強尼，然後讓梅根多活了幾天，好弄清楚該怎麼處理她，最後認定殺死她是他唯一的選擇。

在整個訊問過程中，警探們回報說，科爾黑普表現得很冷靜、有耐性、不帶感情，對於被逮到沒有表達任何懊悔，儘管他一定感覺到某些這樣的情緒。他表現出的唯一情緒，就是偶爾對他的本事感到自豪。

「不到三十秒我就清除掉那棟建築物裡的威脅，」在審訊室裡，他對坐在對面的兩位警探如此宣稱。「你們會很驕傲的。我高爾夫球打得很差，殺人遊戲卻強得很。」

他還說，他和一些人在墨西哥華雷斯城（Juárez）的幾次「狩獵之旅」中殺了一些毒販。

然而，警長辦公室並不是第一次碰上托德·科爾黑普的名字。做為超級摩托車謀殺案調查的一部分，警方曾向店鋪顧客名單上的所有人發送一封制式信函，要求收件者若對於發生什麼事有任何訊息，或者知道什麼人可能有犯罪嫌疑，就和他們聯絡。不意外的是，科爾黑普從來沒回信。不過調查人員並未追根究柢去訪談名單上數百個名字中的每一個人。

如果他們這麼做了，他的名字幾乎肯定會變得很引人注目，這跟他買了一輛摩托車沒有關係——雖然他試圖退車可能指出一條線索——而是因為托德·科爾黑普是個登記在案的性侵犯。那應該至少會引起足夠興趣，讓警方帶他進局裡問話。

犯罪通常就是這麼破解的——透過一道側門。紐約的「山姆之子」連環殺人案得以結案的線索，是一張開給大衛·伯考維茲的停車罰單，因為他把他的福特銀河停得太靠近消防栓，就在他最後一次謀殺案的地點附近。

儘管七宗要歸咎於科爾黑普的謀殺案相當駭人，但對媒體來

說，最令人著迷而淫穢的面向是顯然他把一名年輕女子鎖起來做為俘虜和性奴，時間超過兩個月。在她被帶去做檢查並恢復健康的醫院病房裡，還有後來一連串的訪問中，卡拉·布朗描述了在八月三十一日早上，她如何跟查理去了科爾黑普家，為的是去做一件他僱用她做的工作。而查理跟著來幫忙。她在社群網站貼文說她在找工作以後，她替科爾黑普和他的房地產公司做過其他的清潔工作。他多次僱用她，雖然他在審訊中向警方抱怨說，她要花三天做一件原本只要一天的工作。

當我聽聞卡拉·布朗獲救時，我先假定她是一名性虐待狂的受害者，囚禁、貶低、折磨與強姦是這類犯罪的簽名特徵。我立刻想到了蓋瑞·海德尼克，他在費城自宅的地下室裡囚禁、強姦並虐待女人，我和同事傑德·雷曾經在賓州的監獄訪談過他。但後來我開始意識到，我基於表面就跳到結論了。

科爾黑普告訴卡拉和查理，他會開車引導他們到他的林地，因為他必須打開他私人地產的大門門鎖。他把那裡稱作農場，距離摩爾市的房子大約十五分鐘的車程。在地產入口處，他下車打開金屬大門的門鎖，然後在查理的車子開過去以後再度上鎖。

他們跟著他的車開了大約半哩左右，越過原野與林地，最後來到一處空地，那裡有一座很大的兩層樓車庫，附有穀倉風格的屋頂、一座小花棚，還有一個金屬貨櫃。他們走進車庫後，科爾黑普發給他們一人一把樹籬剪和一瓶水，要他們清除小徑上的灌木叢，而他會指示他們要從哪裡開始。他們回到外頭，但他說他必須進去拿個東西。卡拉和查理則在外面站了幾分鐘，手拉著手等著。

　　科爾黑普聲稱，他聽到他們在討論要怎麼偷他的東西，所以當他回到外面時，他朝查理的胸口開了三槍。他後來對帶他到現場的調查人員說，他拿著他的克拉克點二二手槍：「然後我到了外面，大概就在這裡把他放倒。」

　　卡拉說她站在那裡震驚得難以置信，他把她強行拉進車庫裡，說如果她不乖乖跟著走，就會步上查理的後塵。他用手銬把她的手反銬在背後，還銬住她的腳踝，然後用球狀口枷塞住她的嘴巴。他說他得去處理掉查理，態度非常冷靜。

　　二十分鐘後，他把她帶到外面。查理的屍體用藍色帆布裹著，躺在一輛拖拉機前面的鏟斗裡。他告訴卡拉，他前陣子曾經關過一個女人，但在某一刻，她「惹毛了他」，所以他就朝她後腦勺開了一槍。他說，他犯下其他許多謀殺案，將近有一百件，某些是他坐牢時幹的，他偶爾會被政府放出去，充當國外的殺手。

　　在她被囚禁的頭兩週，他一直用鐵鍊把她鎖在貨櫃裡的牆上，每天帶她進較大的建築物裡兩次，讓她進食，還有要她做「他想做的任何性活動」。如果她拒絕他的性要求，他不會硬上。「但他對於我為何在那裡講得很清楚，要是我沒有用處，那就不需要留著我了，他會用槍殺了我。他說如果我當個乖女孩，他會教我怎麼殺人，而我會是他的同伴。」

　　隨著被囚禁的時間愈拉愈長，她大半時間都被關在貨櫃裡，通常在一片黑暗之中，然後被帶到屋裡吃某幾餐和上廁所。她說她試著跟他合作，好讓他給她好一點的待遇。

　　恰克・萊特（Chuck Wright）警長宣布，卡拉・布朗將獲得兩萬五千美金的獎金，這是很久以前就提供的懸賞，徵求能讓超級

摩托車謀殺案凶手被捕與定罪的情報。

　　科爾黑普在審訊中承認他對布朗的所作所為，不過他提供了一個有些不同的觀點。他從來沒有打過她，從沒對她做出肉體上的傷害，而性交是雙方合意的，他聲稱是在她煽動之下做的。他說，她有一長串物質要求，他盡責地替她在亞馬遜網站上訂購，好讓她滿意。雖然她說，她相信他迷戀她，他卻聲稱他一直把她囚禁在貨櫃裡的理由，在於他一時衝動殺死查理・卡佛以後，就搞不清楚該拿她怎麼辦了。

　　他說她是個癮君子，而他在囚她的時候「讓她戒毒了」。他說他「跟毒販真的很不對盤」，並且憎惡她用他付給她的錢買毒品。

　　美國聯邦第七巡迴上訴法院檢察官巴瑞・巴涅特（Barry Barnette）在提出一項認罪協議之前，先和受害者家屬討論過，並表示他將遵守他們的集體決定。大多數人意識到，可能要花上數十年或更久的時間，死刑才會執行。對於檢方提議的安排，從沒機會認識他父親的小史考特・龐德同意他母親梅麗莎的看法。

　　二〇一七年五月二十六日，以避免可能導致死刑的審判做為交換，托德・科爾黑普承認犯下七件謀殺案、兩件綁架案、一件性侵案，以及四件持有武器的暴力犯罪。他被判處七個連續無期徒刑，不得假釋，外加六十年刑期。

23

托德是怎麼想的？

What Made Todd Tick?

　　讀到托德・科爾黑普被捕的消息，我覺得這真是大快人心，在一個殺人犯被逮到的時候，我總有這種感覺。我也很滿意我對超級摩托車謀殺案不明犯嫌的剖繪是準確的，但很遺憾調查人員沒有過濾整份顧客名單，清查每一個人。然而，我並不認為我和此案會有更多牽連。

　　瑪莉雅・歐斯（Maria Awes）是一位有十年廣播新聞經驗的紀錄片製作人，以她的調查報導贏得這個領域的多個獎項。她和她的製作人兼導演丈夫安迪（Andy）一起在明尼蘇達州明尼亞波利斯（Minneapolis）郊區的伊甸牧場成立了委員會影片公司（Committee Films）。二〇一六年的一個下午，她和她的一個合夥製作人史蒂芬・加瑞特（Stephen Garrett）見面，當時他從他在南卡羅萊納州斯帕坦堡的表親蓋瑞那裡，收到一則簡訊。

　　蓋瑞・加瑞特（Gary Garrett）是一名房地產營業員，而他傳給史蒂芬的簡訊內容很驚人。他的前老闆托德・科爾黑普剛剛被捕，而且被控犯下七件謀殺案，他想要蓋瑞寫下他的人生故事。科爾黑普說有百分之九十的「真實故事」還沒有揭露。史蒂芬知道瑪莉雅有調查報導方面的背景，認為她或許能夠給他的表親一點建議。

　　像我一樣，瑪莉雅從新聞上得知卡拉・布朗獲救的消息。她透過電話和蓋瑞聊過，並告訴他如果要跟一個被控犯下殺人罪的人周旋，要考量及注意什麼。而科爾黑普關於「真實故事」的宣言，激起了她身為記者的本能。「你認為科爾黑普會想跟我們分享他的故事嗎？」她問蓋瑞。他說他不知道，於是她建議他問問科爾黑普是否願意跟她談。

　　隨後不久，瑪莉雅透過電話與人在斯帕坦堡郡看守所的科爾黑普談話。他們受限於規定，講了兩通十五分鐘的電話，瑪莉雅錄下了談話內容。「他講話的方式讓我印象深刻：『是的，女士；不是的，女士。』就像個南方紳士，」她回憶道。「他告訴我，屍體數目遠比他被指控的罪名還要多。他暢所欲言，態度非常冷靜。我就只是一直問問題。他說，他對於殺死查理・卡佛感到遺憾，而且堅持他從沒強姦卡拉，他們之間所有的性關係都是雙方合意的。

　　「我說，我想知道那百分之九十沒講的事情到底是怎麼回事。科爾黑普同意談談，而且說他打算認罪。我需要看看我是否能夠讓某個電視網加入。犯罪報導是我調查背景的一部分，而我一直對於是什麼讓一個人犯下謀殺罪很感興趣。為什麼他的行為跟其他人不一樣？我們一直設法和調查探索頻道（Investigation Discovery）達成某種合作，而這似乎是個完美的主題。」

　　瑪莉雅和調查探索電視網的一位製作人談過，對方同意資助影片拍攝計畫的研究經費。瑪莉雅南下到南卡羅萊納州，得以透過視訊會議在郡拘留中心跟科爾黑普談話。出現的六集電視節目被命名為《連續殺人犯：掙脫鎖鏈的惡魔》（*Serial Killer: The Devil*

Unchained）。標題指的是他青少年時期因為強姦被定罪時，在一份
判刑前報告中，他的一位鄰居描述他是「一個上了鎖鍊的惡魔」。

　　瑪莉雅在更深入研究的同時，繼續和科爾黑普談話。「在幾
次對話之後，」她表示：「我決定要和某個以前做過這種事──
曾經跟被指控與公認的殺人犯談過話的人聊聊。」

　　就在這時，她跟我聯絡，而在做過一些討論以後，我們同意
我會去訪問科爾黑普。以她身為記者的韌性，瑪莉雅引用《資訊
自由法》要求取得案件檔案，而她很有才幹的研究圖書館員珍‧
布蘭克（Jen Blanck）不厭其煩地組織內容，並且寄給我厚厚的活
頁檔案夾與資料夾。

　　此時，科爾黑普已經認罪、遭到判刑，並且關在南卡羅萊納
州哥倫比亞市的廣河監獄（Broad River Correctional Institution），那
裡的規定很嚴格，對於接觸囚犯的限制也比他被關押在當地監獄
時要嚴格得多。而且坦白說，在他承認做過哪些事以後，監獄官
員無意給他任何特殊優待。事實上，因為他在地方上惡名昭彰，
他有相當長一段時間和一般囚犯隔離開來。

　　不過，瑪莉雅透過信件和電子郵件跟科爾黑普保持聯絡。她
和加瑞特能夠取得科爾黑普沒有告訴警探們的訊息。

　　他告訴瑪莉雅，他第一次持槍犯罪是在亞利桑那州，那時候
他幾乎還只是個青少年。他寫道：

　　　　對，我在亞利桑那州射殺了某個人，不是毒販，而是某個想
　　　　加入幫派的蠢蛋，而我是入幫儀式隨機挑選的對象，當時我
　　　　不知情。他射殺了我一個朋友。後來，我在某天晚上對著他

在停車場裡的車開槍，清光了裡頭的子彈。我不知道他怎麼樣了，甚至不知道他是不是被擊中。我當時十四歲。我年輕又害怕，我知道子彈射穿了車窗，但在槍清空的時候，我衝出那裡，把槍丟進巷子的垃圾子母車裡。

他告訴她，有一次他殺了兩個混混，他們企圖引誘他到他以前住的打獵俱樂部（Hunt Club）公寓大樓停車場裡。

按照他的描述，兩個男人，一個很粗壯，另一個瘦小些，一起來找他麻煩。小塊頭的男人先上前，揮舞著一把刀。另一個拿著一根鐵鎚。科爾黑普丟下鑰匙，抓出兩把他放在口袋裡的刀，一手一把。持刀攻擊者伸出手臂，科爾黑普劃開他的手腕，致使他丟下武器。他企圖踢科爾黑普，但科爾黑普割傷他的大腿內側，然後刺中他的胸腔。持鐵鎚的大個子失去勇氣，轉身就逃，但科爾黑普從後面逮住他，抓住他的頭髮，戳進他的脖子側面。

科爾黑普進到他的公寓裡抓了一些毛巾、毯子和一片浴簾。他先是把小塊頭男人裹起來，抬進他的本田Acura Legend後車廂裡，然後放低後座，攤開浴簾，把大個子包起一部分，再用毛巾蓋在他臉上。他回到屋裡，找到他廚房裡最大的鍋子裝滿水，來回跑了十幾趟，設法清洗掉停車場的血跡。然後，他開車出去，發現一條封閉的道路，在後面埋了屍體。

「我把屍體放在一條溝壑的擋牆後面，」他告訴瑪莉雅。「我很驚訝從來沒有人發現他們。」

這些屍體從來沒被找到。

對我來說，訪問科爾黑普的展望很吸引我，因為他似乎不符

合我們對於大多數連續殺人犯的傳統分類。我研究了瑪莉雅透過
《資訊自由法》取得的逮捕與審訊謄本，還有他告訴她的事情，
像是打獵俱樂部的謀殺案。然後，我開始把這些事實整合起來。
托德·科爾黑普是個成功的房地產經紀人，有其他經紀人為他工
作。他是個很熟練的飛行員。他的罪行沒有一件會被歸類為犯罪
集團——這指的是為了個人利益而做。他所有的錢都是合法賺得
的。他的罪行之中，如果不是全部，似乎也有部分具有性成分，
但我真的不知道那是什麼，或者是不是主要動機。表面上，他痛
恨毒販，這是一個獨立的問題，但他願意跟某個可以替他弄到武
器的人合作，因為他自己無法合法購買武器。最初他就像大多數
罪犯一樣抵賴一切，但後來他很坦誠直率地面對他的審訊者。而
除了偶爾誇耀他的射擊能力以外，他在那些審訊中都顯得冷靜、
不受情緒影響，就像卡拉·布朗描述的那樣，他射殺查理·卡佛
以後的表現。

　　超級摩托車謀殺案極有組織。柯希夫婦與卡佛謀殺案呈現的
則是一種混合的表現，有組織與無組織的元素並存。他描述他如
何殺死卡佛，審訊過程中卻無法真正解釋他為何殺了卡佛。他多
次和一個被他囚禁在漆黑貨櫃裡的女人發生性關係，但聲稱在她
抗議的時候他就會停手，而坦白說，他在這段時間裡的行動並不
符合任何既定的強姦犯類型。他勉強承認他做的事情是錯的，而
且不把他的行為怪到其他人身上。

　　所以，托德到底是怎麼想的？

　　從外在來看，科爾黑普跟我所能想到的任何一個多重謀殺
犯一樣，過著成功而有生產力的生活。他擁有亞利桑那中央學院

（Central Arizona College）計算機科學學士學位。他做過一年以上的平面設計師。他通過考試，拿到美國聯邦航空總署的私人飛行執照。他也通過了南卡羅萊納州房地產考試，取得地產經紀執照。他甚至會為他在亞馬遜採購的商品撰寫線上評論。

然而，查看其中一些線上評論，他人格中的另一面浮現了。對於一個鏈鋸機，他寫道：「超級好用。當你拿著鏈鋸機追著鄰居跑的時候，要讓他站著不動已經夠難了，要是沒有一把好用的鏈鋸機就更難了。」

一把刀得到這個評論：「還沒拿來戳過任何人⋯⋯是還沒⋯⋯不過我讓夢想保持鮮活，而在我這麼做的時候，像這樣的刀子會是個優質工具。」

關於一把摺疊鏟：「擺在車裡，在你必須掩埋屍體、卻把完整尺寸的鏟子留在家裡的時候用。」

關於一個隱藏式卸扣鎖：「非常好用。而且，如果有人頂嘴，就用老派做法對付他們，把這個鎖放到襪子裡揍他們。他們不會像你這麼欣賞淬火鋼。用在貨櫃上效果極佳。」

科爾黑普，一九七一年三月七日出生於佛羅里達州羅德岱堡（Fort Lauderdale），本名叫托德·克里斯多佛·山普賽爾（Todd Christopher Sampsell）。他的父母，蕾吉娜（Regina）和威廉（William）在他兩歲的時候離婚了。蕾吉娜取得監護權，很快地和一個名叫卡爾·科爾黑普（Carl Kohlhepp）的男人再婚，他自己已經有兩個小孩，並且在托德五歲時收養了他。儘管有超出平均的智商，但托德天生就是個難搞、易怒有攻擊性、叛逆的孩子，老是和他的

繼父起衝突。有證據顯示他虐待動物，並且對其他孩子有敵意。在他九歲，他們一家人住在喬治亞州的時候，他被送到一間州立精神健康機構做憤怒管理，為期三個半月。後來科爾黑普一家搬到南卡羅萊納州，在這裡托德因為破壞性行為被童子軍開除。他想去跟他其實並不認識的生父同住，他認為他在那裡會有比較好的生活，而且他威脅如果不讓他去，他就要自殺。由於蕾吉娜同時和卡爾有婚姻衝突，情急之下她終於答應了（他們會離婚、再婚，然後又再度離婚），托德則到亞利桑那州的坦佩（Tempe）和山普賽爾同住，他在當地擁有一間餐廳，叫做比利肋排名廚（Billy's Famous for Ribs）。

不久之後，托德就對他父親幻滅了，他說他父親總是和女友們在一起，不怎麼注意他。他告訴蕾吉娜他想回去，但她找種種藉口把他留在前夫身邊。

托德和父親同住的時候，他的行徑持續惡化，最終於一九八六年，在亞利桑那州因為綁架案被定罪。當時，十五歲的科爾黑普拿他父親的點二二手槍，到他十四歲的鄰居家，她在那裡看顧她年幼的弟弟妹妹。托德逼迫她跟他走回家，然後把她帶到他位在主樓層的房間裡，用大力膠帶封住她的嘴巴，將她的手反綁在背後，接著強姦了她。她不是他的女朋友，雖然他希望她是。事實上，她對學校裡的另一個男孩有好感。托德之前曾四度企圖讓她到他家來，但她拒絕了，最後他想到用槍逼她就範。

在性侵之後發生了什麼事，托德的版本跟女孩的不同。托德說她自願幫他找他的狗，狗跑到外面去了，然後他才帶她回家。他承認，他威脅如果她告訴任何人他做了什麼事，他就要殺死她

年幼的弟弟妹妹。她說他很緊張地走來走去，在心裡爭辯到底要不要殺她，而她出了主意，說要捏造一個關於幫他找狗的故事，來解釋她為何不在家裡，同時答應托德如果他放她走，她就會這樣告訴她父母。

　　然而在她回家之前，她五歲的弟弟就注意到她不在家，變得警覺起來。最近有人教過他打九一一。等到父母回家的時候，警方已經到場了。不久之後，女孩回到家時，她一開始講了關於狗的故事，但後來就崩潰了，說出被強暴的細節。

　　警方到托德家去，在那裡他們發現他握著他父親的其中一把來福槍，指著天花板。當一名觀護人問他為什麼攻擊那女孩時，他回答說他不確定，這有可能是一種叛逆行為，因為他父親出城去了。他還說，他認為那女孩十六歲了，而不是十四歲。他後來說，他只是想跟她說話，說服她當他女朋友，然後「情況變得失控」。

　　根據提姆‧史密斯（Tim Smith）在《格林維爾新聞》（Greenville News）的報導：「女孩的父母告訴警官，強暴『對整個家庭都有毀滅性的影響』。在和觀護人訪談時，大多時候那女孩都在痛哭，無法交談，她父母則說她的成績與運動表現都惡化了。」

　　這個罪行的真相，跟二十年後科爾黑普為了在南卡羅萊納取得房地產執照所提供的版本相比，可說是天壤之別。二○○六年，他在給南卡羅萊納州勞動、執照與規範部門的信件裡解釋說，當時他和女友都是十五歲，兩人在他家起了爭執，而他父親不在家。他愚蠢地拿起他父親的手槍——他原本是擔心自己獨自在家會碰到搶劫才拿出來——然後叫她不要動，好讓他們談清楚

彼此之間的歧異。根據他的說法，她父母因為連絡不上她而焦急起來，接著打電話報警，警察就出現在他家了。這番謊言奏效，他順利取得了房地產執照。

罪行本身的定罪過程就不是這樣了。托德被控綁架、性侵、對兒童犯下危險罪行。緩刑報告引用了一位鄰居的評論，說他極度渴望溫情與關注，但建議將他視為成年人提告。托德同意對綁架罪行認罪，以此交換撤銷其他控訴。他被判處十五年刑期，並登記為性侵犯。

在坐牢期間，他完成他的計算機科學學位。二〇〇一年八月，他服刑十四年後獲釋，然後搬到斯帕坦堡地區，他母親住在這裡；他在當地找到一份平面設計師工作，持續做到二〇〇三年十一月，和超級摩托車謀殺案同一個月分。他在二〇〇三年進入格林維爾技術學院（Greenville Technical College），再轉學到南卡羅萊納大學北部分校（University of South Carolina Upstate），於二〇〇七年得到商業管理與行銷學士學位。此時他已經建立起他的房地產生意。

起初，科爾黑普似乎走上一條新的軌道，他同事們的描述也支持這樣的看法。根據蓋瑞‧加瑞特的說法，托德是個好老闆，致力於他的房地產事業，很有衝勁，而且高度專注於行銷。為了他的顧客，他非常積極進取。他對他手下的營業員很好，鮮少有人向地方上的房地產委員會抱怨他。《格林維爾新聞》上有一篇文章這麼說：「房地產抵押機構從業人員形容他是『一個有效溝通者，跟他談話很愉快』，而且『他幫他的客戶搞定一筆交易的動作很快』。一位建商描述他『極其討人喜歡』。」

但接著他的內在似乎有什麼地方改變了。蓋瑞說，他從「正常」變得自戀而好鬥。他開始誇耀他的槍。出現更多針對他的投訴。而他的體重明顯增加了。結果這是在二○一五年末梅根與強尼‧柯希失蹤之後不久發生的事。

謀殺總是有個動機，就算不是立即能看得出來或者理解的；就算是某種如權力和虐待狂式刺激這般原始的，類似丹尼斯‧雷德這種人能從看著受害者死去，觀察她的恐懼與極端痛苦裡所感受到的東西。不過，托德‧科爾黑普並不是那種殺手。每次他殺人，他都有個更「合乎邏輯」而且「實際」的理由。

卡佛謀殺案是最讓我困惑的一件。他告訴瑪莉雅‧歐斯，他聽到查理和卡拉談到要搶劫他，然後用那筆錢去買毒品維持她的癮頭。我們知道毒販以及被人利用是他的兩個引爆點，所以說得通，但這也非常接近他對於殺死柯希夫婦的解釋。他就是很偏執，或者這只是個藉口，讓他可以擺脫掉男人，以便占有並且控制女人？

他被捕後第一次在斯帕坦堡郡拘留中心接受審訊時，他說他沒有打算把貨櫃當成牢籠。那反而是「在我蓋好（車庫）建築以前，計畫要用來放食物還有我的武器，以及安全存放我的四輪傳動車。」他說，在他射殺強尼以後，為了把梅根‧柯希關進去，他必須先清出那塊區域。「有史以來第一次，我變得有點恐慌，想著到底要拿她怎麼辦——把她安置在這裡、安置在那裡、宰了她，天殺的我到底要怎麼辦？我要報警嗎？噢，該死，我有非法槍枝。噢，該死，該死，該死！我要拿她怎麼辦？」

卡佛謀殺案與柯希綁架案看似混亂隨機的本質，跟十三年前

的超級摩托車謀殺案形成強烈對比，那是完全不同型態的罪行。從案件中的事實以及科爾黑普對調查人員說的話來看，超級摩托車謀殺案會在《犯罪分類手冊》裡被歸類為「大屠殺與個人因素：復仇與報復性謀殺」。同一個人能同時犯下兩種罪行，讓我很好奇。

因為科爾黑普計畫超級摩托車謀殺案的方式，還有他說他在華雷斯城殺死毒販的方式，我們必須把他歸類為獵食者。不過吸引我的是，他並不像我遇過的任何其他暴力獵食者。他並未尋求潛在的受害者；在大多數案件中，是他們自己出現在他面前。但他也不是隨機鎖定受害者。他反而是以殺人回應別人對他做的錯事，不管是真的還是想像出來的。

我也被這個事實所吸引：超級摩托車謀殺案、華雷斯城謀殺案（如果屬實），以及柯希夫婦謀殺案和卡佛謀殺案，表現出如此廣泛的情況。這個人不同於我曾經研究過的連續殺人犯、甚至是只有單一受害者的殺人犯（像是喬瑟夫・麥高文），不符合任何表面模式。我想更了解他。

科爾黑普對警長辦公室的警探們表示，他在二〇〇三年向超級摩托車賽車運動行購買了一輛摩托車——鈴木 GSX-R750，花了九千美元。他其實不知道怎麼騎，而他練習的時候發現自己根本騎不來，於是他回到店裡。「我想（買那輛摩托車）是個壞決定。我試著詢問能否換一輛比較小的摩托車，或者其他類似的車。」但他說，他們「對此態度有點粗魯，呃，說我沒能力騎那種摩托車，」在他眼中，他們是在嘲弄他。

他說，三天後摩托車被偷了，而既然超級摩托車曾經把車子

運送過來,他相信是那裡的某個人偷走了車子。讓他更加義憤填膺的是,他聯絡警方報竊案的時候,「承辦警官取笑我。」

他繼續回到超級摩托車,試乘不同的樣品車,想像騎在上面的感覺。他同時聽到經理跟店主會對彼此「基本上講些屁話」。他買了一把手槍──一支貝瑞塔92FS ──他必須透過第三方非法取得,因為他是登記列管的性侵犯。

二〇〇三年十一月六日,在察看店鋪確定所有顧客都離開以後,他再度進到店內。他走向一台黑色的川崎Katana 600,坐在上面,裝得好像他在感受一下這輛車,然後宣布要買下它。技工把車推到後面的修理工作區,替它做運送準備。科爾黑普等了一會兒之後,戴上兩雙乳膠手套,走進工作區,從居高臨下的角度朝那名技工開了兩槍,然後繼續進行其餘暴行。他中途停下來重填一次子彈,這可以解釋找到銅與鎳兩種不同彈殼。儘管現場證據暗示,講究過頭的科爾黑普在他的彈匣裡混合了不同的子彈。

他說這樣達到「期望中的效果」。

他走出去,開著他的本田Acura Legend離開了現場。回家後,他把槍拆開,把零件放到貓砂裡,然後把這些東西丟到幾個不同的垃圾桶和一個垃圾子母車。

他對警探們承認,他知道他的餘生都會在監獄裡度過。他說,他唯一的顧慮,就是得想個辦法把他的錢跟資產留給他母親和他長期交往的女友,以支付她女兒的學費。

24 「不論好壞，我還是想知道」
"Good or Bad, I Still Want to Know"

　　儘管我已經加入了，托德・科爾黑普仍舊過了一陣子才答應接受我的訪談。我寫信給他做自我介紹之後，他在給瑪莉雅的一封電子郵件裡寫道：「我對約翰・道格拉斯的感覺不太篤定。我對他的理解是個愛出風頭的人，宣傳成分多過如實陳述。」

　　瑪莉雅寄給他一本我們最近的著作《法律與無秩序》（*Law & Disorder*），他一讀完此書，可能也為了回應他與她建立的互相尊重關係，他寫道：

> 約翰・道格拉斯在他的作品《法律與無秩序》中，對於和受刑人（特別是死刑犯）通信或者有任何關係的女人評論極端刻薄，說她們全都很可悲，我對此感到不太愉快。考量到那些人也是會買他書的人，我發現他很享受做出殘酷的評論。我根本不認為我們會合得來，但我確實尊重他的經歷與經驗。我同意和他會面……然而只有在剖繪員同意向我解釋（他們）在我身上的發現時，我才會開誠布公。不論好壞，我還是想知道。

　　除了艾德・肯培之外，在我的經驗中，我想像不到其他連續殺人犯會有興趣找出他們為什麼以他們那種方式行事。這提供了

一個難得的機會。

他指涉我「極端刻薄」的評論，指的是我的觀點：大多數愛上被囚禁的殺手的女人都「相當可悲」，而我為她們感到遺憾。我們在談論的不是像瑪莉雅這樣的專業人士。反諷的是，在該書的那個部分，我們描述的是一個完全不符合這種刻板印象的女性。二〇〇六年，一個名叫洛莉・戴維斯（Lorri Davis）的女性打電話來請我加入辯護團隊，設法為她的丈夫達米恩・艾寇斯（Damien Echols）以及另外兩名共同被告爭取新的審判與免罪，他們因為一九九三年三名八歲男童在阿肯色州西曼非斯（West Memphis）被謀殺的案件而被定罪。因為兩部HBO的紀錄片，《失樂園：羅賓漢丘兒童謀殺案》（Paradise Lost: The Child Murders at Robin Hood Hills）與《失樂園2：啟示》（Paradise Lost 2: Revelations），該案已然聲名狼藉。達米恩・艾寇斯、傑森・鮑德溫（Jason Baldwin）和小傑西・米斯克利（Jessie Misskelley Jr.）被稱為西曼非斯三人組。達米恩，所謂的帶頭老大，自一九九四年他十八歲被定罪以來，就一直待在死囚牢房裡。

洛莉是紐約一名成功的景觀設計師，看過紀錄片之後，她對達米恩的案子產生了興趣，便開始寫信給他，最終墜入愛河，搬到阿肯色州以便離他近些，並且為他的清白辯護。洛莉和達米恩是兩個極為聰慧、敏感又充滿愛的人，她說服我加入西曼非斯三人組辯護團隊之中，而我很快發現，這主要是由紐西蘭電影導演彼得・傑克森（Peter Jackson）及其製片兼人生伴侶法蘭・華許（Fran Walsh）領頭並資助大半經費。我接受邀請加入調查，但給了戴維斯慣常的提醒——也被傳達給傑克森、華許及其他支持者——我

的分析不保證有助於上訴審程序，因為會是證據，而不是理論或辯護在驅策我對案情的評估。

在審閱大量案卷之後，我的結論是，首先和檢方建立的整個案件相反，這不是撒旦崇拜儀式謀殺。這些謀殺案發生時，「撒旦恐慌」攫取全國，成了時下最流行的床邊怪物，各地警局甚至還僱用自稱為「專家」的人來幫助他們破解這些案件。我的另一個觀察是，儘管米斯克利在西曼非斯警局的警探們脅迫下認供，卻沒有證據能把艾寇斯、鮑德溫或米斯克利連結到那些謀殺案上。

我的分析結論是：這些殺戮並不是陌生人所為，而是出於個人因素的謀殺。現場的鑑識與行為證據指向某個有犯罪經驗的人，而且很有可能住在這三名受害者附近。最有可能的犯嫌有暴力史，甚至從沒被調查人員約談過。我能夠說服其中一名男孩的母親和另一名男孩的繼父——兩人都確信那三個青少年殺了他們的孩子——他們三人和這些罪行無關。

調查結束時，我參加了在小岩城阿肯薩斯大學法學院的一個媒體記者會，這是由艾寇斯的上訴律師丹尼斯・萊爾登（Dennis Riordan）組織起來的，在記者會中，不同的專家呈現了他們的發現。其他參與者包括沃納・史匹茲（Werner Spitz）醫師，這位傑出的法醫與解剖病理學家撰寫了法醫學死亡調查的標準教科書；理查・蘇維隆（Richard Souviron）醫師，邁阿密－戴德法醫辦公室的首席法醫牙醫師，也是咬痕專家；湯瑪斯・費德（Thomas Fedor），一位犯罪學家、DNA專家，也是血液與體液方面的分析師。

最終，辯方的努力並未達到我們都認為應得的赦免，但當時的地方檢察官同意「艾佛德認罪協議」（Alford plea），這是一項法

律術語，被告聲明自己是清白的同時在技術上承認有罪。做為回報，他們會在服刑十八年後獲釋。在非常真實的意義上，我認為這是與魔鬼做交易，因為沒有一位檢察官或總檢察長，在真的認為被告惡意殺害三個小男孩的情況下，還讓他們出獄。我反而認為，這是一種對人性抱著悲觀態度的狡猾策略，為的是避免可能讓阿肯色州耗費數千萬美元的冤獄訴訟。我們本可要求進行新的審判，但這會讓達米恩繼續在監獄裡待上幾年，而他在死囚牢房的待遇已經讓他的健康惡化了，我們擔心他熬不過去。

結果科爾黑普並不是面對面訪談的最大障礙。他不是一個受歡迎的全犯，而監獄管理單位認為他是個麻煩製造者又具有破壞性的影響。因此，典獄長和他的工作人員不會給他任何他們不必提供的對外管道。我找上懲教署長，並且透過南卡羅萊納州執法部的一位同事求助，我還在局裡的時候，他曾經接受過我剖繪能力的訓練。但我們一直在碰壁。

科爾黑普本人似乎很失望。他在給瑪莉雅的信中寫道：

無法親自訪談會讓這件事變得更加困難，不過不是不可能。現在我花了很多時間思考我的行為，為什麼會發生、是什麼導致它們，以及因為我所處的高壓環境，我當時在想什麼導致了那些行為。現在回顧起來，不盡然一樣了，因為不會一天有一百通電話打斷我。

這給了我一個想法。如果可以讓科爾黑普填寫我們最初做連

續殺人犯研究時用的評估工作單呢？這總是由訪談員而非被監禁的囚犯執行的，但以科爾黑普這樣聰明而有表達能力的人，這可能是監獄現場訪談以外的高效選擇。雖然這樣會讓受訪者有時間思考他的回應，然而以我們對罪行具備的知識，如果他在說謊、偽裝或有所保留，我們會知道。再加上他在跟瑪莉雅的通信裡已經回答過的問題，我認為我們可以收集到托德・科爾黑普的完整行為素描，並且略略理解是什麼讓他做了那些事。

我告訴瑪莉雅評估工作單的事。她立刻就有興趣了，並且同意把工作單寄給科爾黑普，附帶解釋那是什麼。然後，我們等著看他是否願意合作。

他確實願意，而且徹底的程度令我們驚訝。他是唯一一個自行完成評估工作單的已定罪殺手，給我們直接、未經過濾的管道直通他的心靈，還有他看待自己的方式。而他不只是完成了工作單，在好幾個地方他還覺得有需要在印刷格式之外，用許多額外的劃線紙張寫下詳盡的解釋跟描述。我很有信心，他給出的這些回應，跟他在監獄裡跟我面對面時會講的是一樣的。

這個方法對於大多數犯罪者不會奏效，但我對科爾黑普持樂觀態度，因為據我所知，他善於內省，智商高於平均，而且透過跟瑪莉雅的通信，他似乎真的想要了解他己。這份表格不可能用在大衛・伯考維茲、查爾斯・曼森或者丹尼斯・雷德身上，他們受到自身形象過度束縛，要是沒有像我這樣的人在桌子對面盯著他們，瓦解他們長期培養出來的表面形象，就無法如實回答問題。唯一另一個可能辦得到的人是艾德・肯培，他也相當善於內省與自我分析，要是我們當時就已經發展出完整的評估工作單就

有可能。

在此，對於科爾黑普，除了詳盡的案件檔案以外，我還可以從三個來源做比對——警方的訊問、科爾黑普與瑪莉雅之間的無數信件，以及完整的評估工作單。這三個來源的每一個都以不同的方式切入提問過程。審訊是對抗性質的；瑪莉雅的信件在語氣上是友善、支持與好奇的；評估工作單則是中立客觀的。如果科爾黑普在每個例子裡都有不同的反應，就會立刻洩露他的可靠程度。如果他的回應都是一致的，那也會告訴我一些事。

實際上，他似乎提供我們一筆交易。如果我給他我的評估，說明他為何是這樣的人、為何做了他做的那些事，他就會填寫評估工作單。

科爾黑普並不是第一個想要透過剖繪技術了解自己的殺手，雖然他可能是對此態度最真摯的，而不只是用這些東西做為滿足自戀的刺激物。我在堪薩斯州奧斯威戈市（Oswego）的艾爾多拉多監獄訪談丹尼斯·雷德的前一夜，我在我旅館裡的雞尾酒吧和克莉絲·卡薩羅娜（Kris Casarona）見面，這位女士在雷德入獄後跟他建立關係，本意是要寫一本書，後來變成對他而言的某種非官方溝通管道。她跟肯尼斯·蘭德維爾（Kenneth Landwehr），追查BTK、最終將他逮捕歸案的威奇塔凶殺組警探，都曾經告訴我雷德是我和馬克合著作品的書迷，特別是《惡夜執迷》（Obsession），那本書的開頭就是BTK案經過幾分偽裝改寫的版本。那一章的標題是〈不明動機〉，模仿BTK給警方與媒體的信件裡講到的「不明因素」（Factor X），把這當成他那種致命偏好的神經心理學理由。我們的章節是以第一人稱寫成的，就像是從凶手的觀點

出發，而且是在雷德身分暴露被捕前幾年出版的。他告訴卡薩羅娜，那一章他讀了又讀，那給他一個全面性的觀點，並理解了他腦袋裡盤旋的種種力量。

在旅館的會面裡，卡薩羅娜交給我五頁手寫的黃色拍紙簿紙張，上面是雷德小而緊密的筆跡，他要求她轉交給我。結果這幾頁文字是雷德自己的筆記，根據我們在書中提出的特質所做的自我評估。幾天前，他把它寄給卡薩羅娜。在第一頁的頂端，他寫下：「惡夜執迷（案例研究）。」

雷德列出了我們提到的屬於那名不明連續殺人犯的屬性，再加上它們出現在《惡夜執迷》裡的頁數與段落：

操縱、支配、控制。知道怎麼鑽進被害人的腦袋裡。實質上他們所有人的背景，都是來自受虐或其他方面功能失調的幾種背景，不過那並不能開脫他們的作為。虐待狂殺人犯預先準備他們的犯罪。事實上，他在他的犯罪生涯中讓他的作案手法臻於完美。簽名特徵的面向──比作案手法更好。作案手法是一名犯罪者為了完成罪行必須做的事。另一方面，簽名特徵是犯罪者必須執行才能在情緒上滿足自己的事。偷窺跟獵殺會是一致的，是為下一次攻擊做好準備。可能會拍照或者記錄現場。拿走紀念品──珠寶，內衣。

還有其他一大堆。這就好像他在編寫一份檢核表，以確保他滿足了一個連續殺人犯的所有重要描述。

在隨後幾頁中上，雷德列出了其他殺手的名字，包括泰德‧

邦迪、山姆之子、艾德‧肯培、史蒂芬‧潘諾（〔Steven Pennell〕一個來自德拉瓦州的虐待狂獵食者，在《惡夜執迷》出版時已被處決）、《沉默的羔羊》裡的角色水牛比爾，還有水牛比爾的部分藍本蓋瑞‧海德尼克。雷德也把給BTK的一欄包括進去。在每一頁的左邊，他列出連續殺人犯特徵，然後用「是」與「否」列出每一個人有或沒有那種特質。

就他自己而言，「霸道母親」這一欄他寫下「1/2」。在關於「自負」、「自我中心」跟「內在聲音」這些項目上，他填的是「否」。在「聰慧」這項，他給自己一個「是」。我從這份不尋常的紀錄裡得到的，不是像我期待從托德‧科爾黑普那裡得到的那種真相，而是描繪出一個駭人而惡毒的連續殺人犯如何看待自己的準確肖像。

而我得知，我們的書並不是雷德唯一讀過的作品。他已經變成一個連續謀殺的「學生」了。他讀了各式各樣的真實犯罪書籍，而且在基本上符合他剖繪的部分畫重點。

這使他成為一個「更好」或更有效的殺手嗎？不。這個問題老是有人問。你無法靠著讀我們所寫的這類書籍來精進殺人技巧。不過對於某個殺手的心態與心理構成，你可能得到某種洞見，而那顯然是雷德在追求的事物之一。

在科爾黑普的回應裡，有趣的地方是他提供的資訊，他給出的細節，以及他的語氣，都與他在幾次審訊過程中對警探們說的話一致，也與他和瑪莉雅的對話及書面溝通一致。跟我研究過的許多其他暴力罪犯不同，他並沒有試著按照他面對的觀眾、或者他從每個聆聽者身上能獲取的東西，來表現出不同的人格假面。

　　評估工作單的前幾個部分涉及背景資訊，像是出生日期、身高、體重、體格、種族和族裔、外表、婚姻狀況與婚姻史、教育、軍隊紀錄、就業紀錄，還有醫療史，包括精神病史與任何自殺企圖。長期行為與性行為史涵蓋了一切，從家庭結構和環境，到受訪者遭受的任何身體、情緒和／或性虐待或創傷，再到他的童年行為，像是夢魘、逃家、長期撒謊、毀壞財物、濫用酒精或藥物，以及所謂的殺人三元素：尿床，縱火，虐待動物或其他兒童。

　　這個部分出現的一個有趣元素是：他承認他被捕時，他一年賺大約三十五萬美元——對一個連續獵食者來說，這極其罕見——但他設法在所得稅申報表中抵消調整後的總收入，所以他只交了幾千美元的稅。這告訴我們，在某個領域裡違反法律的人往往在其他領域也會違法。

　　在他做到標題為「犯行資料」的部分時，科爾黑普指出，他需要額外的頁面，才能完整回答這些問題。

　　正如我最初懷疑的那樣，他說他對別人說過超級摩托車謀殺案的事。從調查的角度來看，這個訊息極為重要的。如果我們相信不明犯嫌和某人談論過這起犯罪，我們可以公開這個資訊，有時還能誘使那個人出面，因為此人現在正處於危險之中。在本案中，達斯坦・勞森（Dustan Lawson）是卡拉的前男友，也是把卡拉介紹給科爾黑普的人。科爾黑普說，勞森替他「在各種情境下做過零星的工作」，其中最重要的是供應武器，因為他的犯罪紀錄，科爾黑普無法合法擁有槍枝。科爾黑普寫道，勞森「知道摩托車店的事」，「事後得知」柯希夫婦謀殺案，「他幫卡拉弄到藥物，第二天就知道她被留置，而且收了錢要去把她的狗從公寓裡

放出來，但他對我撒謊」。勞森否認有被告知此事。

科爾黑普還說，他告訴了他多年的情婦。她說，她很納悶他是否認為他告訴過她，但如果他有這麼做，那是用某種她沒能聽懂的暗語說的。

請注意，這種背叛──沒把卡拉的狗放出去──實際上被賦予了與謀殺同等重要的意義。科爾黑普從來沒有忘記任何層面上的背叛。更重要的是，任何知道超級摩托車謀殺案的人，如果按照我們所希望的那樣採取行動，他或她至少可以阻止隨後發生的三起謀殺案。

我也毫不意外在科爾黑普的敘述中讀到，勞森並不是他唯一接觸的人，他覺得自己很需要跟人談談這件事。不幸的是，這不盡然成功：「多年後，二○一二到一五年，我確實試著向某個以家庭和教會為重的朋友傾訴，尋求幫助，讓我的生活恢復正常，但我講得太不著邊際，以至於他不知道我到底在說什麼。」

至於卡拉·布朗的失蹤，科爾黑普寫道：「達斯坦立刻起疑了。我周遭的人知道有事情不對勁，但不知道是什麼事。」

其他先發制人的策略，對於像科爾黑普這樣的人不會奏效。他勉強承認「我每天看網路新聞／報紙好幾次」，查看關於這樁罪行的消息──我知道不明犯嫌會這麼做──但「我沒有留下任何紀念品，除了一把從華雷斯帶回來的步槍。我沒有和任何家庭、警方或媒體聯繫。我不會故意混進調查行列中。」

在工作單裡有一個很長的欄位，是跟受訪者的罪行有關的描述性字眼，下面還有一個欄位，要用相對應的數字，標出每一個描述性字眼對於每項罪行來說，是占有多大重要性的影響因素。

這個部分第一頁的欄位，對應到科爾黑普十五歲時犯下的強姦案，三十二歲時犯下的超級摩托車謀殺案，以及四十五歲時犯下的卡佛謀殺案與布朗綁架案。舉例來說，第一組詞彙是憤怒、敵意。在每個欄位下面，他都寫下一個「1」，意思是憤怒與敵意在每一種情況下都是「占主導地位」。另一方面，對於絕望和孤獨，他寫下「5」，這對應到的是「一點也不／沒有」。

在這三個罪行中，最有趣的變化是冷靜、放鬆這兩個詞彙。卡佛謀殺案和布朗綁架案發生時，他說那是他主要的情緒狀態。在超級摩托車謀殺案時，這兩者（的重要性）是2。但回到他的第一次嚴重犯罪，綁架與強暴住在隔壁的女孩，他的評估是5：「一點也不」放鬆，顯示隨著年齡的增長，他變得對暴力犯罪更自在許多。

不像大多數獵食者殺手，在他犯下一件罪行的時候，他的興奮程度是4──這指的是「最小程度」──至於驚恐、害怕、恐懼，他的感覺介於「最小程度」與「一點也不」之間。他對於殺死摩托車店的受害者或卡佛，只有最低程度的悲傷，不過在最初讓他入獄的強暴案裡，這卻是主導性的情緒。對於強暴那位鄰居，他也有顯著的沮喪、不快樂、悲傷、憂鬱，但他對查理和卡拉所做的事情只引起最低程度的前述情緒，至於摩托車店謀殺案，則是「一點也不」。

瑪莉雅說，他對她說過的事情裡，最刺耳的話是這一句，她絕對不會忘記：「妳必須了解，對我來說，這就像洗車或者把垃圾拿出去一樣。」

工作單表格裡有個問題問道：「在每次犯行中的對話是什麼

性質的？」這個問題是企圖同時帶出兩種策略——有用到某種藉口、騙局，或者誘騙性質的對話來讓受害人上鉤，或者只是靜默、出乎意料的閃電式攻擊——還有簽名特徵的面向——犯罪者有某種想要遵循的「劇本」嗎？科爾黑普回應：「殺人的時候，我保持靜默，專注於我正在做的事。任何評論都是簡短、清晰，能解釋我需要什麼，而且態度冷靜。」

他在解釋時證明了這一點：「摩托車店的對話是幫助定位目標，好讓我不必一次撂倒四個人。我進去的時候很有信心我可以應付四到六個（人），但如果他們聚在一起或者有武器就不行了，所以我操縱出一條在控制之下的行進路線。」

儘管他聲稱沒有興趣在性方面控制他人，但保持對任何情況的全面控制，顯然對他很重要：

> 只有在我射殺強尼，梅根因為（所謂的企圖搶劫）沒照他們的計畫進行而開始驚慌的時候，我才對她講話，她哀求我不要強暴或傷害她。我冷靜地告知她我不會這樣做，但我需要確定她沒有危險性，要搜查她有沒有毒品／武器。內褲還穿著，對話很有禮貌而帶有刺探意味，問她關於她自己還有強尼的事。沒有威脅，沒有侮辱。

在描述「突如其來的壓力或危機的證據」——包括經濟困難、家庭問題、受傷或生病、就業問題或者親友死亡——的時候，科爾黑普幾乎全都給了3：「中度／有一點」。對於大多數多次作案的殺手或獵食者而言，這些壓力源是重要的促發因素。在科爾

黑普看來，壓力源有主導性的唯一時刻，是在鄰居強暴案和超級摩托車謀殺案中的「與父母發生衝突」，以及強暴案中的「與女性重要他人發生衝突」。

整體而言，科爾黑普用數字標出的反應，顯示他直接了當承認他所做的事情，而且沒有嘗試減輕他行為的錯誤性，或者怪罪別人。

舉例來說，他描述飛往墨西哥華雷斯城和其他獵人一起獵捕毒販，就像是

> 置身於一部拍得超爛的電影裡。其中沒有任何酷炫成分。所有人都花了很多錢在購買最頂級的軍事裝備和戰略訓練上，夢想成為海豹部隊成員。我們絕對不是。大半是一群全副武裝的蠢蛋，想試試看他們的玩具，並且殺掉某樣東西；以毒販為目標，只是因為對群體而言是道德上可以接受的。

每當另一個人，像是他的父母，出現在科爾黑普的回答之中，他對於事件的描述都讓我覺得真實而準確。他可能不知道他**為什麼**做出某些事情，但**做了什麼**以及**如何**做的，答覆聽起來很真實。

這並不是說他自認為是個獵食者。在他心裡，他事前就和他的某些受害者發展出一種關係。在被問起犯罪期間做出的性行為、還有進行的次序時，科爾黑普覺得有必要寫下，對於那個鄰居女孩，他們曾經「在這一切發生之前，有過一兩次親密舉動／輕微愛撫。」（受害者否認發生過這種事。）對於他最近的罪行，

他寫道：「卡拉是在一家脫衣舞俱樂部遇到的，變成了我的妓女（她否認此事）。事情始於共進晚餐，或者她跟我說她需要付某些帳單。」

在「受訪者如何繼續對受害者保持控制，以便反覆攻擊？」這一項下面，他補充道：

> 需要解釋卡拉的部分。有出示武器，而且當她為了毒品吵鬧時，我讓她看了我替她挖的墳墓。我射殺查理的時候她不是非常害怕，比較像是困惑，然後很快轉變成她能夠從中得到什麼。她亢奮起來，然後解釋了她的某些（戀物癖）／臣服幻想。我只是不想讓她跑去找警察。我想她會先跑去找她的毒販。鐵鍊和在貨櫃過夜是為了讓我省心，大多數時間她都沒有被綁著，但我確實在她沒被鎖住的時候把武器放在手邊。只要我繼續買東西給她，對她付出注意，給她藥丸壓碎吸食，她似乎就很滿足。查理對她來說幾乎不是問題，只有我會不會替她買東西才是。她想要性愛、注意力和（毒品）。我拒絕（給毒品）。在我拒絕做愛幾次以後，她氣壞了，而且她不高興我不肯迎合她的臣服幻想。這一切都是我的錯，這整件事是錯的。我只是說，是她逼著要實現幻想的部分，不是我。

就像我們從暴力罪犯那裡得到的許多答案，這個答案需要某些細微的詮釋，才能變得有意義而且有用。首先讓我們先說清楚，不論科爾黑普怎麼說卡拉對他射殺查理有何反應，她肯定都嚇壞了，而且害怕自己也會沒命，特別是在他向她展示他替她挖

的墳墓以後。其次，無論她要求什麼，或者她的舉止如何，毫無疑問都是某種求生和應付當前處境的策略。甚至都還不用進入她是否向他要求毒品的問題，如果他們在他囚禁她以前就有過一段性史，她會回歸他們各自曾經扮演過的角色是很自然的，因為她會試圖「正常化」他們的關係，好讓他不把她視為必須消除的威脅，就像梅根・柯希一樣。而對於她獲救前被狹持的那段漫長時間，我並不意外她會「氣壞了」。無論她本來可能有多恐懼，你不可能在這樣不確定的情境下，被俘虜那麼久卻不讓任何真實情緒浮出水面。在我看來，她不會用**滿足**來描述那幾週被關在貨櫃裡的自己。

既然如此，科爾黑普實際上在這裡告訴我們的是什麼？

首先，他斷言既然他第一次欠考慮的性侵行為是在他十五歲時發生的，他並不認為自己是個強暴犯或虐待狂。相對的，喬瑟夫・康卓對於使用這個詞彙毫無問題，因為這指的就是他。

雖然他們兩個人都是殺手，科爾黑普對犯罪世界裡的康卓之流只會覺得輕蔑鄙夷。他甚至不認為自己在任何方面有病態癖好。「她想要我在各種層面上做角色扮演，但我不願意。」事實上，在回應後來的某個問題時，他強調：「鐵鍊／手銬只是為了控制。沒有異物、鞭打或打屁股，」儘管他認為卡拉有支配幻想，她想要他參與其中。他承認自己「第一週確實在貨櫃裡放了一個監控相機，看她在做什麼，」但堅稱這是「為了檢視安全狀況，而不是偷窺。」

他的自我形象對他極為重要。他馬上就承認犯下謀殺案，甚至「夠男子氣概」，說這樣做是錯的，但對一個女人硬來，就不

是他自我意識的一部分了。他寫道：「在卡拉變得很醜惡的時候，我只是讓她獨處，在另一個地區工作。」換句話說，他唯一施加在她身上的懲罰，就是延遲出現。而在回應另一個關於「攻擊期間性功能障礙的證據」的問題時，他寫道：「沒有性功能障礙。」

就算承認性侵卡拉，也必須被解釋成權宜之說：「完全承認謀殺與綁架。沒有犯下強姦卡拉的罪行，但不值得為此花那些時間（在審判與判刑入獄之前）留在看守所，去對抗一個對我的人生沒有影響的罪名。這樣做意義在哪裡？」

為了進一步闡明他的論點，後來有個問題問到他對卡拉的犯行跟性欲有無關係，他指出，「強暴受害者不會要求按摩棒和鋼管，」他說卡拉曾經要求過這些東西，而他在她被囚禁期間替她弄到了。

這就好像他在說：「對啊，我囚禁了一個有吸引力的年輕女子，殺了她男友，而且用鐵鍊把她鎖在樹林中的貨櫃裡，我在那裡屢次和她發生性關係，但這並不是因為我是變態；這一切都有實際的理由。噢，而且那些性愛是合意的，當我們之中有人不想要的時候，我們就不做。不僅如此，她想要什麼我都買給她。」就像在大半審訊中一樣，他表現出他有多麼地「講理」。

在回應「攻擊時犯下的虐待狂行為？」時，本來用一個簡單的數字3代表「沒有」就足夠了，他還寫道：「沒有虐待狂行為。完全不欣賞這種行為，不過為求效率，小心選擇過方法和武器以便快速殺戮，雖然這主要是為了保護我自己，但確實也減少了他們的痛苦。增加痛苦並不必要。」

後來他寫道：「暴力並不會讓我亢奮，控制也不會。」

表單上有個地方問道：「有任何其他重大變化嗎？」指的是可能影響他決定犯下暴力罪行的壓力源。對此，科爾黑普需要的空間比表單提供的還要多上許多：「名列在性侵犯網站上持續造成問題，跟公司運作有關，持續處於沉重的壓力之下。我買到摩托車那天，外婆過世——母親／外公吵架。」而對於第一件強暴案：「與爸爸的問題，還有持續的身體／言語虐待。」

家庭問題無疑是壓力源，但我認為性侵犯標籤是他成年人格的關鍵之一。無論他達成什麼其他成就，科爾黑普都把那看成他人生中毀滅一切的污點。而他對此的看法並不是完全錯誤。

儘管在坦帕的強暴案是到目前為止時間最久遠的罪行，但它卻是流露出最多情緒與激情的犯罪。這是他唯一表達出真正懺悔的罪行：「真希望我可以說不是這樣，但我真的對其他大多數案件並不感到內疚。」他說他那時第一次喝了酒，只是第二次做愛，而就像大多數性獵食者一樣，他發現「感覺很好，但這整個情境不好，我知道一切都錯了，這不是讓人興奮的事。」如果他有「持續一分鐘，」他會「感到驚訝。」對這些人來說，幻想幾乎總是勝過行為本身。

儘管他寫道，他對其他罪行並不覺得內疚，但我們可以明顯看出科爾黑普內心有些良心元素在交戰，跟康卓這類人——他對自己的所作所為肯定毫無不安——或者非得把每一件謀殺案合理化的哈維正好相反。僅僅幾行之後，他寫道：「我痛恨我竟然殺了摩托車店的那個媽媽，真希望我那時有避開她。強尼是個煩人精，他自作自受。真希望我對梅根有想到比較好的非暴力解答。我為查理和卡拉感到遺憾，我反應過度，而且應該把他們兩個開

除了事。我沒那麼喜歡卡拉,我只是希望有個跟梅根不同的結果,但可能還是走到那個方向了。」

雖然他對於這件事大半有自相矛盾的反應,不過在此卻有真正的內省,而不是嘗試把這一切都解釋成別人的錯。後來在工作單裡,他寫道:「我走上一條邪道,還決心繼續。我可以坐在這裡說這個或那個本來可以阻止這一切,但這全都要回到我身上。我應該要阻止我自己。」

在處理一個標題為「攻擊史」的部分時,對於「在他的攻擊中隨著時間過去而增加武力使用或侵略性?」這個問題,他答以「是的——謀殺變得很常見。」

除此之外,在對照一張從年紀、族裔、頭髮顏色到身體障礙在內的特徵清單時,他說他看不出他的受害者之間有任何相似性,甚至連他的犯罪動機都看不到相似性。

然後他補上一句評論,這不是在回應工作單上的任何特定問題:「回顧我的過去,我看不到一個模式,那是一種瑞士刀似的多樣化殺戮。我看不出所謂的簽名特徵或者常數,這讓我很困惑,我相信這也讓其他人很困惑。」

這是個相當精確的自我評估。但是他知道出了問題。「一旦朋友、親戚或工作夥伴發現,受訪者會希望他們怎麼做?」

他回應:「幫助我找人治療,尤其是在一開始(亞利桑那州的強暴案)。最後我在求助了。我想重新回到正軌。一旦梅根／強尼(謀殺案發生),我就真的回到錯誤的道路上,要是沒有某件事／某個人讓這種事暫停,我不認為在沒有法院或朋友介入的情況下,這一切會有個了結。」

25 | 有組織與無組織
Organized Versus Disorganized

　　一路回溯到他那位少女鄰居的強暴案為止，科爾黑普在他的罪行中同時展現出有組織與無組織的元素。對於大多數的暴力犯與獵食者來說，無論他們的計畫有多麼小心，既然罪行本質上就是任何社會都會禁止的不理性行為，通常都有某一點是邏輯與理性的崩潰點。

　　一九八一年，小約翰・辛克萊（John Hinckley Jr.）計畫透過刺殺雷根總統，來打動女演員茱蒂・福斯特（Jodie Foster）。既然這是針對美國總統犯下的罪行，FBI有優先管轄權，而我的單位參與了控告辛克萊的案件準備過程。這一切的重點在於槍擊本身經過良好策劃又執行得當，雖然僥倖沒有人真的被殺。接下來的部分就沒那麼好了。福斯特本來應該要印象深刻到迷上他，然後他就會要求當局提供一架飛機，讓這對新人搭機離開。他的計畫與邏輯就在那裡告終。

　　我們可以在托德・科爾黑普身上看到同樣的特徵，儘管他在我看來似乎比辛克萊聰明得多，也更實際；辛克萊因為心神喪失獲判無罪，這個判決至今仍然有爭議性。然而，由於科爾黑普和辛克萊在性格與智力方面都有所不同，我看到了其他重要差異，我希望我們的問題會釐清這一點。

對於科爾黑普，有組織與無組織行為之間的平衡似乎更為有機，而非隨興而為。我開始領悟到，對他來說，每次他朝這個或那個方向做得太過頭了，他心理上某種固有的東西就會導引他往另一個方向去。這種情緒拉鋸是一種重要的行為指標，在這種狀況下，他讓自己參與了某件事、隨後又為此質疑自己。在這方面，他完全不像真正的獵食者，這種人不質疑他們的動機、或者他們進行犯罪的方式。

我們在科爾黑普到墨西哥華雷斯城殺毒販的冒險行動中看到這一點。有一陣子，這個想法對他來說很合理，但去過幾趟以後，他領悟到這種行動很蠢，近乎瘋狂。

在科爾黑普的紀錄裡，從犯罪邏輯與計畫崩潰起點的角度來看，最引起我興趣的元素是劫持梅根‧柯希和卡拉‧布朗的部分。雖然他可能在事後回顧時，覺得射殺強尼‧柯希情有可原，但射殺查理‧卡佛則是反應過度，而事實仍舊是，在每個案子裡他都冷血衝動地謀殺了某個人，然後留下一個可以扳倒他的證人。

「我在布萊史托克路跟雷德維爾路交叉的街角，跨越二十六號州際公路的橋邊遇見梅根，她正在行乞，」他向瑪莉雅解釋道。「可愛女生在討錢。我給她一個清潔房屋的工作，然後想著我可能會因為幫助她而從中得到一點性回饋。直到槍擊那天早上才見到強尼，但她告訴我那是她男友，不是丈夫。」

以他自行定義管理的奇特道德感，他並不想殺死梅根，或者後來的卡拉，雖然那會是殲滅證人最有效率的辦法。不過要拿她們怎麼辦呢？

他可以扣留梅根一小段時間，但接著就領悟到他必須做些什

麼。除了殺掉她，還有辦法可以讓她不礙事，好讓她不會告發他、並且作證對他不利嗎？在和她長談並盡他所能去了解她以後，科爾黑普想出一個計畫。而以其自成一格的方式，這個計畫幾乎就跟約翰·辛克萊的計畫一樣異想天開。

「貨櫃本來不是要拿來當牢籠的，」科爾黑普告訴審訊他的人。不過強尼·柯希一拿出刀子對付他，企圖搶劫他的時候，他說：「我射殺了他。」然後，「我不知道要拿她怎麼辦。我不想讓她待在我的貨櫃裡，因為我在裡面放了東西，而且不知道到底天殺的要拿那些東西怎麼辦。把她關進去跟我的槍在一起，並不是好的安排。有史以來第一次，我變得有點恐慌，想著到底要拿她怎麼辦——把她安置在這裡、安置在那裡、宰了她，天殺的我到底要怎麼辦？」

我想，這種重複顯示出他對於失去控制感覺多不舒服。

我相信他不想殺梅根，但他在面對的是無法解決的問題。殺死強尼「真的很困擾我，因為這是這麼沒必要的屁事。哎，見鬼了，我給他們錢；為什麼你們要搶劫我？」

他說，他費了點力氣讓她冷靜下來，用手銬銬住她，然後把她留在貨櫃裡。在他挖洞埋葬強尼之後，他帶著給梅根的食物回到貨櫃。

「你在她企圖搶劫你以後給她食物？」其中一個警探問道。

「唔，不然你打算怎麼處理她？」托德回答。「我不想射殺她。」

他繼續解釋：「她在跟我說話，首先她有毒品問題，然後她一直對古怪的事情發脾氣，還一直講話，她一直告訴我她有瘋狂

……瘋狂模式，或者某種躁鬱症、需要鋰鹽之類的鬼話；我不知道那到底是什麼鬼。老天啊，她的情緒起起伏伏、起起伏伏。」

這種情況持續了「五六天」，事實證明梅根是個不穩定的囚犯。科爾黑普描述說，他帶香菸給她，而她企圖燒掉那個金屬貨櫃。「我進去的時候常常發現她在燒貨櫃。她就坐在十萬發彈藥旁邊。看在上帝的份上，拜託別再亂燒東西了！」

但在這段時間裡，他想出了一個計畫。以梅根已知的毒品問題，還有他口中她的法律問題（「我猜你們這些人曾經因為甲基安非他命，或者某些別的玩意逮捕過她，」他對警探們說），再加上他需要讓她消失，科爾黑普向她提出一個建議。

「（我）帶她到建築物盡頭去，要她坐下來一會兒，讓她冷靜下來。『拜託冷靜下來！』給她一些食物，基本上是告訴她，如果她就他媽的冷靜下來……『妳不認識我。妳對我所知不多。妳什麼都不知道。』而上一次我可以從網路上查到什麼的時候，已經有個逮捕令在找她了。噢，『我會給妳四千塊。我會把妳載到該死的田納西，我會把妳丟在某個地方。如果妳有任何一點在這個星球上的常識，妳會走妳的陽關道，我過我的獨木橋。』」

「我告訴她，我會給她四千塊，然後在田納西放了她：『就走吧，拜託走吧，別回來了。』這似乎是個簡單的……所以這似乎是個簡單的解決方案。她不知道我的名字，她不知道我的地址，她不知道我住哪裡。」

我們在蓋瑞特‧特普奈爾於一九七二年決定劫持環球航空公司航班的時候，看到同樣的雙重性，那個犯罪實際上是不可能全身而退的，尤其是他的王牌是要求尼克森總統特赦，這是個完全

不合理的期待。然而,「釋放安琪拉‧戴維斯」這個要求讓他得以討好未來的獄友們,這顯示了一種高度的世故老練與計畫。

　　所以發生了什麼事,改變了科爾黑普的「簡單解決方案」呢?這時候他提出兩種不同的陳述,彼此並不完全相符,這不意外,因為他基本上是隨機應變,邊走邊看。我想這也展現出他腦袋裡持續的邏輯拉鋸。在拘留中心的審訊過程中,他告訴警探們:

> 天氣爛透了。我們碰到凍雨,那時候就快到聖誕節了,老兄。我們碰到凍雨,我們碰到下雨,天氣爛透了,而我還得想辦法擺脫我女朋友艾希莉(Ashley)。我必須起床出門去工作,把這個人弄到田納西,丟包她,然後回家。那不是個⋯⋯那不只是一兩小時的車程。我會丟下她,不會是丟在邊境上。我們往北到了納許維爾(Nashville)。我想要她離我遠遠的。我想要她忘記南卡羅萊納州在哪裡⋯⋯『如果妳有任何常識可言,妳就會一直走,去找個工作,在某個地方的餐館找工作,當女服務生,讓自己振作起來,別再回來了。他們會觀察妳一年,而我在這裡,所以別回來了。』她本來要接受。她很高興,她大概有兩天高興得要死。我就是沒辦法熬過那個天氣。

　　但過了一會兒,他告訴警探們說梅根又放了把火,而這就是為什麼他決定殺了她:

> 當我進入那棟建築物的時候,我是說,我嗆到了。我說:「見

鬼了！」我去把她弄出來，然後突然間，就好像我有一隻被困在籠子裡的野獸。噢天啊，我不知道這到底是什麼鬼，見鬼了，她從「我真高興活在這世界上，我要帶著錢去田納西州，而且我會重新開始我的人生，謝謝你！謝謝你！」變成徹底瘋狂。

在那一刻我設法讓她走出建築物。我就是受夠了。我走到外面，我試著讓她冷靜下來，搞清楚到底要拿她怎麼辦，怎麼辦，拿她怎麼辦。我不知道。嗯，回去，回到建築物裡，嗯，她發神經了，就是……這不像是她對這個情境很情緒化。這個，這個已經好幾天了。不只是那樣。這就像是嚴重化學不平衡之類的鬼東西。而她走到外面來。我讓，我讓她走到外面。我讓她到外面，我把一顆子彈送進她腦後。

這兩種解釋可能都影響到科爾黑普殺死梅根·柯希的決定。不過對他這部分敘述的心理語言學分析──髒話、反覆的字眼跟詞彙、頻繁承認他不知道接下來要做什麼──直接指出實情：他自知永遠不可能控制這個情境，還有她以她的方式在利用他，到最後導致他犯下另一宗謀殺案。

這是托德·科爾黑普的行為模式。他不是在懲罰梅根企圖搶劫他；他已經藉著射殺強尼闡明他的論點了。狀況是她讓他進退失據，而他不知道還有什麼任何別的反應方式。在有組織－無組織行為模式自行顯露出來的時候，這種事很常見。

每次他殺人，都是因為他覺得他已經處於這種立場──不管是打獵俱樂部公寓停車場裡企圖搶劫他不成，之後反被他殺害的

那兩個男人，還是在超級摩托車嘲弄他、而且他相信在取笑他的那些人，然後是強尼和梅根‧柯希。而我心裡不怎麼懷疑，卡拉‧布朗要是沒獲救，本來也會有相同的命運在等著她。他會知道這是錯的，但他的大腦合乎邏輯、有組織的部分，不會看到有任何其他「明智」的出路。

我想某個像科爾黑普這樣，以獨具一格的方式顯得聰明又善於分析的人會領悟到，他在田納西州釋放梅根的計畫遠非滴水不漏。如果如同他所懷疑的，執法單位在找她，最後也找到了她，她會用她擁有的任何資訊來交換更好的待遇。而就算那個部分不是真的，大多數暴力罪犯已經學到，唯一保證祕密還是祕密的方式，就是只有一個人知道這個祕密。

因為到最後，要是科爾黑普考慮過怎麼處理卡拉，他就會面對梅根讓他遇到的同一個陰魂不散問題：**現在怎麼辦？**他在評估工作單上的回應，讓這個再清楚不過。在回答「受訪者在犯行後在想什麼」這個問題時，他回答：「我們又重蹈覆轍了。扣留梅根是個巨大錯誤，見鬼的為什麼我又扣留卡拉？殺了她，清理現場，移除證據。」

我們看到科爾黑普身上有一種混合表現——射殺查理，然後很有效率地處理他的屍體跟車子，卻不知道要拿卡拉怎麼辦——對於一個變成犯罪老手、但主要焦點還是他的生意與日常生活的人來說，這樣也不意外，他和丹尼斯‧雷德這類的人相反；雷德的BTK罪行才是他存在的核心。雷德人生中的關鍵動機，是透過謀殺達成的變態性滿足。科爾黑普的罪行跟無法壓抑的憤怒與報復有關。

我們來比較科爾黑普在這種狀況下的反應跟雷德的反應。雷德從他的「勞作計畫」（這是他的稱呼）裡得到無盡的樂趣與滿足。他可以支配他的受害者，決定他們的命運，而他有種神祕的感覺是，藉著殺害她們，他會在來世擁有她們，她們全都會成為他的性奴。雷德最後悔的事情是，他無法再花**更多**時間在他的受害者身上，實現他的虐待狂幻想。

另一方面，科爾黑普在必須長期應付卡拉的時候，就黔驢技窮了。他的陳述跟卡拉的陳述，有可以理解的差異。她描述好幾星期的恐怖與不確定，在這段時間裡她每天都為自己的性命擔憂，同時他描述的卻是一個黏人、要求多又不肯放過他的囚犯。不過在評估工作單裡很清楚的是，這不是蓋瑞·海德尼克那種狀況，為了他的性滿足與國王式幻想而拘禁女人。不像海德尼克或者丹尼斯·雷德，他們對女性的虐待狂犯罪是他們存在的核心，托德·科爾黑普卻把焦點放在他的房地產事業上。在海德尼克的案子裡，監禁是有組織的。在科爾黑普的案子裡，卻是無組織的。沒錯，他喜歡性愛跟色情物品，但他有簡單得多也比較不緊張的方式來滿足自己。這是個害自己陷入窘境、不知如何脫身的男人，就像他在工作單裡真情流露闡明的：

> 她開始用上這種臣服小貓的胡鬧舉動，想要電視、書籍，然後是藍色染髮劑跟按摩棒，經常要求藥丸，變得很無聊又想要做愛，還要我去娛樂她，用性愛去交換她想要的東西。看電視，抱怨沒有（毒品）還有我為什麼不更注意她，對於查理或者任何別人都只有寥寥幾句評語，就只顧她自己。她確

實要我綁架一個女朋友給她，讓她像寵物一樣擁有那個人，而我拒絕了。有個俘虜一點都不好玩。

比較一下這份自白，還有他很自信地對警長辦公室的警探們談他怎麼進行超級摩托車的殺戮；在後者，當他承認他做的事情不對的同時，他對於自身行動的組織與效率有幾分自豪。在講到違背這些女性的意志扣留她們時，他處理不來，而且從自己的經驗裡什麼也沒學到。

而他寫下的這段話，間接反駁海德尼克與雷德這類人的犯罪世界：「我確實希望我先前可以找到更好的方式處理梅根，不過擁有一個囚犯壓力極大，而我根本不知道怎麼可能有任何人因為這種組織計畫上的夢魘、情緒上的混亂，變得很亢奮。」

26

先天與後天

Nature And Nurture

托德·科爾黑普的人生故事和他回答問題的方式，自然地跟這份評估工作單的建構方式相合：背景資訊、長期行為模式、家庭結構與環境、攻擊史、青少年紀錄、受害歷史，還有主觀行為評估。

雖然就像喬瑟夫·麥高文一樣，科爾黑普和他父母之間有重大問題，不過科爾黑普卻沒有在遷怒的時刻對一個無辜的孩子發洩。喬瑟夫·康卓跟科爾黑普都是急躁憤怒的小孩，但科爾黑普並沒有恣意強暴謀殺和他親近的人。而儘管就像唐諾·哈維，科爾黑普偏愛完全掌控他的環境，他卻沒有只因為他辦得到，就隨心所欲殺害容易下手的目標。

科爾黑普是個不同的種類。他也是他環境條件下的產物，卻是一個本來能有不同結果的殺手。按照我的《這就是你的人生》切入角度，這裡呈現的就是我的看法。這一章裡的引文都是取自偵訊內容、與瑪莉雅的通信還有評估工作單，如同我們先前提過的，這一切都驚人地一致。除了誇耀自己精於用槍的部分以外，他的陳述都沒有替自己講好聽話，他也沒有企圖把過錯怪到別處去。科爾黑普是個**講話可信**的殺手。

托德的父母在他不到兩歲大的時候就離婚了。事實上，他

說：「我父親在我出生（那天）晚上在跟別人約會。（他父親否認此事。）他一輩子都在追逐女人，還有功成名就的大夢，非常有攻擊性而暴力。非常聰明，而且惡毒至極。」他母親蕾吉娜，人稱「蕾姬」（Reggie），於離婚隔年嫁給卡爾・科爾黑普。

托德描述他和他的繼姊與繼弟相處融洽──米雪兒（Michelle）比他大一歲，麥可（Michael）則比他小一歲。「因為卡爾的工作，我們搬到聖路易去，」他告訴瑪莉雅：「我們在上學的時候，這些孩子被他們的母親綁架。他們的母親出現，打電話給學校，通知他們說她是阿姨；說他們的母親被殺了，意思是說我母親被殺了。還說她是阿姨，但她到那裡只帶走那兩個孩子，沒帶走我。學校甚至從沒有費心質疑一下。」托德當時七歲。

「她就這樣帶走他們，」他寫道：「留下我，通知他們說我母親剛剛死了，但她只要那兩個孩子，然後開車回到喬治亞州。幾個小時後有人來接我。沒人能搞清楚另外兩個孩子在哪裡。在事情終於爆發以後，他們領悟到是生母帶走了那些孩子，而卡爾不希望她被起訴，所以他去取消了監護權，這完全改變了整個家庭的互動狀態，因為從那時開始，就算在比較好的時候，卡爾的態度也充滿敵意。」

米雪兒跟麥可離開以後，「我在自己房間裡打發時間。沒有人想跟我說話。沒有人會跟我說任何事。」在他十五歲因為強暴案被捕時的觀護報告裡，陳述「他從幼稚園開始，對其他人就有持續不衰的攻擊性，而且會摧毀財物。」他九歲時在喬治亞州心理衛生機構待了一陣，因為他對其他小孩有攻擊性。

科爾黑普不否認他在青春期前的行為。「我花了很多時間見

學校的諮商顧問；在學校出了很多問題。我常常以行為發洩。我經常從一間學校換到另一間學校，因此我從來沒真正有過朋友。然後，因為我總是新來的孩子，我真的會碰到霸凌問題。然後，我會被虐待，接著基本上狀況會日積月累，然後我就會以行為發洩。在典型情況下，我用行為發洩的時候，我會傷害到幾個人。我通常會走極端：**他們以後再也不會那麼做了！**但因為這樣，我花了很多時間見諮商顧問。」而這些諮商顧問為他做了什麼？心理衛生機構的限定工作時數有成效嗎？有任何後續追蹤治療嗎？沒有這方面的證據。

在被問到他最快樂的回憶時，他回答：「在外公外婆位於喬治亞州的農場跟動物玩。我喜歡動物，外公外婆我就不喜歡了。在我五歲的時候，我外公覺得用趕牛棒打我很有趣。不是個有趣的經驗。我七歲時他會替豬去勢，然後威脅說我就是下一個。八到九歲之間我被拖到一棵樹旁邊，被綁在樹上，然後挨揍。我很驚訝我沒殺他。他沒有朋友，而且靠著傷害跟控制別人取樂。他用相同方式對待他女兒（我母親）。」

他說，有一陣子他在他母親家和外公外婆家之間被送來送去。「這是非常詭異的情境。他們從來不想要小孩。他們講白了他們從沒想要小孩。他們一直提醒我母親，他們從來不想要她，而且當然了，我也在內。」

他描述的生活很灰暗。「我母親會斷斷續續接納我一陣子。然後她會把我帶回去（我外公外婆家）。我住在那裡的時候，如果我的成績不好，如果我做了任何他不喜歡的事，如果我沒有在早上五點醒來，照他喜歡的方式清掃雞籠，不管那是什麼方式，

我就會被叫醒，被拉著頭髮拖出去，綁在一棵樹上，然後挨揍。通常是用一條大皮帶。如果他沒用那個，有一次他其實用的是短馬鞭。」

既然我做的是這種工作，我就必須學著區隔我研究的殺手生活中的各種不同面向。我指的是，我讓自己熟悉他們罪行的每一個細節，並且厭惡他們的作為。與此同時，對於他們年少時經歷過、影響到他們成年行為的那些遭遇，我可能感覺到強烈的同理與哀傷。沒有一個孩子應該受到艾德‧肯培還有托德‧科爾黑普兒時那種待遇。而我們很容易看出科爾黑普的家庭背景——在沒多少愛與溫情的狀況下成長，他的繼弟和繼姊突然間被扯出他的生活之外，同時在表面上他被拒絕了——會影響到他沒有能力發展跟另一個人類之間的信賴關係。

他母親蕾姬沒跟卡爾在一起的時候，托德聲稱她總是在尋找人生中的另一個男人。「我猜她認為如果沒有兒子在旁邊跑來跑去，她就會更快找到一個男人。」

等到托德十二歲的時候，他已經受夠了跟他母親還有外祖父母同住，他宣布他想去亞利桑那州和他生父比爾‧山普賽爾同住，他們已經八年沒見過面，而且幾乎不認識。大約在同時，蕾姬買了新的臥房家具給他，她認為這樣會讓他比較喜歡他的居家環境。但他反而迅速用一把鐵鎚摧毀了新家具。他評論說，他覺得那家具「很小女生」。

「反應有點劇烈，」他對瑪莉雅承認：「但我才十二歲。我在這時候很常用行為發洩。沒有朋友，我想要遠離家庭——在當時似乎像是個好主意。我母親對我感到很挫折，而我不接受她約會

的任何對象。」

最後她同意把他送去給山普賽爾。

「所以,我從保守的聖經帶南方被送到亞利桑那的坦佩,那裡很熱、是野生環境,而且充滿了大學生。我父親擁有一家餐館——比利肋排名廚,是湯尼羅馬肋排餐廳的減價版。他忙於經營;我幾乎沒人監管。他對每個人主動挑釁,追逐每個有心跳會動的女人,而我在他身邊的那一點點時間,並不是我所期待的樣子。我父親會像電燈開關一樣,啪一下從完全沒事到暴力相向。我不再那麼害羞了,暴力程度升級。」

比爾·山普賽爾對瑪莉雅描述,蕾姬「就這麼把他送到這裡來,造成事實以後才通知說她已經送他上飛機了。」

托德變得很迷戀他父親的武器、以及聆聽他在特種部隊服役的故事,結果這些故事並不是真的。

不意外的是,對於當時兒子在亞利桑那州度過的時光,托德跟比爾的回憶相當不一樣。「我在某一刻以為我們是,妳懂嗎,我們是達到相當不錯的平衡了。我不認為有(過)任何問題,」山普賽爾對瑪莉雅說道。

然後,托德強暴了他的鄰居。科爾黑普演變成殺手的關鍵,就是他十五歲時的強暴案。在談到促發壓力源的時候,他在工作單上這麼說:

> 我父親到州外整整一星期,預定那天晚上回來。我知道在他回來的時候,我會因為某件事被他揍一頓,所以一邊亂搞烈酒櫃一邊數著剩下的時間。我很氣惱挫折,真的只打算跟

（那個女孩）聊聊，讓她相信我是適合她的人，然後徹底把
這件事搞砸了。我不知道為什麼會惡化成那樣，但就是那樣
了。我希望有人要我。

我會這麼解釋：要不是有這個事件，科爾黑普的人生本來會
完全不一樣。這並不表示我寬宥他的行為，因為我當然不會。對
於其他我研究過的犯罪者，包括這本書裡談到的另外三人，我看
到他們的發展裡某種不可避免性，就連像麥高文這樣，在第一件
犯行後就停止的人也一樣。但且讓我們來回顧案件歷史，以便支
持關於科爾黑普犯罪人生的論點。

首先，工作單裡的問題講到是否有任何事曾經阻止他發動攻
擊，他回答：

鄰居、老師、學校諮商顧問和我父親餐廳裡的員工知道到底
發生了什麼事，知道我在面對什麼事，也知道我有困擾，而
且很快我自己就變成了（一個問題）。這一切全都不是發生
在緊閉的門扉後面。某個人本來可以在任何一刻阻止，關注
這件事，替我找到一些援助。但他們反而把事情推到下一個
人身上去。我在那時願意接受治療。

被定罪的重罪犯做出這種觀察，並不是不常見，但在科爾黑
普的例子裡，我認為這有特別的重要性，因為他在全部三個資料
來源的其他回應，都極其誠實而直接了當，以至於我相信他不是
在嘗試規避他對任何一樁罪行的責任。他只是夠敏銳，足以辨識

出他人生中本來可以造就出差別的轉折點在哪裡。

這可以說明他在攻擊後多麼困惑迷惘：他的受害者說他考慮過殺她以免她把事情說出去，就像他後來殺了梅根‧柯希那樣。他寫道：「我大半時候很有禮貌，並且對她道歉，但我確實威脅她的家人，」他承認。我們再度看到混雜的行為表現。他知道他做的事情是錯的，而且幾乎立刻覺得悔恨。同時，他並不想面對他的行為後果。

在回應工作單上的一個問題，談他在犯行後的行為表現如何，他寫道：「很震驚。不確定剛才發生了什麼事，不確定接下來會發生什麼事。我放了她，我的狗跑出去了，而她幫我找狗，直到警察出現為止。她走向他們，我回家去。

「在警察停車並且找到她的時候，」他回憶道：「我離開了，然後回家，我拒絕出來，直到隔壁再隔壁的泰勒太太來跟我談話，我才放下槍。我無法等著警察來抓我；我不想靠近我父親。我大多時候覺得思緒凌亂又害怕，悔恨是後來才出現的。我只想離開那間房子，遠離所有家人。我害怕我父親，對我做的事情感到尷尬，還有麻木，不知道要怎麼辦，不知道要去哪裡。」

儘管有這個女孩告發的事實，但他甚至無法對自己承認他犯了性侵罪，而他繼續堅持關於走失小狗的故事。在回答他犯行後想了些什麼的問題時，科爾黑普寫道：「覺得尷尬，不惜一切代價迴避話題。」至於他是否設法「避免被執法單位查緝到」，他回答：「甚至連試都沒試。我很感激警官們把我從屋裡帶走。（我）根本不知道我會被判刑十五年，還以為我會去少年監獄直到十八歲，然後做諮商。」

　　我的同情與同理心總是跟受害者站在一起，而不是犯罪者。同時，值得一提的是，在受害者是青少年的性侵案裡，除了攻擊的暴力程度以外，刑期的考量之一是攻擊者相對於受害者的年齡，還有他們是否認識彼此。如果年齡相近，對於第二次機會的可能性，通常在量刑上會有寬大為懷的表現，並且嘗試決定罪行是某種獵食模式的一部分，或者是一次孤立事件，犯罪者可以靠著正確的關注而改邪歸正。我不認為在這個情況下，使用這種做法是不恰當的。

　　但科爾黑普反而以成人身分受審。「在十五年人生裡有大約六年的介入措施，結果卻極端失敗，」馬里科帕郡高等法院（Maricopa County Superior Court）青少年法庭法官金寶‧羅斯（C. Kimball Rose），在把此案移交給成人部門時如此寫道。

　　托德同意的認罪協議讓強暴罪控訴撤銷了，卻把他送進監獄裡十五年，跟他活過的時間一樣長。而這讓他餘生都掛著性侵犯的標籤。這就好像他一度犯下這個單一罪行，他的整個人生都無可轉圜地染上污點。而這是真正的遺憾與損失——其他先不提，就失去至少七條人命——因為如果托德‧科爾黑普的處置得當，這個情境的結果可能不會注定如此。

　　在某些領域裡，有一種常見而且在政治上很流行的信念說「強暴就是強暴」，意思是每一件性侵案都一樣。雖然每一件性侵案毫無疑問都很恐怖，它們卻不是全都一樣，犯下這些罪行的男人是落入一個連續性的光譜範圍裡。

　　我們的研究裡辨識出幾種基本的強暴犯型態，並且把強暴罪行劃分成超過五十種次群組。雖然在最新版本的《犯罪分類手冊》

裡，為了裨益調查人員，我們把強暴犯劃分成大約十來個範疇，為了我們在這裡的說明目的，這裡有四個涵蓋大多數強暴情境的分類：權力滿足型強暴犯（power-reassurance rapist）；剝削型強暴犯（exploitive rapist）；憤怒型強暴犯（anger rapist）；以及性虐待型強暴犯（sadistic rapist）。

對於憤怒型強暴犯（也稱為憤怒報復型強暴犯〔anger-retaliatory rapist〕）來說，他們的攻擊是一種特定或普遍怒火的遷怒表現，而性虐待型強暴犯透過別人的痛苦得到自己的滿足，這兩種類型都沒什麼改過自新的實際希望或期待可言。剝削型強暴犯是比較衝動的獵食者，在機會出現的時候就加以攫取，而不是計畫並且幻想他想要犯下的罪行，通常是在犯下另一個罪行（像是入屋行竊）的過程中進行強暴。如果他在犯罪生涯夠早期的時候被逮到，有時候是可以得到幫助的。

權力滿足型強暴犯，如同這個名稱所暗示的，通常是自覺有缺陷的類型，或者是某個設法要向自己證明自身性能力的人。這種類型可能獨來獨往，甚至幻想他的受害者很享受這個經驗，還可能會被他所吸引。一大半的約會強暴犯都落入權力滿足型的範疇；剩下的就是剝削型強暴犯。權力滿足型強暴犯的關鍵特徵之一是，因為他的自尊極低，如果你能及早讓他接受治療，他的行為就可以被修正。

不過那並不是在托德・科爾黑普身上發生的事，他的攻擊肯定是權力滿足型。他沒有得到治療，或者被送到可能設法處理他多樣化的敵意行為與反社會人格問題的機構——這些問題的起因來自於他的天生性格構成，還有他不受關愛支持的家庭環境——

他反而被送到一個成人監獄機構。他的監獄紀錄顯示，有幾年他表現出破壞性、有時候是暴力性質的行為，然後在大約二十歲左右，他開始穩定下來。

他聲稱，他從來沒有被其他年長囚犯性侵或者猥褻，不過這是極少數我不確定該相信他的時候。我懷疑這種遭遇曾經發生過，至少在一開始，而且會助長他對別人的不信任以及對其他人的怒火。

我的焦點在於理解為什麼人會做出暴力與獵食性的行為，不在於幫助他們成為更好、更守法的公民，而且是為了幫助抓到他們、起訴他們還有監禁他們。等到他們進入我的軌道時，他們通常都無藥可救了。科爾黑普的例子也是一樣，不過本來不必然要如此收場。本質上來說，他是個困擾重重的男孩，犯下他的第一件也是唯一一件重罪，然後被關進一個愛、關懷與信任的缺乏會被強化的機構裡，而且他會被暴露在各式各樣心狠手辣的罪犯面前，直到他三十歲為止。他的自然發展基本上被冰凍起來一段時間，這段時間就跟他進去前活過的年齡一樣長。在這整段時間裡，他無法以個人的身分發展。他必須處於持續的求生模式。

任何認識我的人都知道，我對於法律與秩序的議題完全不心慈手軟，但我堅信托德·科爾黑普的案子從一開始就處理失當。他有某些傾向於成為罪犯的天生本性，但在他的例子裡，是他家庭跟法律既有建制的後天條件——或者更精確地說，是這些後天條件的欠缺——實現了這種命運。

在瑪莉雅訪談科爾黑普的強暴罪辯護律師亞倫·畢卡特（Alan Bickart）時，畢卡特說，他對於如何進行極其苦惱。托德「太過

聰明」，以至於不能判定他需要待在精神病院；他不能當成青少年來審判，因為罪行太過嚴重，但唯一真正的選擇——成人監獄——只會讓他變得更糟。畢卡特感嘆，整個體系就是沒有好的選擇。

在他出獄後他也沒有得到任何指引：「在監獄待了十五年以後，釋放一名入獄時十五歲的受刑人，沒有假釋官、沒有監督或治療，如果有問題也沒有人可以講，這是個巨大的錯誤。態度跟解決方案都是來自監獄環境。」

他在二〇〇一年八月出獄的時候，回到他母親住的南卡羅萊納州，因為他不知道還能去哪裡。請記得，這是一個三十歲的人，沒有在成人世界裡獨居的經驗，而且從來沒有過成人的工作。他沒有約會經驗，這解釋了為什麼他常去光顧脫衣舞酒吧和妓女。他找到一份工作，開始獨居，並且自給自足。他突然間得要教自己一套全新的生存技巧。

雖然他繼續頻繁光顧妓女與脫衣舞酒吧的生意，並且仰賴線上色情，不過他終於發展出和女人擁有「正常」關係的社交技巧。他跟兩個被他歸類為女友與情婦的女性有長期的關係，但從來沒想要娶她們其中一人。我相信這是因為在他看來他母親跟男人的關係有多麼災難性，他的人格成形期又都待在監獄裡，他就是沒有婚姻所代表的那種信任能力。

儘管如此，他決定讓他的生活改頭換面。工作單問起受訪者，覺得討論中的罪行以哪些方式，「在任何方面對他造成重大改變」。對於他出獄並且搬到南卡羅萊納州的事，他寫道：

既然我現在沒有家庭影響決定，我嚴厲地審視我自己，朝著變成更好的人努力。不再犯罪，不會偷竊或者牽扯進（任何）可疑之事。確保女性在我周圍不會覺得要提高警覺，而且（我）尊重「不」這個字。不讓自己陷入糟糕的處境，完全就是你想要人家怎麼對你，你就怎麼對別人。自信心提升了。上課受教，穩定地拿到A的成績（我以前是拿C的學生），非常認真的工作倫理。這不是虛晃一招。我變成你希望你女兒約會的對象或者隔壁鄰居。一被釋放我就變成了完美的員工，上教堂，尊敬執法單位，遵循法律，受人喜愛。生活很美好。

有個事實幾乎就像在他青少年發展關鍵點開始的漫長監獄刑期一樣有毀滅性，就是他是個被登記列管的性侵犯。我不是在暗示這不恰當；他就是個性侵犯。身為整個職涯中都在處理性侵案的執法人士，我支持性侵犯登記制度。不過這進一步加重了他確立自我時的掙扎，這又回過頭來滋生了更多憤怒，並且讓他覺得他好像必須扭曲規則跟掩飾，才能在人生中達成任何成就。

無論他如何嘗試改善自己，他都逃不過性獵食者的標籤，除非透過謊言與偽裝。而就算那樣也特別困難，因為等到他出獄的時候，已經有網路了，而他的名字在性獵食者網站上。不過就像刑法裡的任何其他事物一樣真切，這種網站可能被別有用心的人濫用。而那就是這裡發生的狀況。

「我收到很多仇恨信件，還有一大堆仇恨電話，」科爾黑普在一通電話裡告訴瑪莉雅。「我常常被騷擾。我的意思是，這會

發生一陣子；然後它會消失……我碰過有些房地產經紀人會打電話給（我的）客戶。我碰過一個房地產經紀人寄出八十八封信給我所有的客戶，裡面有份網站影本，通知他們說我就在名單上——他們應該檢視那個網站，而且他們基本上全都應該僱用她。雖然沒有人願意告訴我那是誰，但他們會僱用她。我的意思是，我一直碰到這種事。那就是為什麼我把我公司的名字改成TKA。本來公司名稱是托德·科爾黑普與合夥人。我設法在某種程度上拿掉我的名字。」

「在我因為性侵犯網站被騷擾的時候，我打電話給警方，結果被告知是我讓我自己上了名單，就接受後果吧。教堂建議我嘗試去另一間教堂，」他在工作單裡寫道。

從這一刻開始，儘管他的事業很成功，他表面上看很享受那種成功的果實，還得到他的客戶與同事高度尊重，從工作單的觀點來回顧他的人生，他領悟到他已經走上下坡路，不管他身上有什麼不對勁，都已經深刻入骨。跟他從監獄中獲釋後那段時期的自我評估相比，對比很強烈。大約在超級摩托車謀殺案之後的時期，他僥倖逃過追究，而他寫道：

（我）處於非常混亂的心理狀態，再度去上大學，有好幾個女朋友，有一份工作，而且事情再緩緩往前推進，但我暗中在做些事情毀掉這一切。家庭一團亂，不再上教堂，滿心想著要拿好成績，卻跟來自另一州的軍火商扯上關係……變得非常有攻擊性而且過度謹慎，對人群、盲點、停車場有偏執妄想，時時刻刻帶著武器，而且在學新的技巧。不再尋求親

密關係，專注於得到我想要的，而人是可以替換的。然而我的許多情事延續了八到十一年，在同時進行，而且她們都知道彼此的存在，不喜歡這個狀況，卻接受了。我沒有加以隱藏，但我也很小心不要讓她們彼此狹路相逢。我更專注於世界壞的一面而非好的一面。

如果你可以讓大多數連續殺人犯跟獵食者對你誠實，他們就會承認，他們絕對不會靠自己停止殺戮。科爾黑普也差不多這麼承認了，但對他來說，其中並沒有喜悅或滿足，就只有一種累人的無可避免。他在工作單裡寫到他在殺死卡佛並囚禁布朗以後的狀況：

> 我對生活感到精疲力竭，工作讓我燃燒殆盡，行禮如儀卻並不真正在乎。避開女友、朋友、員工，基本上成了一個隱士。我從幫助每個人解決他們所有的問題，變成叫他們自己解決問題。「我沒時間搞這個。」我不喜歡卡拉，不想殺另一個女人，為此壓力很大。對朋友說我在監獄裡還比較快樂。我知道怎麼掩飾，打敗電話訊號塔的呼叫訊號跟區域追蹤，我就是選擇不費這個力氣。我不是自負，但他們沒有抓到我，是我抓到我……那個（性獵食者）網站對我造成很大壓力，而在那種壓力跟想偷我東西的人之間，我確定另一個狀況到最後就是會發生。

評估工作單裡的其他回應，進一步說明了這一點。在接近

尾聲的一個問題問道:「回顧每次犯行,受訪者是否相信,每一次都牽涉到受訪者的行為比過去更暴力或更有攻擊性?」

在回應青少年時期的強暴案時,科爾黑普回答:「不。我退卻了,而且再度變得害羞。」不過關於超級摩托車謀殺案,他寫道:「對。繼續尋找衝突跟殺戮,是工具箱裡唯一的工具。」而在他的最後謀殺以後:「對。在查理之後,還有我挾持卡拉的同時,我都在心裡替我自己準備好面對下一次的爭吵。」

像他這樣被缺乏溫情所制約,同時創造出他的低自尊與自戀人格違常,又沒有手足可以仰賴,沒有機會跟別人發展正常的青少年與年輕成人關係,每次科爾黑普認為別人設法要利用他的時候,他就非得搶著先發制人。不管科爾黑普達成什麼成就,這似乎從來沒有讓他的雙親印象深刻,或者為他贏得他們的尊重,儘管跟蕾姬後來告訴訪談者的不同。就像大衛・伯考維茲,他開始覺得自己就是沒人要,他的許多暴力都是遷怒的結果。

在他在被捕以後打電話給他母親時,蕾姬最直接的問題,也表達出最多她的自我涉入:「如果你愛我,你怎麼能夠做出這些事?」

「因為我弄得一團亂,」他回答:「我很抱歉。」

「好吧,」蕾姬回答。

「我愛妳,」他宣稱。

她能回答的就只有「好吧」。

和CBS電視節目《四十八小時》特派員大衛・貝格諾(David Begnaud)談話時,她指出:「在第一案跟其他案件之間有很長的時間。我知道那對受害者家庭來說沒多少意義,而且我很抱歉。

但他不是個連續殺人犯。」

後來她設法要解釋那些謀殺案，這麼說道：「他們讓他覺得尷尬。你知道的，任何人，我不在乎你是誰，無論你脾氣好或者不好，沒有人想覺得尷尬。而那是很難消除掉的。」一位母親試圖理解不可理解之事——她兒子身為謀殺犯的人生——而且，我懷疑，還急切地設法要考慮她在其中是否扮演了任何角色，這種事情裡有某種既辛酸又可悲的地方。

在斯帕坦郡拘留中心的第一段訊問裡，科爾黑普說：「我沒在我母親身邊好多年了。我試過了。我們各走各路。」

她在那之後不久的二〇一七年四月二十三日過世。

「我想念我的狗，」他寫信給瑪莉雅。「我並不真的想念我母親。」狗提供了無條件也不帶批判的愛。母親們則不盡然如此。

然而到最後，科爾黑普承認沒有人——蕾姬、比爾·山普賽爾、卡爾·科爾黑普、超級摩托車謀殺案受害者都不需要——要為他做的事情負責。

在我遇見過的所有重複犯案殺手之中，科爾黑普提供我們其中一個最有洞見、簡潔而精確的自我心理狀態評估。

我有個非常混亂而暴力的童年，跟不想要我、卻也不想讓別人擁有我的家人在一起。他們痛恨我有某件事做得比他們（更好）。他們對我的大學成績、飛行員駕照或者成立公司並不感到驕傲。他們就只有一點施捨跟刻薄的評論。我跟我的任何家人在一起，從來都不覺得自在。我這麼拚命努力要證明我能有所成就，證明他們錯了，而大部分時候我做到了。

但糟糕的童年和後來坐牢這麼久的殘餘部分，就是不讓我遠離暴力與輕蔑。

儘管如此，他在做結論時，比大多數暴力獵食者理解——或者至少願意承認——他的不幸背景並沒有奪去他的自由意志：「我的罪行是我可以控制的事情。我的手指扣了扳機，是我做的決定。沒有人逼我做任何事情。」

結語：一個殺手的選擇

A Killer's Choice

　　一九八五年六月二日下午，三十九歲的李歐納德・雷克（Leonard Lake）回到南舊金山的一間五金行，為他朋友吳志達（Charles Ng）當天稍早順手牽羊的一把老虎鉗付錢。二十四歲的吳志達，跟雷克共用屬於雷克的一間偏遠小木屋，位於卡拉維拉斯郡（Calaveras County），距離威爾塞維爾（Wilseyville）一百哩處。是什麼導致雷克有這樣小小的良心發現之舉，我們無法確定。但結果不是很好。

　　在店員要求出示身分證明的時候，雷克的臉孔跟駕照上的照片不符，駕照上的名字是羅賓・史塔普利（Robin Stapley）。起疑的店員打電話給警方，而先前的竊案已經讓警方提高警覺，在雷克能溜掉以前就抵達現場。在警官們搜索他的車子後車廂時，他們找到一把點二二口徑手槍，上面裝了被禁的消音器，這就有足夠理由逮捕他了。

　　這輛車的牌照是登記在雷克名下，警方最後透過他的指紋辨識出他的身分，但在警方查詢車牌號碼的時候，發現車子屬於保羅・科斯納（Paul Cosner），這個人在去年十一月失蹤了。駕照上那位羅賓・史塔普利，在幾週前被家人通報失蹤。在警探們的訊問下，雷克供出了吳志達，說是他偷了老虎鉗，雷克只是企圖補

救錯誤。然後他要求一杯水。他配著水服下兩顆藥丸,然後寫了一張短箋,說是要給他的家人。結果那藥丸是雷克縫在襯衫衣領裡的氰化物藥片。他在四天後死去,死前一直沒有恢復意識。

一般來說,人不會因為竊盜罪、甚至是非法持有武器、假駕照,或者是潛在的偷車罪名而自殺。警方知道一定還發生了別的事情。

而且確實就是。在警探們搜索雷克在威爾塞維爾的地產時,他們在小屋後面發現一個臨時地窖,還有一個埋葬處,裡面有焚燒過、壓碎過的骨頭碎片,至少對應到十一具屍體。有另外兩具被埋葬的屍體,結果屬於謝普莉(Shapley)與隆尼·龐德(Lonnie Bond),雷克跟吳的其中一戶鄰居。在兩個被埋起來的五加侖桶子裡,裝著大約另外二十五人的身分證件與個人物品,還有雷克過去兩年的手寫日記,以及兩捲錄影帶,裡面記錄了兩名女子布蘭達·歐康諾(Brenda O'Connor)與黛博拉·道布斯(Deborah Dubs)受到的性侵與性虐折磨。與此同時,吳志達已經逃之夭夭。

在這些影帶還有雷克與吳的其他犯罪證據送到匡提科的時候,它們是我在刑法領域工作這麼多年來見識過最墮落而令人作嘔的東西。唯一能跟這種為了取樂做出的暴行相提並論的另外兩人,就是勞倫斯·白特克(Lawrence Bittaker)和洛伊·諾里斯(Roy Norris),他們在監獄裡相逢,在假釋以後,決定誘拐、強姦、折磨並殺害十三到十九歲之間的青少女,每個年齡一個。在其中一名少女設法逃脫並且報警的時候,他們已經對五名年輕女性下手了。他們不盡然像雷克跟吳那樣熟練,只用錄音帶錄下他們的強暴與折磨過程。白特克仍然在聖昆丁監獄的死囚牢房裡,在定罪

後幾乎已經過了四十年。這幅畫面裡有什麼不對勁的地方呢？諾里斯接受一個認罪協議，交換作證舉發白特克：刑期是可申請假釋的無期徒刑。如果他真的得到假釋，那會是加州歷史上最嚴重的司法不公，而這就說明了很多事。

劇組在FBI學院拍攝《沉默的羔羊》期間，我播放其中一卷強暴／折磨／謀殺錄音帶給史考特・葛倫（Scott Glenn）聽，這位優秀的演員飾演傑克・克勞佛（Jack Crawford），一位據說根據我塑造的剖繪員。他是個敏感、有同情心又直覺敏銳的人，一位育有兩位女兒的父親，也是一個相信改過自新與人性基本為善的人。葛倫聆聽錄音帶時，我看到眼淚開始在他眼裡蓄積。事後，仍處於震驚狀態的他對我說道：「我根本不知道外頭有人能做出任何像這樣的事情。」他告訴我，他再也無法反對死刑了。

在雷克自殺後大約一個月左右，吳志達在他姊姊的居住地，加拿大的卡加利被人找到；當時他從一家百貨公司偷了一罐鮭魚，在拒捕的時候射傷一個保全人員的手。他受審並且被判刑入獄四年半，同時抗拒被引渡回美國。他最後被送回加州，然後起訴了十二件一級謀殺罪。

透過一長串法律花招、還有針對收押他的監獄跟判決他案件的法官提出種種申訴，再加上一路換了大約十個律師，吳志達因此能夠把他的審判延到一九九〇年代晚期。等到那時候，我已經從局裡退休，他當時的律師透過電話聯絡上我。

他說他想僱用我來做辯方顧問，並且開始跟我講起案件背景，但我打斷了他，並且說道：「我知道這個案子。」一九八〇年代晚期，一位來上國家學院學程的加州警探曾經向我的單位跟

我報告這個案子。律師繼續解釋他對這個案子的理論，還有他打算怎麼樣呈現他的辯詞：雷克是支配者與主犯，比他年輕十五歲、舉止比較溫和的吳志達，基本上是受到制約裹挾而追隨他，並且參與了折磨／謀殺。

我說根據我的回憶，這看起來不是任何一種主從關係。律師回答了某些話，意思等於如果我看過所有證據跟支持的材料，我就會看出吳志達不是自願參與的。我告訴他我每小時的收費，並且跟他說了我的標準說法：我會帶著開放的心胸接觸素材，而他可以照他希望的使用或不用我的結論。他同意了，並且說加州會付我的顧問費用。

在一星期內，我收到一個箱子，裡面包括犯罪現場照片、調查報告，還有我會需要用來評估並分析此案的所有其他材料，包含一組錄影帶。我同時查詢了雷克與吳兩人的背景。

雷克在他父母分居時是六歲大，然後他和他的姊妹們搬去跟他祖母同住。他很早就對色情刊物著迷；他很喜歡替他的姊妹們拍裸照，然後賄賂她們跟他表演各種有性意味的舉動。他也熱愛把老鼠放到化學溶液裡溶解，看著牠們死去。他因為精神因素被海軍陸戰隊除役，後來他住在一個加州公社裡的時候，製作了一些施虐受虐狂色情電影。吳志達出生於香港，中國籍父母很富有。他還是小男孩的時候，經常惹上麻煩，被他嚴格的商人父親用痛打的方式嚴加管教。他在歐洲被踢出好幾間寄宿學校，然後來到美國，並且也加入海軍陸戰隊，但在夏威夷因為偷武器而面對軍法審判。在一次逃離禁閉室以後，他在堪薩斯州的萊文渥斯堡（Fort Leavenworth）服刑十八個月，然後才不名譽退伍。他接著重新

跟雷克接上線，他是在三年前透過一本遊戲玩家雜誌認識對方。

　　這一切都沒讓我覺得意外。我本來就預期他們是來自功能失調的背景，而且身為兩人之中年紀較大的那位，雷克很可能是占支配地位的那一個。但我沒發現任何東西指出吳志達處於他的奴役之下。事實上，在我檢閱過的其中一捲令人反胃的影帶裡，吳告訴他們嚇壞了的受害者：「妳可以哭哭啼啼，就像她們其他人一樣，但這樣不會有任何好處。這麼說吧，我們相當鐵石心腸。」

　　讀遍那個檔案以後，我甚至開始相信，在雷克去那家五金行替被偷的老虎鉗付錢時——那是為了替代另一把先前被他跟吳改造成折磨工具，現在壞掉了的老虎鉗——他正試著要為他有竊盜癖的同伴做補償，以便大事化小小事化無，不至於因為失竊申訴引來警察。

　　在我花了慘痛的二十小時在這個案子上以後，我想我最好打電話給吳志達的辯護律師，告訴他這些證據把我引到什麼地方了。我建議他，從我到目前為止所讀到的一切來看，他的客戶是個自願參與者，而我看不出有任何證據顯示已故的雷克有裹挾、甚或是教導的行為。吳志達自己折磨他的受害者，用一把刀割斷了她們的內衣，同時雷克在拍攝這個虐待過程。

　　繼續看，律師這麼敦促我。如果我繼續看更多證物，我就會開始看到他在說什麼了。雖然吳志達不是天使，但在最糟的狀況下，也只能說他是個不情願而順從的受害者。

　　我勉強繼續進行。但另外十小時的工作，只肯定了吳志達是個多麼令人厭惡的怪物，在此之後我決定我不要再浪費我更多的時間、或者州政府的錢，在我眼中荒謬又站不住腳的斷言上面。

　　我打電話給律師，告訴他這個壞消息。在我看來事情很清楚，他的客戶蓄意參與這些折磨／謀殺，而我看過的東西都沒能改變我的意見。律師並不高興。我會說他徹底氣炸了，而我必須提醒他，我從一開始就跟他說過，買我的時間不可能影響我的意見；只有證據能做到這一點。

　　大約一年以後，我並不驚訝地得知辯方能夠找到「專家」，願意為吳志達作證。他的審判地點往南移到橘郡（Orange County）以避免有偏見的公眾意見影響，而在他的審判上，一位精神科醫師作證說吳志達有依賴型人格違常（dependent personality disorder）。但在檢方的交叉詢問中，他承認他沒看過我看過的那些影帶。一位心理學家看過那些帶子，但他的意見是，吳志達明顯的虐待狂行為只是模仿雷克的行為，以便取悅他。

　　吳志達也決定站上證人席為自己辯護，這讓檢方可以引進甚至更多的證物，包括他的素描作品照片，裡面描繪了他跟雷克做出的種種折磨，他把畫掛在他牢房的牆壁上。

　　一九九九年二月十一日，吳志達被控犯下的十二件一級謀殺有十一件被定罪，陪審團對於第十二件無法做成決定，陷入僵持。六月三十日，約翰・萊恩（John Ryan）法官接受陪審團建議的死刑，這麼聲明：「吳先生並沒有受到任何脅迫，也沒有證據支持他受到李歐納德・雷克的宰制。」在本書寫作時，吳志達仍在聖昆丁監獄的死囚牢房裡，和勞倫斯・白特克相距不遠。

　　我在FBI開始我自己的研究時，我曾經相信我會發現幾乎所有暴力罪犯都是因為精神錯亂而犯罪，因為在我們接收分析的案

件裡，犯罪者對受害者施加的暴行太極端了。我心想，**這種程度的「過度殺害」或者殘酷行為不可能有任何道理可言。**畢竟，在我們碰上像吳志達案這樣令人髮指又噁心的犯罪時，我們自問的第一批問題之一，就是怎麼有人能夠對另一個人類做出這種事？這些行為語言無可形容，通常是極度失常的心理幹的好事。但我們愈是鑽入這些犯罪者的心理與人格，我們就愈能夠把他們連結到犯罪現場的證據，我們也愈了解行為的精神動力學。

　　至於在此剖繪過的所有殺手，對於什麼能製造出這種醜惡不自然行為的辯論來說，先天對後天之爭永遠都會是核心張力所在，不過探索不能就在那裡止步。免不了的是，這個問題到最後會歸結到道德自主性與天生決定論之爭。而這又導向單單一個詞彙：**選擇。**

　　許多殺人犯會說，他們的謀殺行為完全不是出於他們自己的選擇，殺人對他們來說是一個固定的、無法協商的行為。然而在我從事犯罪調查的這些年裡，我還沒看過任何東西導致我接受這個前提，除了在最極端的精神疾病案例裡。

　　現實是，糟糕的背景並不是謀殺的藉口；這從來不是藉口，永遠也不可能是。我不會論證說雷克跟吳因為具備或者缺乏某種後天教養，再加上他們的內在本性，就為他們邪惡的罪行鋪平了道路。如同我們在喬瑟夫・麥高文跟托德・科爾黑普這兩人身上看到的，還有艾德蒙・肯培、大衛・伯考維茲以及許多其他人，殺人犯會尋求自己以外的事物，來開脫自己的罪行。

　　在吳志達判刑後幾年的一個案子也是這樣，當時四十一歲的約翰・艾倫・穆罕默德（John Allen Muhammad）跟十七歲的李・

博伊德・瑪爾沃（Lee Boyd Malvo）因為二〇〇二年首都環線狙擊案被捕，在三週的時間裡，華盛頓特區、馬里蘭州跟維吉尼亞州有十人被謀殺，另外三人受到重傷。穆罕默德被捕後拒絕開口，瑪爾沃卻全無保留。他接受警探茱恩・波以爾（June Boyle）的訊問，波以爾是費爾法克斯郡（Fairfax County）警局一位有二十六年資歷的老手，之前在調查琳達・富蘭克林（Linda Franklin）的謀殺案；琳達和丈夫泰德（Ted）在家得寶（Home Depot）五金商場的室內停車場裡，把搭棚架的材料放進他們車裡的時候，被狙擊手一槍射進腦袋裡。

每個親眼看到那場訊問，或者事後聽到錄音內容的人都注意到，瑪爾沃看起來有多麼輕鬆愉快、無憂無慮，而且全無悔意。波以爾問他是否射殺了富蘭克林太太，他就事論事地肯定了這一點。她問他是否透過他的來福槍瞄準器，看到她被射中哪裡的時候，根據波以爾後來在預審聽證會上的證詞，瑪爾沃「笑著指向他的頭」。

波以爾說，瑪爾沃描述殺死景觀設計師桑尼・布坎南（Sonny Buchanan）的第二次華盛頓特區殺戮案時，似乎覺得很樂。讓瑪爾沃覺得這麼有趣的事情是，在受害者被擊中、從他駕駛的割草機上栽下來以後，少了他的割草機還繼續前進。

史丹頓・E・沙門諾（Stanton E. Samenow）博士是一位華盛頓特區的臨床與司法心理學家，長年以來他都是我們心目中的英雄，而他受到檢方要求在審判前訪談瑪爾沃。沙門諾和已故的精神科醫師山繆爾・約克森（Sameul Yochelson）曾經合著《犯罪人格》（*The Criminal Personality*），這個里程碑式的研究共有三冊，基礎是

他們針對華盛頓聖伊莉莎白精神病院（St. Elizabeths mental hospital）
的暴力罪犯所做的詳盡研究。

沙門諾詳盡地回顧了瑪爾沃在牙買加的成長過程，他父親的
疏離不參與，他母親的頻繁缺席、甚至更頻繁的體罰，以及他在
跟詐術家兼騙子穆罕默德搭上以前惹的所有麻煩。

瑪爾沃的辯護是，聲稱在當時他苦於《精神疾病診斷與統計
手冊》第四版歸類的「解離性身分疾患」。這表示瑪爾沃受到穆
罕默德影響太深，以至於變得不像自己了。

沙門諾告訴我們：「這不盡然是原文照錄，不過其中一位辯
護律師說了大致上是這個意思的話：『這就好像一條純淨的河流
被一條臭水溝污染了；李‧瑪爾沃就是這樣被約翰‧穆罕默德毒
害、污染、洗腦。』」聽起來很耳熟嗎？

在華盛頓特區狙擊案發生十週年的時間前後，NBC電視台
《今日秀》（Today）播出的一個獄中訪問裡，瑪爾沃講到已經伏法
的穆罕默德時說：「我無法說不。我這輩子都想要那種程度的愛、
接納和一致性而不可得。而且就算在下意識裡，或者甚至在短暫
反省的片刻中，我都知道這是錯的，我卻沒有說不的意志力。」

然而十年前，在沙門諾問他是否曾經忽略或者拒絕穆罕默德
要求他做的事，這個年輕人回答說：「噢，常常都這樣啊。」

換句話說，他有過選擇。

我們不是以心理學家或社會學家的身分，而是以犯罪學家的
身分來研究這些人。我們檢視他們的背景與教養過程，以幫助我
們了解他們為什麼做了他們所做的事，還有他們如何進行──去
理解動機與預測行為──好讓我們能夠把這些知識應用到我們對

於破解犯罪的訓練，以及我們的司法正義使命之上。這意謂著對付這個難題：他們為何做出傷害與殺戮的選擇。理解這些選擇是怎麼做出的，進入這些選擇的犯行前後行為，還有執行這些選擇的手段，就是犯罪剖繪的基礎。

為什麼？＋怎麼做？＝誰做的。

在我們對人類行為的研究裡，我們絕對不會抵達彩虹的盡頭，就好像我們不會殲滅所有犯罪。我們所能做的只有持續努力工作，總是嘗試增加我們的理解與知識。

我們在本書裡檢視過的犯罪者全都是殺人犯，但他們全都不一樣。每個殺人犯跟獵食者都代表許多層次的細微區別。犯罪本身是這種差異的反映，而且通常直指動機。然而我們可以說，這些人全都有夾在妄自尊大與自覺不足之間的內在衝突。這些人都有種自覺理直氣壯的感受，認為他們沒有義務要把社會的法律與習俗放在心上。而這些人都有能力做出選擇。

或許有一天神經科學將能夠解釋並鎖定行為，到達我們能夠把某個念頭歸因於腦內的某種特定形態結構與電化學傳導的地步。然而，就算這種情況發生了，這種科學化約論與行為決定論的精確程度，會抹消個人責任的概念嗎？要是這個問題的答案是「對」，那麼我們會生活在哪種社會跟道德宇宙呢？

從我的執法生涯開端到現在，在我或我的任何同事訪談過的暴力獵食者中，會被我們認定在法律定義上心神喪失的人非常稀少。他們肯定不正常，而他們之中大多數或者所有人都有某種精神疾病。但他們知道對錯，也知道他們對別人做出的行為有何後果。

　　我們常會比較蘇珊・史密斯（Susan Smith）的案子——一九九四年，她在南卡羅萊納州謀殺了她三歲大與十四個月大的兒子——還有安卓雅・葉慈（Andrea Yates）的案子，葉慈二〇〇一年在德州謀殺了她的五個孩子，最小六個月，最大七歲。兩案中的孩子都死於溺斃：史密斯家的男孩被綁在車上，沉進湖裡；葉慈家的孩子則是死在他們的浴缸裡。

　　史密斯聲稱她的馬自達被一名非裔美人男子劫持，男孩們還在車上。她上了全國性的電視節目，懇求讓他們平安歸來。警方從一開始就懷疑她，而她的動機到頭來是企圖拯救她跟一個富有男子之間的關係，他的生活裡容不下她的孩子。哀傷的是，在父母殺害子女的案子裡，這種動機並不是不常見。

　　有長年精神疾病、產後憂鬱症與自殺未遂歷史，曾經接受精神醫療照護的葉慈，一直等到她丈夫去上班才行動，因為她知道他會企圖阻止她。她溺斃了她的全部五名子女，然後打電話報警。她的動機是她相信自己不是個好母親，撒旦因此附身在她的孩子們身上，這是她能把他們從地獄業火中拯救出來的唯一辦法。

　　雖然兩名兒童謀殺犯都可說是有精神疾病，蘇珊・史密斯顯然知道對錯之間的區別，而且做了她眼中對她自己最有利的決定，即使這意謂著要解決掉她的孩子們。另一方面，安卓雅・葉慈卻是妄想太嚴重，以至於無法掌握現實。雖然兩個案子都極度悲劇性，我們卻會論證說只有史密斯的行為是邪惡的。她做了一個經過考慮的決定。葉慈則沒有能力這樣做。葉慈並不是獵食者或者連續殺人犯。她要是沒被抓到，她不會繼續計畫謀害其他家人或者陌生人，以便拯救他們脫離地獄。除了極少數的異例——

像是飲血的理查‧特蘭頓‧契斯跟穿人皮的愛德‧蓋恩，這些人妄想極嚴重，以至於無法分辨現實──大部分殺人犯很清楚知道他們在幹什麼。

我相信我們在本書裡研究過的所有殺手，都有讓他做出那種事的性格缺陷，而不是有讓他們失能的精神病症狀。我們在講的這些人想要他們的受害者去死，不過他們想活下去。在他們自己的變態價值體系裡，這相當合乎理性。

喬瑟夫‧康卓跟唐諾‧哈維刻意做的選擇，牽涉到複雜的計畫。托德‧科爾黑普甚至寫道，他「做了選擇去攻擊」鄰居女孩「而且毀掉一切」。有人可能會爭論說麥高文跟後期殺戮中的科爾黑普讓情緒沖昏了頭；他們實際上做的不是資訊充分的決定。我會質疑這一點。如同麥高文告訴我的，他一看到瓊安‧達列山卓出現在門口，他就決定要殺她。他一要求她跟他下樓去，表面上是為了讓他可以拿錢買女童軍餅乾，他就已經決定要在哪裡殺她。而他一拿她的頭去撞地板，他就已經決定他要**怎麼**殺她。同樣狀況也適用於科爾黑普謀殺柯希夫婦、還有查理‧卡佛的情況。惡意預謀（malice aforethought）並沒有指出具體的時間區間。這可能是一年，也可能是瞬間。這仍然是一種選擇。

到最後，當要解釋殺人犯心中潛伏的不可解之謎時，很少有人會覺得答案完整了。在耗費一整個職涯研究這些議題之後，我常常發現我會回顧維克多‧法蘭可（Viktor Frankl）博士表達得及其高貴的一個概念；這位維也納精神科醫師、作家暨納粹集中營倖存者的作品《活出意義來》（*Man's Search for Meaning*），是我們這個時代最偉大的道德與哲學文獻之一。法蘭可甚至能夠在奧斯威

辛不人道的恐怖之中找出意義，他在那裡失去了他的父母、兄弟和懷孕的妻子。在考慮到我們與生俱來的一切，還有發生在我們身上的一切以後，他這麼寫道：「人不是完全被制約與決定的，反而是決定了他自己是向條件讓步，還是挺身面對。換句話說，人終究是自我決定的。」

所有殺人犯──除非他們有嚴重的精神障礙，或存在於真正的妄想狀態中──都是自由做出他們自己的選擇。然而就算接受這個現實，這本身也還不是結束。對於這種選擇是如何做成、為何會做成，我們必須持續嘗試拓展我們的知識，並且增加我們的理解，好讓我們更能夠幫助執法單位辨識、捕捉這些罪犯，把他們關起來。這是我為什麼開始做我在做的事，也是為什麼我持續面對桌子對面的那些殺手。

致謝

Acknowledgments

　　每本書從某個角度來說，都是一個合作的過程，而我們在這本書上得到許多的幫助。特別由衷的感謝歸諸於我們的編輯，Matt Harper，感謝他持續的熱忱與鼓勵，還有極有見地的指引、清晰的視野，幫助我們以我們想要的方式說這個故事；Anna Montague，Beth Silgin，Danielle Bartlett，Gera Lanzi，Kell Wilson，還有整個Harper-Collins/William Morrow/Dey St.出版社大家庭。

　　我們永遠支持又足智多謀的經紀人，對開本文學經紀公司（Folio Literary Management）的Frank Weimann。我們的英國版編輯，Tom Killingbeck，公關人員Alison Menzies，以及倫敦William Collins的團隊。

　　安德魯・康薩沃伊，紐澤西州假釋委員會前任主席，以及羅伯特・以格斯（Robert Egles），前任執行主任。

　　塔潘奇高中退休教師羅伯特・卡利羅與傑克・梅思奇諾，還有傑克的伴侶保羅・柯列提。

　　製作人翠莎・索雷爾斯・道爾（Trisha Sorrells Doyle），還有跟約翰一起在喬瑟夫・康卓與唐諾・哈維專訪中工作的MSNBC工

作人員。

委員會影片公司的製作人兼導演瑪莉雅·歐斯，她一直慷慨得不可思議地分享她在調查探索頻道影集，《連續殺人犯：掙脫鎖鏈的惡魔》裡的經驗、調查研究、通訊內容與分析；還有委員會影片公司的職員與技術人員，尤其是珍·布蘭克（Jen Blanck）和比爾·賀利（Bill Hurley）不厭其煩的檢閱與查核事實。

司法心理學家史丹頓·沙門諾博士，我們持續從他的經驗與廣泛知識中獲益，特別是這本書裡關於華盛頓特區狙擊手案的部分。

馬克的妻子卡洛琳，除了她的許多其他才藝與美德以外，她是我們的「破案神探」幕僚長兼內部顧問。

約翰的女兒蘿倫·道格拉斯·史克拉丹尼（Lauren Douglas Skladany），感謝她仔細的閱讀與同樣明智的忠告。

也要感謝羅絲瑪麗·達列山卓和她的兒子麥可與約翰，他們不只是努力讓瓊安的遺緒持續保持活力，還帶頭為正義與各地的兒童安全持續奮鬥。因為那種領導精神、勇氣與精神上的優雅，這本書要獻給她。任何有興趣跟羅絲瑪麗合作，繼續為她奉獻一生的兒童安全理想努力，或者捐助瓊安·安琪拉·達列山卓紀念基金會的人，都可以在基金會網站上找到細節：www.joansjoy.org。

犯罪手法系列 6——

刑案偵訊室

FBI「破案神探」本尊
破解連續殺人犯
與獵食者的內心祕密

THE KILLER ACROSS THE TABLE
by John E. Douglas with Mark Olshaker
Copyright © 2019 by Mindhunters, Inc.
Complex Chinese translation copyright
© 2021 by Rye Field Publications,
a division of Cite Publishing Ltd.
Published by arrangement with
HarperCollins Publishers, USA
through Bardon-Chinese Media Agency
博達著作權代理有限公司
ALL RIGHTS RESERVED

犯罪手法系列6——刑案偵訊室／
約翰‧道格拉斯（John E. Douglas），
馬克‧歐爾薛克（Mark Olshaker）著；
吳妍儀譯．－初版．－臺北市：麥田出版：
家庭傳媒城邦分公司，2021.04
　面；　公分
譯自：The killer across the table : unlocking
the secrets of serial killers and predators with
the FBI's original mindhunter.
ISBN 978-986-344-889-1（平裝）
1. 犯罪心理學 2. 刑事偵察 3. 通俗作品
548.52　　　　　　　　　110001087

封面設計　許晉維
印　　刷　漾格科技股份有限公司
初版一刷　2021年5月
初版五刷　2024年2月

定　　價　新台幣430元
I S B N　978-986-344-889-1
Printed in Taiwan
著作權所有‧翻印必究

作　　者　約翰‧道格拉斯、馬克‧歐爾薛克
譯　　者　吳妍儀
責任編輯　林如峰
國際版權　吳玲緯
行　　銷　何維民　吳宇軒　陳欣岑
業　　務　李再星　陳紫晴　陳美燕　葉晉源
副總編輯　何維民
編輯總監　劉麗真
總 經 理　陳逸瑛
發 行 人　涂玉雲

出　　版

麥田出版
台北市中山區104民生東路二段141號5樓
電話：(02) 2-2500-7696　傳真：(02) 2500-1966
網站：http://www.ryefield.com.tw

發　　行

英屬蓋曼群島商家庭傳媒股份有限公司城邦分公司
地址：10483台北市民生東路二段141號11樓
網址：http://www.cite.com.tw
客服專線：(02)2500-7718; 2500-7719
24小時傳真專線：(02)2500-1990; 2500-1991
服務時間：週一至週五 09:30-12:00; 13:30-17:00
劃撥帳號：19863813　戶名：書虫股份有限公司
讀者服務信箱：service@readingclub.com.tw

香港發行所

城邦（香港）出版集團有限公司
地址：香港灣仔駱克道193號東超商業中心1樓
電話：+852-2508-6231　傳真：+852-2578-9337
電郵：hkcite@biznetvigator.com

馬新發行所

城邦（馬新）出版集團【Cite(M) Sdn. Bhd. (458372U)】
地址：41, Jalan Radin Anum, Bandar Baru Sri Petaling,
57000 Kuala Lumpur, Malaysia.
電話：+603-9057-8822　傳真：+603-9057-6622
電郵：cite@cite.com.my